Wolfgang Mentzel

Kommunikation

dtv

Beck im dtv

Kommunikation

Rede, Präsentation, Gespräch, Verhandlung, Moderation

Von Prof. Dr. Wolfgang Mentzel

Deutscher Taschenbuch Verlag

Im Internet:

dtv.de

beck.de

Originalausgabe
Deutscher Taschenbuch Verlag GmbH & Co. KG,
Friedrichstraße 1 a, 80801 München

Druck und Bindung: Druckerei C. H. Beck, Nördlingen
(Adresse der Druckerei: Wilhelmstraße 9, 80801 München)
Satz: ottomedien, Weiterstadt
Illustrationen: Christian Mentzel
Grafiküberarbeitung: Hoffmanns Text Office, München
Umschlaggestaltung: Agentur 42 (Fuhr & Partner), Mainz
ISBN 978-3-423-50869-8 (dtv)
ISBN 978-3-406-54510-8 (C. H. Beck)

Vorwort

Im Beruf werden neben den fachlichen Qualifikationen zunehmend die sozialen Kompetenzen gefragt. Besonders wichtig ist die Fähigkeit zu kommunizieren. Immer stärker werden Sie daran gemessen, wie gut Sie sich anderen mitteilen können. Ihre kommunikativen Fähigkeiten können Sie in Gesprächen oder Besprechungen ebenso einsetzen wie bei einer Präsentation oder auch nur einem kleinen Smalltalk.

Dieses Buch enthält Hilfen zu den wichtigsten Kommunikationsanlässen. Wenn Sie in Kürze einen Vortrag halten, eine Besprechung leiten oder ein wichtiges Gespräch führen müssen, dann finden Sie in komprimierter Form Tipps von der Vorbereitung über eine erfolgreiche Durchführung bis zur Nachbereitung.

Das Schwergewicht des Buches liegt bei der praktischen Anwendung. Die theoretischen Grundlagen werden im einleitenden Kapitel A nur so weit behandelt, wie sie für das Verständnis der praktischen Handlungsempfehlungen unerlässlich sind.

In Anschluss an die kurze theoretische Einführung werden in Kapitel B das Reden mit anderen und in Kapitel C das Reden vor anderen dargestellt. Zu den wichtigsten Anlässen beim Reden mit anderen zählen Gespräche, Verhandlungen, Besprechungen, Moderationen und der Smalltalk. Die Redesituationen vor der Gruppe reichen vom kurzen Statement über berufliche und private Gelegenheitsreden bis zu Vorträgen und Präsentationen.

In Kapitel D folgen einige Hinweise zur Visualisierung und Kapitel E behandelt die neben der verbalen Sprache für jede Kommunikation gleichermaßen wichtige Körpersprache.

Gengenbach, im April 2007 *Wolfgang Mentzel*

Inhaltsübersicht

Inhaltsverzeichnis

Teil A: Grundlagen der Kommunikation

Dieses Buch ist ein Praxisbuch. Es enthält in den Teilen B bis E Hilfen und Tipps, die bei den verschiedenen Kommunikationsanlässen sofort umgesetzt werden können. Wer sich systematisch mit dem Thema Kommunikation und den verschiedenen Anlässen auseinandersetzt, der sollte sich zuvor mit den in diesem Teil A dargestellten theoretischen Grundlagen befassen. Dadurch werden die weiteren Ausführungen verständlicher, das heißt, Sie erfahren nicht nur, *was* Sie für eine erfolgreiche Kommunikation tun sollen, sondern auch *warum* bestimmte Verhaltensweisen erforderlich sind.

In den folgenden fünf Kapiteln wird dargestellt,

- was der Begriff Kommunikation genau bedeutet,
- wie Kommunikation zwischen einem Sender und einem Empfänger abläuft,
- dass eine Nachricht mehr enthält als eine einfache Sachinformation,
- warum es trotz aller Bemühungen um eine gute Kommunikation zu Störungen kommen kann und
- welche sprachlichen Voraussetzungen erfüllt sein müssen, um verständlich zu kommunizieren.

1. Kommunikation bedeutet mehr als reden und zuhören

Das Wort Kommunikation geht auf das lateinische Wort communis (gemeinsam, gemeinschaftlich) zurück, von dem sich wiederum das Substantiv communicatio (Mitteilung) und das Verb communicare (mitteilen) ableiten. Im täglichen Sprachgebrauch werden mit dem Begriff Kommunikation sehr unterschiedliche Vorstellungen verbunden. Viele werden den Begriff zunächst mit den Wörtern Sprache oder sprechen in Verbindung bringen. Manche werden eher an technisch ausgerichtete Bereiche, wie Telekommunikation oder Computer denken. Auch die Begriffe Presse, Funk und Fernsehen werden teilweise mit Kommunikation gleichgesetzt.

In diesem Buch geht es um die Kommunikation zwischen Menschen, auch als soziale oder zwischenmenschliche Kommunikation bezeichnet. Die **soziale Kommunikation** (face-to-face-communication) umfasst alle Formen, bei denen Menschen mit anderen Menschen bewusst oder unbewusst in Kontakt treten. Dabei steht zwar die Sprache an erster Stelle, aber darüber hinaus kann Kommunikation auch schriftlich oder bildhaft, durch Signale und Zeichen und vieles andere mehr erfolgen. Außerdem kommunizieren wir auch über unseren Körper.

Verbale und nonverbale Kommunikation: Menschen kommunizieren über verbale und nonverbale Äußerungen. Wir kommunizieren immer, auch dann, wenn wir schweigen. Die körpersprachlichen Äußerungen geschehen oft unbewusst, werden aber dennoch von unseren Gesprächspartnern oder Zuhörern registriert und interpretiert. Blick, Mimik, Gestik, Haltung, Sprechweise und im weiteren Sinn auch die Kleidung und das Verhalten im Raum werden unter dem Begriff **nonverbale Kommunikation** (Körpersprache) zusammengefasst. Die nonverbalen Signale können dem Empfänger sehr viel über den Sender sagen, was teilweise erheblich von den in Worten formulierten Aussagen abweicht. Eine lässige Haltung, ein sicheres oder unsicheres Auftreten, ein überheblicher Gesichtsausdruck oder zur Schau gestelltes Desinteresse werden vom Empfänger wahrgenommen. Wobei sich auch hier immer die Frage nach der richtigen Interpretation stellt. Ebenso wie die verbalen können auch die nonverbalen Signale vom Partner falsch verstanden werden und zu zahlreichen Missverständnissen führen.

Kommunikation ist also mehr als nur das gesprochene Wort. Im Kommunikationsprozess kann alles, was bewusst oder unbewusst geschieht, eine Nachricht sein und für den Partner Bedeutung haben. Oder mit den Worten von Paul Watzlawick ausgedrückt: „Man kann nicht nicht kommunizieren!“ Selbst wenn wir in einer bestimmten Situation schweigen, uns abwenden oder weggehen, beinhaltet das für den Gesprächspartner eine Nachricht.

Beispiel: Vor einem Seminar oder einer Besprechung befinden sich schon einige Teilnehmer im Raum. Herr Schmidt kommt hinzu und geht grußlos an den anderen vorbei, setzt sich auf seinen Platz und blättert in seinen Unterlagen. Auch durch dieses Verhalten hat Herr Schmidt kommuniziert. Ohne zu sprechen hatte er den anderen Anwesenden mitgeteilt, dass er an einem Gespräch nicht interessiert ist, oder dass er sich gedanklich mit einem Problem beschäftigt, oder auch nur, dass er über eine schlechte Kinderstube verfügt.

Erfolgsfaktor Kommunikation: Die zwischenmenschliche Kommunikation ist von entscheidender Bedeutung für die Gestaltung unseres Lebens, denn einen Großteil unserer Zeit verbringen wir, indem wir mit anderen kommunizieren. Sowohl im privaten wie im beruflichen Alltag befinden wir uns täglich in einer Vielzahl von Kommunikationssituationen. Untersuchungen haben gezeigt, dass es bei Führungskräften pro Arbeitstag zu mehr als 500 Interaktionen mit Vorgesetzten, Kollegen, Mitarbeitern oder externen Partnern kommen kann.

Gute Kommunikation ist die Voraussetzung dafür, dass sich Menschen miteinander verständigen können. Das gilt gleichermaßen für den kleinen Smalltalk mit dem Nachbarn am Gartenzaun wie das für die weitere berufliche Entwicklung so wichtige Vorstellungsgespräch. Das gilt für den Fachvortrag ebenso wie für die Rede auf der Betriebsversammlung oder den kleinen Toast anlässlich einer Geburtstagsfeier im Freundeskreis. Nur durch die regelmäßige Kommunikation können wir unsere Aufgaben erfüllen und unsere Ziele erreichen.

Die kommunikativen Fähigkeiten eines Menschen entscheiden weitgehend über seine beruflichen und privaten Erfolge. Auch Menschen, die wenig Wert auf Gesellschaft legen und lieber alleine sind, kommen ohne Kontakte zu anderen nicht aus. Im Beruf sind Fachkönnen und Fachwissen nicht alles. Es kommt auch darauf an, mit Menschen umgehen zu können. Neben den fachlichen Qualifikationen sind immer stärker die sozialen Kompetenzen oder Schlüsselqualifikationen gefragt. Eine der entscheidenden Schlüsselqualifikationen ist die Fähigkeit zu kommunizieren.

2. So sieht's im Modell aus

Auf den ersten Anblick scheint Kommunikation ganz einfach zu sein. Eine Person sagt etwas und geht davon aus, dass eine andere

Person es genauso versteht. Leider trifft das in der Realität sehr selten zu. Das wird besonders anschaulich in einem Sketch mit Klaus Havenstein, Rudi Carell und Diether Krebs dargestellt, der einigen Leserinnen und Lesern sicherlich aus dem Fernsehen bekannt ist.

Beispiel: Der Sketch verläuft wie folgt: Zwei Reinigungsfrauen sitzen in einem Zugabteil und verzehren ihr Pausenbrot. Ihr Vorgesetzter in Bahnuniform kommt dazu und sagt in barschem Ton: *„Was sitzen Sie hier herum? Los, los, wieder an die Arbeit. Ich will, dass unsere Fahrgäste in einer halben Stunde den Zug so antreffen, wie sie es gewohnt sind."* Die beiden Frauen erheben sich und verstreuen bereits eingesammeltes Papier und anderen Schmutz im Abteil.

In diesem Sketch ist das Missverständnis durch die unterschiedliche Interpretation der Aussage „wie sie es gewohnt sind" gewollt, denn darauf beruht der Witz. Im täglichen Umgang mit anderen Menschen hoffen wir dagegen, dass das, was wir sagen, von unseren Partnern möglichst so verstanden wird, wie es gemeint ist. Am Modell wird deutlich, wie ein Kommunikationsvorgang abläuft und warum es zu Störungen kommen kann.

Damit Kommunikation zustande kommt, sind drei Elemente erforderlich: der Sender, der Empfänger und die Nachricht.

- Der **Sender**, das ist diejenige Person, von der eine Nachricht ausgeht. Der Sender leitet den Kommunikationsprozess mit Worten oder einer anderen Äußerung (z. B. eine Geste) ein.
- Die **Nachricht** (Information) ist das, was der Sender in Worten oder durch ein anderweitiges Signal an den Empfänger richtet.
- Der **Empfänger** ist die Person, an welche die Nachricht des Senders gerichtet ist.

Der Empfänger hat grundsätzlich zwei Möglichkeiten zu reagieren:

- Entweder er bleibt für längere Zeit in der Rolle des Empfängers, d. h. er hört dem Sender zu und/oder beobachtet ihn. Diese Situation trifft z. B. auf Vorträge zu und wird als **Einwegkommunikation** bezeichnet.
- Oder der Empfänger reagiert auf die Nachricht, indem er sich mit einer Antwort oder Frage an den Sender wendet. In diesem Fall werden der bisherige Empfänger zum Sender und der ursprüngli-

che Sender zum Empfänger. Der ständige Wechsel zwischen Sender und Empfänger trifft auf alle Gespräche zu und wird als **Zweiwegkommunikation** bezeichnet.

An stelle von Einweg- und Zweiwegkommunikation wird auch von monologen und dialogen Kommunikationssituationen gesprochen. In monologen Situationen spricht einer (Redner) vor vielen (Zuhörer), in dialogen Situationen sprechen zwei oder mehrere miteinander (Gespräch, Konferenz).

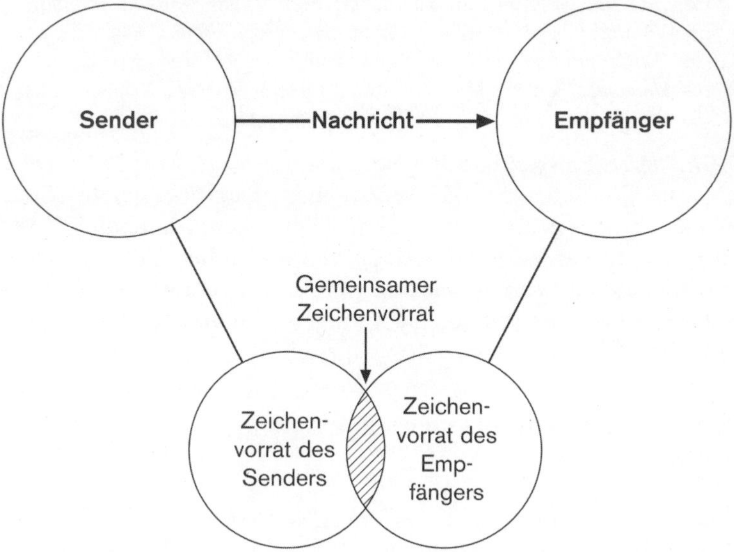

Als Mittel der Kommunikation dienen verbale und nonverbale Zeichen. Dabei verfügen Sender und der Empfänger jeweils über einen ganz bestimmten Zeichenvorrat. Der Sender benützt für seine Nachricht seinen persönlichen Zeichenvorrat. Der Empfänger greift beim Entschlüsseln der Nachricht seinerseits auf seinen eigenen Zeichenvorrat zurück. Die Verständigung gelingt nur, wenn Sender und Empfänger einen gemeinsamen „Code“ (z. B. die deutsche Sprache oder eine bestimmte Fachsprache) benutzen oder zumindest über eine gemeinsame Schnittmenge ihrer Zeichenvorräte verfügen (vgl. Abbildung).

Unklarheiten und Missverständnisse entstehen immer dann, wenn Sender und Empfänger unterschiedliche Zeichen benutzen. Und dies ist nicht die Ausnahme, sondern die Regel. In dem Sketch-Beispiel wurde die Formulierung des Vorgesetzten, dass die Fahrgäste den Zug so anzutreffen wünschen „wie sie es gewohnt sind“, von seinen Mitarbeiterinnen anders interpretiert. Das folgende Beispiel enthält eine Situation, die in dieser oder ähnlicher Form ständig wiederkehrt.

Beispiel: Vorgesetzter zum Mitarbeiter: *„Herr Valentin, spätestens morgen Vormittag benötige ich die Umsatzzahlen der Firma Meisser & Co.“* Um 10 Uhr am nächsten Vormittag kommt die Nachfrage: *„Wo bleiben die Umsatzzahlen Meisser?“*. Antwort des Mitarbeiters Valentin: *„Ich habe geglaubt, es reicht im Laufe des Vormittags.“*

In diesem Beispiel haben Sender und Empfänger die Zeitangabe „Vormittag“ unterschiedlich interpretiert. Der Vorgesetzte dürfte wohl den Beginn des Vormittags gemeint haben, während der Mitarbeiter „im Laufe des Vormittags“ verstanden hat. Über die Sprache hinaus gibt es noch viele andere Gründe, warum es zu Missverständnissen kommen kann. Sie werden im Kapitel Informationsverluste und Störungen (vgl. S. 10) dargestellt.

3. Nachrichten enthalten mehr als reine Sachinformationen

Kommunikation ist mehr als die reine Vermittlung von Sachinformationen. Jede Nachricht enthält neben dem sachlichen Inhalt immer auch eine Aussage über die Beziehung des Senders zum Empfänger. Demgemäß werden eine Sachebene und eine Beziehungsebene unterschieden.

Die Zusammenhänge zwischen den verschiedenen Kommunikationsebenen wurden in anschaulicher Weise von Paul Watzlawick dargestellt.

- Auf der **Sachebene** werden Informationen vermittelt; es geht um den Inhalt einer Nachricht. Kommuniziert wird über Tatsachen, Werte, Größen oder Ziele. Der Sender versucht den Empfänger dahin zu bringen, dass dieser rein sachlich und vernunftmäßig begründet die Dinge so sieht, wie sie gesehen werden müssen. Die Sachebene kennzeichnet, was gesagt wird bzw. worüber gesprochen wird.

- Auf der **Beziehungsebene** kommt die menschliche Seite zum Tragen; es werden Gefühle angesprochen. Es geht um Ansichten, Neigungen und Sympathien. Sender und Empfänger versuchen sich menschlich näher zu kommen. Auf der Beziehungsebene werden das persönliche Verhältnis zwischen den Partnern und ihre Vorerfahrungen miteinander deutlich. Es geht darum, wie die Sachaussage formuliert und dargeboten wird. Vom Empfänger werden ergänzend zu der reinen Wortformulierung die Lautstärke oder der Tonfall im sprachlichen Bereich sowie die Haltung, Gestik oder der Blickkontakt im nichtsprachlichen Bereich interpretiert.

Das gilt in allen Kommunikationssituationen, im Dialog und der Diskussion ebenso wie beim Vortrag oder Smalltalk. Obwohl der Beziehungsaspekt dem Inhaltsaspekt übergeordnet ist, wird die Bedeutung der Beziehungsebene häufig unterschätzt und vernachlässigt.

Kommunikation heute

Beispiel: Mutter zum Sohn: *„Du solltest wieder einmal dein Zimmer aufräumen!“* Die Sachaussage ist eindeutig: das Zimmer sollte wieder einmal aufgeräumt werden. Die Reaktion des Sohnes wird allerdings von der nicht ausgesprochenen Beziehung zwischen den beiden geprägt.

Eine Aussage – vier Botschaften

Der deutsche Kommunikationswissenschaftler Schulz von Thun hat den Ansatz von Watzlawick um zwei zusätzliche Ebenen erweitert. Er hat das Modell von den vier Aspekten einer Nachricht entwickelt. Sein Modell besagt, dass jede Äußerung, die wir von uns geben, immer vier Aspekte enthält, die der Empfänger wahrnehmen kann.

- Der **Sachaspekt**: Dabei geht es um eine klare und eindeutige Information über einen Sachverhalt. Zahlen, Daten und Fakten machen sehr oft den Sachinhalt einer Nachricht aus.
- Der **Selbstoffenbarungsaspekt**: Das sind Informationen über den Sender selbst, über seine Eigenarten oder seine Selbsteinschätzung, die er bewusst oder unbewusst preisgibt.
- Der **Beziehungsaspekt**: Damit wird verdeutlicht, wie der Sender den Empfänger sieht und was er vom Empfänger hält (z. B. Wert- oder Geringschätzung, Bevormundung). Wie bereits erwähnt, sind es zumeist der Tonfall und die Körpersprache, die Hinweise auf den Beziehungsaspekt geben.
- Der **Appellaspekt**: Er sagt etwas darüber aus, was der Sender beim Empfänger erreichen möchte, wozu er ihn veranlassen will, was er tun oder unterlassen soll. Über den Appell versucht der Sender den Empfänger bewusst oder unbewusst zu beeinflussen.

Jede Nachricht, die wir von uns geben, enthält immer diese vier Aspekte, auch wenn wir selbst glauben, nur einen Aspekt angesprochen zu haben.

> Machen Sie sich bewusst, dass Ihr Partner Sie anders verstehen kann, als Sie es gemeint haben und dass Sie mit jeder Aussage auch etwas von sich selbst verraten (Selbstoffenbarung).

Wie sieht es nun auf der Empfängerseite aus? Der Empfänger unterscheidet ebenfalls nach den vier Aspekten: Er hört die Sachaussage und überprüft sie zusätzlich auf Beziehung, Selbstoffenbarung und Appell. Das bedeutet aus der Sicht des Empfängers, dass dieser über vier „Ohren“ verfügt, die den vier Kanälen des Senders entsprechen.

Sender	**Vier Ebenen einer Aussage**	**Empfänger**
Die reine Sachinformation, die ich weitergebe.	**Sachinhalt**	Die reine Sachinformation, die ich erfahre.
Informationen über mich selbst. Was ich glaube zu wissen und zu können. Was ich – bewusst oder unbewusst – über mich selbst preisgebe	**Selbstoffenbarung**	Was der Sender über sich selbst preisgibt. Hintergründe, die der Sender mit der Nachricht gemeint und gewollt hat.
Welche Beziehung ich zum Empfänger habe, z. B. Wert- oder Geringschätzung, Bevormundung, Über- oder Unterordnung.	**Beziehung**	Wie sich der Sender mir gegenüber verhält, wie er mit mir spricht.
Wozu ich den Empfänger veranlassen will, was er tun oder unterlassen soll.	**Appell**	Zu was mich der Sender veranlassen will. Was ich tun, denken, fühlen soll.

Besonders häufig entstehen Kommunikationsprobleme auf der Beziehungsebene und verstärken sich, weil sich der Gesprächspartner mit den auf dieser Ebene verbundenen Gefühlen und Sichtweisen nicht auseinandersetzt. Dieser Effekt kann in manchen Gesprächssituationen (z. B. im Mitarbeitergespräch) wegen der bestehenden Hierarchieunterschiede noch verstärkt werden.

Probleme im Kommunikationsprozess entstehen, weil

- je nach Tonfall, der Empfänger die Nachricht anders übersetzt als sie eigentlich gemeint war und dann entsprechend reagiert und/oder
- beim Empfänger ein bestimmtes „Ohr“ dominiert.

Beispiel: Buchung eines Flugs

Der Vorgesetzte	Vier Ebenen einer Aussage	Die Sekretärin
„Für die anstehende Dienstreise haben Sie den falschen Flug gebucht."	**Sachaussage**	„Ich habe den falschen Flug gebucht."
„Um sicherzugehen, kontrolliere ich die Flugdaten lieber noch einmal persönlich."	**Selbstoffenbarung**	„Mein Chef verlässt sich nur auf sich selbst."
„Sie ist eine gute Mitarbeiterin und schließlich kann jedem einmal ein Fehler unterlaufen."	**Beziehung**	„Er glaubt, ich kann noch nicht einmal einen Flug richtig buchen."
„Bitte buchen Sie den Flug um."	**Appell**	„Ich muss mich sofort um die Umbuchung kümmern."

Nun können Sie nicht bei jedem Beispiel oder jeder Aussage sicher einschätzen, auf welchem Ohr Sie Ihre Zuhörer erreichen. Aber zumindest sollten Sie sich bewusst sein, dass viele Aussagen von Ihren Zuhörern anders verstanden werden, als Sie es selbst bei der Wortwahl glauben.

4. Informationsverluste und Störungen

Das Verständnis zwischen zwei Gesprächspartnern kann durch weitere Hindernisse beeinträchtigt werden, wobei die Ursache für Missverständnisse sowohl beim Sender als auch beim Empfänger liegen kann.

Schon als Kind hat jeder erste Erfahrungen mit Kommunikationsstörungen gesammelt, wenn er bestimmte Vorgaben der Eltern nicht eingehalten hat (*„Ich habe das ganz anders verstanden."*

„Ich habe das überhaupt nicht gehört.“). Wer erinnert sich nicht an das beliebte Kinderspiel „Stille Post“, bei dem der Informationsverlust ein wesentliches Element des Spiels ist. Mehrere Kinder saßen in einer Reihe und das erste flüsterte dem zweiten einen Satz ins Ohr, der jeweils dem nächsten weitergegeben werden musste. Am Schluss wurde das, was das letzte Kind noch wusste, mit dem Anfangssatz verglichen und es herrschte große Heiterkeit über die Verstümmelung der Anfangsbotschaft.

In abgewandelter Form wird diese Übung in vielen Seminaren genutzt, um die Einflüsse der verschiedenen Störungsarten beobachtbar zu machen. Einige Teilnehmer werden aus dem Raum geschickt. Einem der verbliebenen Teilnehmer wird eine Geschichte erzählt oder ein Bild gezeigt. Die Hinausgeschickten werden nach und nach hereingeholt und erfahren, was der jeweilige Vorgänger gehört oder gesehen hat. Auf Seite 14 sind die beiden Übungen genau beschrieben. Beide Übungen verdeutlichen, dass von Stufe zu Stufe Informationen verloren gehen oder verfälscht werden. Das Bewusstsein wird gestärkt, dass nicht alles, was der Sender sagt, beim Empfänger ankommt. Es wird auch anschaulich, dass sowohl der Sender als auch der Empfänger Verursacher der Störungen sein können.

> Wer kommuniziert, sollte sich ständig bewusst sein: Eine Nachricht ist nicht das, was der Sprecher sagt, sondern das, was beim Empfänger ankommt und verstanden wird.

Nach einer amerikanischen Untersuchung erreichen im Durchschnitt nur 20 % der Informationen das Publikum (Birkenbihl 1998, Seite 51). Die nachfolgend dargestellte Kommunikationskette verdeutlicht, dass vom Entstehen eines Gedankens bis zu dessen Verarbeitung beim Empfänger auf jeder Stufe Störungen oder Übertragungsfehler auftreten können.

Schon aus der abstrakten Darstellung wird deutlich, dass jede genannte Störquelle zu einer Veränderung der Ausgangsinformation führen kann. Einzelne Gedanken fallen weg, andere (falsche!) Gedanken kommen hinzu.

Kommunikationskette

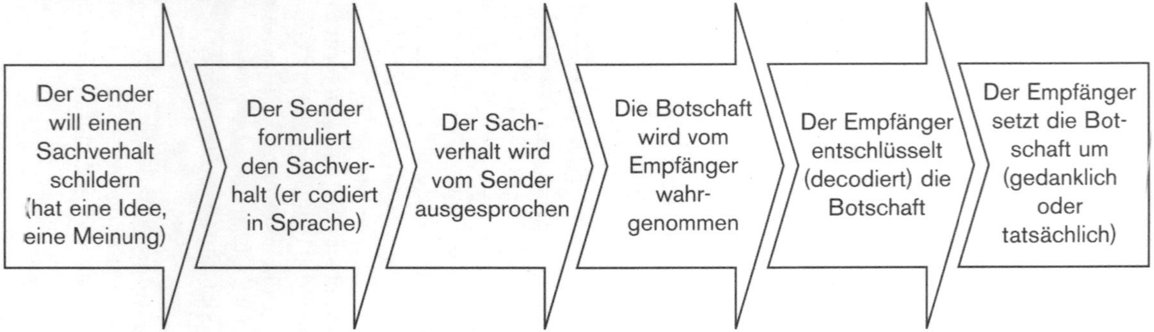

mögliche Störungen

• Ungenauer Sachverhalt • keine eindeutige Meinung • unklare Ausgangsinformation • Informationsfülle	• falsches Sprachniveau • unklare Begriffe • Fremdwörter	• rhetorische Fehler (undeutlich, Dialekt, Fremdsprache, zu schnell, zu leise) • Einzelheiten werden vergessen oder falsch dargestellt	• mangelhafte Konzentration • äußere Störungen (Lärm) • innere Abwehr • zu viele Informationen	• Missverständnisse • Beziehungsebene • Verständigungsprobleme • Fehlinterpretationen	• Einzelheiten werden vergessen • Überlagerung durch eigene Gedanken

Beispiel: Nehmen Sie an, Sie erkundigen sich in einer fremden Stadt nach dem Weg zu einem bestimmten Hotel.

- Der Befragte denkt kurz nach (Kennt er den Weg wirklich?)
- Er beginnt dann den Weg zu erklären (Wie gut kann er einen Weg beschreiben?)
- Wie gut sind seine rhetorischen Fähigkeiten (Wie deutlich spricht er?)
- Wie steht es mit Ihrem eigenen Aufnahmevermögen? (Haben Sie im Straßenlärm alles verstanden?)
- Wie interpretieren Sie die Einzelinformationen? (Was hat er mit „einem großen Gebäude" gemeint?)
- Was hat er alles gesagt? (Haben Sie alle erwähnten Punkte behalten?)

Eine absolut störungsfreie Kommunikation ist nicht möglich. Aber sowohl der Sender als auch der Empfänger können dazu beitragen, dass sich die Verluste und Verzerrungen an Informationen zumindest in Grenzen halten. Obwohl in den folgenden Kapiteln alle Aspekte nochmals angesprochen werden, seien die wichtigsten Empfehlungen hier schon einmal genannt. Folgende Möglichkeiten hat der Sender:

- Begrenzen Sie den Informationsumfang und konzentrieren Sie sich auf das Wesentliche (Kerngedanken).
- Leisten Sie dem Empfänger Verständnishilfe, indem Sie Ihre Gedanken strukturieren und gewichten.
- Sprechen Sie die geeignete Sprache; orientieren Sie sich dabei am Empfänger.
- Verwenden Sie Beispiele und andere Assoziationshilfen.
- Sprechen Sie rhetorisch korrekt (Tempo, Lautstärke usw.).
- Holen Sie Feedback ein. Überzeugen Sie sich von Zeit zu Zeit, dass Sie richtig verstanden wurden. Machen Sie sich bewusst, dass der Empfänger neben dem Sachohr mit weiteren Ohren, insbesondere dem Beziehungsohr zuhört.
- Nutzen Sie neben dem Hören weitere Eingangskanäle beim Empfänger.

Der Empfänger kann durch den Einsatz folgender Techniken zu einer erfolgreichen Kommunikation beitragen:

- Aktiv und konzentriert zuhören.
- Verständnisprobleme aufklären bzw. Verständnis überprüfen *(„Habe ich richtig verstanden, Sie meinen…")*.

- Feedback geben.

Die beiden folgenden Übungen werden auch in Seminaren oft eingesetzt. Sie haben einen hohen Unterhaltungswert und machen dennoch recht eindrucksvoll bewusst, wie schnell eine Nachricht verzerrt werden kann.

Übung: Informationsverluste/Bildbeschreibung

- **Übungsablauf:** Fünf Teilnehmer werden aus dem Raum geschickt. Dem sechsten Teilnehmer wird dann 40 Sekunden lang ein Bild, ein Foto oder eine Zeichnung gezeigt. Vorher bekommt er die präzise Anweisung: *„Sie bekommen jetzt 40 Sekunden lang ein Bild gezeigt. Prägen Sie es sich genau ein, damit Sie es anschließend dem nächsten Teilnehmer beschreiben können.“* Dann wird der erste der draußen Wartenden hereingeholt und eingewiesen: *„Frau X hat ein Bild gesehen, das sie Ihnen jetzt beschreiben wird. Hören Sie genau zu, damit Sie anschließend dem Nächsten erzählen können, was auf dem Bild zu sehen war.“* Nach und nach werden alle hereingeholt, unterwiesen und vom jeweiligen Vorgänger über den diesem noch bewussten Bildinhalt informiert. Wenn der letzte Teilnehmer vom Vorgänger die Bildbeschreibung gehört hat, fordern Sie ihn auf, das Bild an die Tafel zu zeichnen. Es kommt nicht auf die Qualität der Zeichnung an, sondern auf die verbliebenen Inhalte.
- **Übungsziel:** Informationsverluste bewusst machen

Übung: Informationsverluste/Geschichte nacherzählen

- **Übungsablauf:** Fünf Personen verlassen den Raum. Der unten stehende Text wird einer sechsten Person vorgelesen. Diese erzählt die Geschichte dem ersten Teilnehmer, der von draußen wieder hereingerufen wird. Dann werden nach und nach alle anderen hereingeholt und hören die Geschichte vom jeweiligen Vorgänger. Der letzte Teilnehmer berichtet nochmals allen Anwesenden, was er noch weiß.
- **Übungstext:** *Am Montagnachmittag bin ich durch die Römerstraße Richtung Rathaus gegangen. Vor der Metzgerei hat mich ein türkischer Mitbürger angesprochen und nach dem Weg zum Bahnhof gefragt. In diesem Augenblick fuhren zwei Feuerwehrfahrzeuge und ein Notarztwagen vorbei. Ein anderer Passant rief uns zu, dass in der Hauptstraße ein Großbrand ausgebrochen sei und mehrere Häuser in Flammen stünden. Da die Polizei die Schillerstraße abgesperrt hatte, konnte ich nichts weiter erkennen. Ich bin weitergegangen und habe im Rathaus meinen neuen Reisepass abgeholt. Am Dienstagmorgen habe ich in der Zeitung ge-*

lesen, dass nur ein alter Schuppen abgebrannt wäre und kein größerer Schaden entstanden sei.

- **Übungsziel:** Informationsverluste bewusst machen

5. Verständlich kommunizieren

Bei den im vorigen Kapitel dargestellten Quellen für Störungen und Missverständnisse bei der zwischenmenschlichen Kommunikation wurde auch die vom Sender gewählte sprachliche Formulierung genannt. Manche Sender machen es ihrem Empfänger durch komplizierte Formulierungen unnötig schwer. Wir wissen aber bereits, dass für das Verständnis nicht entscheidend ist, was der Redner sagt, sondern was die Zuhörer verstehen.

> Helfen Sie Ihren Zuhörern, dass Ihre Nachricht ankommt. Finden Sie Formulierungen, bei denen Sie weitgehend sicher sein können, dass diese verstanden werden.

Das gilt für alle Formen der sprachlichen Kommunikation, also für Vorträge und Präsentationen ebenso wie für Gespräche oder Besprechungen. Untersuchungen einer Hamburger Forschergruppe (Langer/Schulz v. Thun/Tausch) haben gezeigt, dass die Verständlichkeit bei der Informationsübermittlung von vier Dimensionen der sprachlichen Gestaltung (Verständlichmacher) abhängt:

- Einfachheit
- Gliederung und Ordnung
- Kürze und Prägnanz
- Anregende Zusätze (Stimulatoren)

Drücken Sie sich einfach aus: Je einfacher Sie sprechen, umso besser werden Sie verstanden. Obwohl diese Erkenntnis jedem bewusst ist, wird ständig dagegen verstoßen. Leider ist es nicht nur der Wissenschaftler, dem nachgesagt wird, dass er sich nicht von seiner Fachsprache lösen kann.

Jeder Sachverhalt kann in unkomplizierter Weise mit geläufigen und anschaulichen Formulierungen erläutert werden. Je schwieriger der Inhalt ist, umso wichtiger ist eine einfache Darstellung. Einfachheit erreichen Sie durch

- kurze Sätze,
- Umwandlung von Nebensätzen in Hauptsätze,
- Verzicht auf Schachtelsätze,
- Verzicht auf unnötige Fremdwörter,
- bekannte Wörter, zeitgemäße Ausdrücke,
- Verben statt Substantive,
- konkrete Beispiele statt abstrakter Informationen,
- nachvollziehbare Bilder und Vergleiche und
- indem Sie komplizierte Zusammenhänge visuell unterstützen.

Einen wichtigen Schritt zur Einfachheit und Verständlichkeit vollziehen Sie, wenn Sie die Sprache Ihrer Gesprächspartner oder Zuhörer sprechen.

Tragen Sie Ihre Gedanken in übersichtlicher, gegliederter Form vor: Bei der Forderung nach Gliederung und Ordnung gibt es zwei Gesichtspunkte, damit die Zuhörer sich zurechtfinden und Zusammenhänge erkennen. Die **innere Ordnung** verlangt eine sinnvolle Reihenfolge der Gedanken. Die Sätze und Absätze sind folgerichtig aufeinander bezogen und stehen nicht beziehungslos nebeneinander. Wichtiges steht am Anfang. Wesentliches wird vom Unwesentlichen unterschieden; der rote Faden bleibt erkennbar. In allen folgenden Kapiteln, gleichgültig ob es um ein Zweiergespräch, eine Besprechung oder eine Präsentation geht, wird durch Strukturierungsempfehlungen immer wieder an die Forderung nach Gliederung und Ordnung erinnert.

Durch die **äußere Ordnung** erkennen die Zuhörer den Textaufbau; zusammengehörende Teile werden durch eine überschaubare Anordnung deutlich. Das erreichen Sie durch

- Vor- und Zwischenbemerkungen,
- Überschriften und Absätze,
- Hervorhebungen (z. B. von Kerninformationen),
- Zusammenfassungen,
- Reihungen und Aufzählungen,
- Wiederholungen,
- häufige Verweise auf die Gliederung,
- Betonungen und Pausen sowie
- visuelle Unterstützungen (z. B. Gliederung auf Flipchart).

Fassen Sie sich kurz: Eine zu knappe Darstellung ist ebenso schlecht wie zu weitschweifige Ausführungen. Sowohl in Gesprächen als auch in Vorträgen besteht die Gefahr zur Weitschweifigkeit. Die Länge des Textes muss in einem angemessenen Verhältnis zum Redeziel und zum Schwierigkeitsgrad des Stoffes stehen. Leicht verständliche Informationen werden kurz behandelt, schwierige dagegen ausführlicher. Weitschweifigkeit vermeiden Sie, indem Sie

- rasch zur Sache kommen (nicht bei Adam und Eva beginnen),
- Ziele formulieren und bekannt geben,
- zwischen Kern- und Zusatzinformationen unterscheiden,
- auf überflüssige Erläuterungen verzichten,
- beim Thema bleiben,
- umständliche Formulierungen, Füllwörter und leere Phrasen vermeiden.

Gestalten Sie Ihre Ausführungen interessant: Viele Redeinhalte sind langweilig und trocken. In solchen Fällen müssen Sie als Redner das Interesse Ihrer Zuhörer durch „anregende Zutaten" wachhalten. Als Stimulatoren gibt ein ganzes Arsenal an Möglichkeiten:

- einen motivierenden Anfang,
- einen mitreißenden Schluss,
- treffende Beispiele aus der Welt der Zuhörer,
- rhetorische Fragen,
- direktes Ansprechen der Zuhörer,
- Reizwörter,
- emotionale Beteiligung der Zuhörer,
- aktives Mittun (z. B. durch Arbeit an der Pinwand),
- humorige Formulierungen,
- gelungene Zitate oder auch
- eine spontane Pause.

Natürlich müssen auch diese Stimulatoren in einem ausgewogenen Verhältnis zum übrigen Inhalt stehen. Wer nur noch Witze erzählt, unterhält zwar für eine gewisse Zeit, aber er verfehlt sein Rede- oder Gesprächsziel. Zu viele zusätzliche Stimulatoren können die Übersichtlichkeit und Prägnanz gefährden.

Teil B: Mit anderen sprechen – Gespräch, Verhandlung, Moderation, Smalltalk

Das Gespräch ist die häufigste Form, mit anderen Menschen zu kommunizieren. Je nach Anzahl der Teilnehmer werden Zweiergespräche und Gruppengespräche unterschieden. In diesem Kapitel werden folgende Gesprächsformen dargestellt:

- Zweiergespräch (Dialog, Verhandlung)
- Besprechungen und Konferenzen (geleitete Gruppengespräche)
- Moderierte Gruppengespräche
- Smalltalk

Einleitend werden verschiedene Gesprächstechniken vorgestellt, die bei allen Gesprächsformen eingesetzt werden können.

1. Gesprächstechniken – Handwerkszeug für alle Gesprächsformen

Die meisten Gespräche werden geführt, um etwas damit zu erreichen. Der Gesprächspartner soll über einen Sachverhalt informiert werden, er soll von einer Meinung überzeugt werden oder es soll ihm etwas verkauft werden. Wer Gespräche führt, will Einfluss nehmen oder etwas bewirken. Um diese Ziele zu erreichen, werden verschiedene Gesprächstechniken eingesetzt. **Gesprächstechniken** sind Hilfen, um das Gespräch vorwärtszubringen und um es in freundlicher, partnerschaftlicher Atmosphäre zu führen. Es geht nicht darum, den Partner zu manipulieren oder immer nur die eigene Meinung durchzusetzen oder gar dem anderen aufzuzwingen.

Folgende Techniken werden dargestellt:

- Fragetechnik
- Aktives Zuhören
- Umgang mit Einwendungen
- Argumentation
- Feedback geben und empfangen
- Ich-Botschaften senden

- Metakommunikation
- Schlagfertigkeit

1.1 Fragetechnik – Wer fragt, der führt

Bei der weiteren Lektüre dieses Buchs werden Sie feststellen, dass nahezu in jedem Kapitel mindestens einmal die Fragetechnik als Kommunikationsinstrument erwähnt wird:

- In Dialogen und Besprechungen sind Fragen das wichtigste Instrument, um das Gespräch voranzubringen.
- Bei Besprechungen werden Fragen bereits zur Eröffnung der Diskussion benötigt.
- Bei der Moderationsmethode ist die Fragetechnik neben der Visualisierung das entscheidende Instrument, um die Gruppe zu aktivieren.
- Selbst ein harmloser Smalltalk bleibt möglicherweise stecken, wenn er nicht durch Fragen weitergeführt wird.
- Beim freien Reden wird vor allem die rhetorische Frage als sprachliches Mittel herausgestellt.
- Bei Präsentationen wird die Fragetechnik in der anschließenden Aussprache benötigt.

Fragen erleichtern es, den Bezugsrahmen anderer Menschen zu verstehen, und eröffnen gleichzeitig Möglichkeiten, über Ausmaß und Richtung des Gesprächs zu bestimmen. Die Kunst des richtigen Fragens ist eine der wichtigsten Voraussetzungen einer erfolgreichen Kommunikation.

1.1.1 Die Fragetechnik ist vielseitig einsetzbar

Eine wesentliche Erkenntnis der zwischenmenschlichen Kommunikation besagt, dass die meisten Menschen viel lieber selbst sprechen als dem anderen zuzuhören. Das hängt damit zusammen, dass die Rolle des Sprechers im Allgemeinen weit wichtiger eingeschätzt wird als die Rolle des Zuhörers. Machen Sie von dieser Erkenntnis Gebrauch: Bringen Sie Ihre Gesprächspartner in die bevorzugte Rolle des Sprechers, indem Sie Ihnen häufiger Fragen stellen. Sie werden als angenehmer Gesprächspartner empfunden.

Die Fragetechnik kann sehr unterschiedlichen Zwecken dienen:

- Fragen als Instrument, um ein **Gespräch in Gang zu bringen**: Unsichere und verschlossene Gesprächspartner können durch einfache Fragen zum Reden gebracht werden. Bei Konferenzen können die Anfangshemmungen durch vorbereitete Eröffnungsfragen überwunden werden.
- Fragen als Instrument, um **Gespräche zielorientiert vorwärtszubringen:** Wenn ein Gesprächspunkt abgehandelt ist, kann das Gespräch durch eine geeignete Frage weitergeführt werden. Oder das Gespräch wird durch Fragen bewusst in eine erwünschte Richtung oder auf ein zu besprechendes Problem gelenkt. Ein zurückhaltender Gesprächspartner kann durch Fragen zum Mitdenken oder zu einer Stellungnahme gezwungen werden (z. B. *„Was meinen Sie dazu?"*).
- Fragen als Instrument, um sich **Informationen zu verschaffen:** Das Erfragen von erwünschten Informationen ist eine Hauptaufgabe einer richtig eingesetzten Fragetechnik. Bei vielen Gesprächsanlässen gilt es zunächst, Sachverhalte klarzustellen bzw. Probleme zu klären. Durch Fragen erfahren Sie aber auch mögliche Bedenken oder Einwendungen Ihrer Gesprächspartner und können Ihre eigene Argumentation partnerorientiert ausrichten.
- Fragen als Instrument, um **auf den Partner einzugehen:** Durch treffende Fragen zur Sache signalisieren Sie Ihrem Gesprächspartner, dass Sie an seinen Aussagen interessiert sind. Außerdem verdeutlichen Sie Ihre Bereitschaft, dem anderen aktiv zuzuhören.
- Fragen als Instrument, um **Zeit zu gewinnen:** Taktisch können Sie die Fragetechnik einsetzen, um sich bei einem überraschenden Argument Ihres Gesprächspartners vor einer zu raschen (unüberlegten!) Antwort zu schützen. Fragen sind außerdem eine bewährte Methode, um auf Einwendungen (vgl. S. 34) zu reagieren.

Je nach Kommunikationsabsicht werden unterschiedliche Frageformen eingesetzt. Die folgende Beschreibung der verschiedenen Fragearten zeigt, welche Frageformen für eine zielgerichtete, partnerorientierte Gesprächsführung geeignet sind.

1.1.2 Die wichtigsten Fragearten

Vorbemerkung: Bei den Beispielen in diesem Kapitel wird als Anwendungssituation ein Bewerbungsgespräch unterstellt.

Nach der Art und Weise, wie eine Frage gestellt wird, werden offene und geschlossene Fragen unterschieden. Wer die Fragetechnik erfolgreich einsetzen möchte, muss sich diesen Unterschied verdeutlichen.

Offene Fragen lassen einen großen Antwortspielraum zu. Sie bringen den Partner zum Nachdenken und geben ihm die Möglichkeit, sich mit dem Frageinhalt auseinanderzusetzen und sein Wissen bzw. seine Vorschläge einzubringen. Offene Fragen beginnen mit einem Fragewort (weshalb, wozu, womit, wieso, was usw.) und verlangen ganze Sätze als Antwort. Offene Fragen können auf keinen Fall nur mit „ja“ oder „nein“ beantwortet werden.

Beispiele:
- *„Weshalb bewerben Sie sich bei uns?“*
- *„Welche sonstigen Kenntnisse haben Sie?“*
- *„Was für Erfahrungen im Außendienst haben Sie?“*
- *„Wie sind Sie auf uns aufmerksam geworden?“*

Vorsicht beim Einsatz des Frageworts „Warum“. Eine Warum-Frage verlangt eine Rechtfertigung und birgt die Gefahr, dass es zu Schuldzuweisungen kommt.

Was-Fragen werden häufig gestellt, um an die Fakten zu kommen. („*Was ist geschehen?*“). Wie-Fragen werden eher gestellt, um die zugehörigen Gefühle und Bewertungen zu erhalten. („*Wie konnte das geschehen?*“)

Geschlossene Fragen beginnen mit einem Tätigkeitswort und können nur mit „ja“ oder „nein“ oder einer kurzen Sachaussage beantwortet werden. Geschlossene Fragen führen nur zu begrenzten Informationen. Sie eignen sich vor allem, wenn Sie rasch eine bestimmte Information brauchen (z. B. eine Zustimmung), aber auch zur Gesprächssteuerung und als Entscheidungsfragen („*Sind Sie mit diesem Vorschlag einverstanden?*“). Geschlossene Fragen eignen sich auch zum Nachfragen, um unklare Gesprächsbeiträge zu präzisieren („*Habe ich Sie richtig verstanden, dass ...?*“). Zu viele geschlossene Fragen stoßen beim Partner auf Ablehnung, weil das Gespräch als eine Art „Verhör“ empfunden wird.

Beispiele:
- *„Haben Sie sich auch anderweitig beworben"?*
- *„Sprechen Sie Englisch?"*
- *„Arbeiten Sie gerne im Außendienst?"*

Unabhängig von der Einteilung in offene und geschlossene Fragen können nach der mit der Fragestellung verbundenen Absicht folgende Fragearten unterschieden werden.

Auskunfts- oder Informationsfragen (Kenntnisfragen) sind knapp formulierte, zumeist offene Fragen, durch die der Fragesteller sein Wissen über Personen oder Sachen erweitern möchte.

Beispiele:
- *„Welche Sprachen sprechen Sie?"*
- *„Wann können Sie bei uns anfangen?"*

Durch **Steuerungsfragen** werden die Gedanken der Gesprächspartner auf einen erwünschten Sachverhalt gelenkt. Steuerungsfragen können geschlossene oder offene Fragen sein.

Beispiel: *„Wie sah es in Ihrem früheren Betrieb mit Überstunden aus?"* (Das Gespräch soll hier zum Thema Überstunden gelenkt werden, ohne direkt nach der Einstellung gegenüber Überstunden zu fragen.)

Fangfragen lassen für den Befragten nicht genau erkennen, was erfragt werden soll. Es wird nach etwas anderem gefragt, in der Hoffnung, aus der Antwort das zu erfahren, was wirklich interessiert.

Beispiel: *„Seit wann beschäftigen Sie sich schon mit dem Computerprogramm XY?"* (Es interessiert nicht das Datum, sondern der Wissensstand.)

Alternativfragen (Entscheidungsfragen) sind geschlossene Fragen. Sie bieten dem Befragten Wahlmöglichkeiten für die nachfolgende Antwort. Bei richtiger Anwendung fällt die Antwort für den Fragesteller immer positiv aus, denn es werden nur für den Fragesteller günstige Alternativen angeboten. Unentschlossene Gesprächspartner wählen häufig die zuletzt genannte Alternative.

Beispiel: *„Möchten Sie zunächst lieber am Projekt A oder am Projekt B mitarbeiten?"* (Der Fragesteller gibt nur die für ihn genehmen Alternativen A und B vor. Andere mögliche, aber für ihn weniger angenehme Alternativen werden verschwiegen.)

Kontrollfragen dienen dazu, festzustellen, ob die Partner einen Gedankengang mit vollzogen haben oder ob bestimmte Informationen oder Gesprächsergebnisse richtig verstanden wurden. Sie eignen sich auch für den Abschluss eines Gesprächs oder Gesprächsabschnitts.

Beispiele:
- *„Genügt Ihnen diese Antwort?"*
- *„Haben Sie noch Fragen zu den wirtschaftlichen Aspekten?"*
- *„Sind wir uns damit einig, dass Sie zunächst in der Projektgruppe A beginnen werden?"*

Ablenkungsfragen (weiterführende Fragen) leiten zu einem neuen Aspekt über, ohne dass auf die vorhergehenden Aussagen (Einwände, Behauptungen) eingegangen wird. Dadurch können – falls erwünscht – Diskussionen mit dem Partner oder Korrekturen seiner Aussagen vermieden werden.

Beispiel: Bewerber: *„Ich nehme an, dass ich den Firmenwagen auch privat nutzen kann!"* – Vorgesetzter (der darauf nicht vorbereitet ist): *„Was für einen Wagen fahren Sie eigentlich privat?"*

Provozierende Fragen (Angriffsfragen) sollen die Gesprächspartner aus der Reserve locken und damit die Diskussion in Gang bringen. Sie werden auch benutzt, um vom Partner Informationen zu erhalten, die er sonst möglicherweise zurückgehalten hätte. Wegen des negativen Einflusses auf die Gesprächsatmosphäre und der besonderen Situation sollten provozierende Fragen bei einer fairen Gesprächsführung möglichst vermieden werden.

Beispiele:
- *„Mussten Sie bei Ihrer früheren Tätigkeit auch einmal wirkliche Entscheidungen treffen?"*
- *„War das schon alles? Haben Sie uns nicht mehr zu berichten?"*

Suggestivfragen beinhalten bereits eine Meinung und sollen bewirken, dass sich die Befragten dieser Meinung anschließen. Die Beeinflussung wird durch die Wörter doch, auch, sicher, ebenfalls usw. erreicht. Wegen ihres manipulativen Charakters stoßen Suggestivfragen auf Ablehnung und sollten vermieden werden.

Beispiel: „Es macht Ihnen doch sicherlich nichts aus, gelegentlich einmal Überstunden zu machen?"

Gegenfrage – ja oder nein? Im Gespräch werden auch Sie selbst mit Fragen Ihres Gesprächspartners konfrontiert. Darauf können Sie, statt eine Antwort zu geben, mit einer **Gegenfrage** reagieren. Die Gegenfrage ist das Instrument des Befragten, einen Rollentausch herbeizuführen und die Gesprächsinitiative zurückzugewinnen.

Die Gegenfrage hat mehrere Vorteile. Sie verschaffen sich in jedem Fall einen minimalen Zeitgewinn. Außerdem bewirkt sie in vielen Fällen, dass die ursprüngliche Fragestellung abgewandelt wird oder völlig verloren geht oder vom Fragesteller selbst beantwortet wird. Häufig erbringt die Gegenfrage auch zusätzliche Informationen, an denen sich die spätere Antwort orientieren kann.

> Die Gegenfrage hat teilweise destruktiven Charakter oder wird als unhöflich empfunden, weshalb sie nur in Engpass-Situationen eingesetzt werden sollte.

Die beiden einfachsten Formen der Gegenfrage liegen vor, wenn Sie so tun, als ob Sie die Frage Ihres Partners akustisch oder inhaltlich nicht verstanden hätten.

Beispiele:
- *„Wie bitte?"*
- *„Wie meinen Sie das?"*

Über diese „Notlösungen" hinaus können mit der Gegenfrage ganz bestimmte gesprächstaktische Absichten verfolgt werden, wie sie schon bei den anderen Fragearten dargestellt wurden.

Beispiele: Ein Bewerber stellt im Vorstellungsgespräch die Frage: *„Welche Aufstiegsmöglichkeiten habe ich?"* Auf diese Frage kann in unterschiedlicher Weise mit einer Gegenfrage reagiert werden:
- Gegenfrage als Informationsfrage: *„Was für berufliche Ziele wollen Sie denn noch erreichen?"*
- Gegenfrage als Ablenkungsfrage: *„Haben Sie eigentlich schon gekündigt?"*
- Gegenfrage als Suggestivfrage: *„Sie wollen sich doch sicher erst einarbeiten, ehe wir über Ihren weiteren Aufstieg reden?"*

Gegenfragetechnik

- Gegenfrage als Alternativfrage: *„Sehen Sie Ihre Chancen eher im Innen- oder Außendienst?"*

Rhetorische Fragen: Auf eine rhetorische Frage erwartet der Fragesteller keine unmittelbare Antwort. Entweder die Frage bleibt unbeantwortet (weil die Antwort so eindeutig ist, dass sie nicht ausgesprochen werden muss) oder der Fragesteller selbst beantwortet die Frage. Rhetorische Fragen werden hauptsächlich als Stilmittel in Vorträgen eingesetzt.

Im Gespräch können rhetorische Fragen zu Missverständnissen führen, es sein denn, es handelt sich um eine rhetorische Doppelfrage. Als Doppelfrage hat sich die rhetorische Frage bewährt, wenn Kritik geübt werden soll oder der Partner bzw. die Zuhörer auf ein Problem vorbereitet werden sollen. Dabei dient die erste Frage als hinführende Frage, um die zweite, entscheidende Frage vorzubereiten. Diese Technik kann sowohl in Gesprächen und Besprechungen als auch bei Vorträgen verwendet werden.

Beispiel: *„Ist Ihnen bekannt, dass wir auch noch einen Zweigbetrieb in Stuttgart haben? Was halten Sie davon, einen Teil der Einarbeitungszeit dort zu verbringen?"*

Mit der ersten Frage wird das Problem verdeutlicht. Mit der zweiten entscheidenden Frage wird die Einstellung dazu erfragt.

1.1.3 Fragetechnik richtig einsetzen

Richtig eingesetzt, nützt die Fragetechnik sowohl dem Fragesteller als auch dem Befragten. Natürlich wird der Fragesteller in vielen Fällen versuchen, sich durch geschicktes Fragen einen taktischen Vorteil zu verschaffen. Das ist so lange akzeptabel, als es sich nicht um ein bewusst unfaires Verhalten handelt.

Falsch angewendet, kann die Fragetechnik auch mit Nachteilen verbunden sein. Der Einsatz von Fragen bei der Gesprächsführung soll weder zum bohrenden Ausfragen führen noch sollen die Gesprächspartner manipuliert werden. Die Grenze zwischen fairem und unfairem Frageverhalten kann manchmal eng sein. Der Sinn der Fragetechnik wäre verfehlt, wenn diese nur als Instrument einer destruktiven Gesprächsführung verstanden würden.

Neben dem Aspekt Fairness gibt es weitere Regeln, die grundsätzlich beachtet werden sollten:

- Stellen Sie immer nur eine Frage. Wenn Sie mehrere Fragen gleichzeitig stellen, besteht die Gefahr, dass nur die einfacheren beantwortet werden und der Rest verloren geht.
- Formulieren Sie Ihre Fragen kurz und eindeutig.
- Geben Sie mit der Fragestellung keine Vorausinformationen, an denen sich die Befragten mit ihrer Antwort orientieren können.

Beispiel: In einem Vorstellungsgespräch sagt der Personalleiter: *„Bei dieser Tätigkeit müssen Sie viel unterwegs sein! Reisen Sie gerne?"*. Die Wahrscheinlichkeit ist groß, dass der Bewerber seine Reisefreudigkeit trotz anderer Einstellung bejaht, nur um den Job zu bekommen.

- Lassen Sie dem Befragten Zeit zum Nachdenken. Beantworten Sie Ihre Frage nicht zu schnell selbst.
- Formulieren Sie bei Gruppen die Fragen möglichst so, dass alle (zumindest viele) Teilnehmer angesprochen werden.
- Sagen Sie nicht alles selbst. Nutzen Sie die Tatsache, dass die selbst gegebenen Antworten verteidigt werden. Führen Sie Ihre

Gesprächspartner durch eine geschickte Fragestellung zu einzelnen Argumenten, die sie einbringen können.

1.2 Aktiv zuhören – Mit den Ohren überzeugen

Das Zuhören ist ebenso wie das Sprechen eine Basisfähigkeit der Kommunikation, die wir schon seit unserer Kindheit ausüben. Vielleicht haben Sie es auch schon einmal erlebt, dass jemand davon gesprochen hat, dass er sich mit Frau A oder Herrn B sehr gut unterhalten habe. Wenn Sie sich näher informieren, erfahren Sie, dass Frau A oder Herr B vor allem gut zugehört haben. Sie haben Geduld aufgebracht und wurden als angenehme Gesprächspartner empfunden. Wer gut zuhören kann macht Pluspunkte, obwohl das Zuhören bei den meisten Menschen einen geringeren Stellenwert hat als das Sprechen.

Bei einer professionellen Gesprächsführung ist das Zuhören ein unverzichtbarer Bestandteil. Selbst ein unverbindlicher Smalltalk wird nur möglich, wenn die Teilnehmer auch zum Zuhören bereit sind. Nur ein ständiger Wechsel zwischen Sprechen und Zuhören führt zu einem wirklichen Meinungsaustausch. Außerdem ist das Zuhören ein Akt des Respekts vor dem anderen.

Versuchen Sie Ihren Gesprächspartnern die erforderliche Aufmerksamkeit entgegenzubringen. Zeigen Sie Ihr Interesse an den Ausführungen des Partners, indem Sie ihm erkennbar zuhören. Das bedeutet allerdings mehr, als nur passiv dabeizusitzen. Richtiges Zuhören heißt, sich voll auf den anderen konzentrieren und ihm das Gefühl zu vermitteln, dass Sie sich in ihn „hineinversetzen“. Dazugehört auch, dass sie sich regelmäßig vergewissern, ob das, was Sie verstanden haben, mit dem übereinstimmt, was Ihr Gesprächspartner gemeint hat.

Von aktivem Zuhören wird gesprochen,

- wenn Sie Ihrem Gesprächspartner erkennbar zeigen, dass Sie ihm zuhören, und
- wenn Sie sich wirklich bemühen, sich in die Gefühls- und Gedankenwelt des Partners einzufühlen. Es geht nicht nur darum zu erkennen, was der Partner gerade sagt, sondern gleichermaßen wie er es sagt, d. h. welche Gefühle oder Bedürfnisse ihn gerade bewegen.

1.2.1 Richtiges Zuhören hat viele Vorteile

Leider ist die Fähigkeit zum aufmerksamen Zuhören bei den meisten Menschen nur unzureichend ausgeprägt. Das kann zur Ursache für viele Missverständnisse werden. Wer im Gespräch richtig zuhört, profitiert dagegen von zahlreichen Vorteilen:

- Sie erhalten von Ihrem Gesprächspartner wichtige Sachinformationen.
- Sie lernen dessen Meinungen, Wünsche und Bedürfnisse kennen und können entsprechend darauf reagieren.
- Sie vermeiden Konflikte und Missverständnisse und tragen dadurch zu einer erfolgreichen Kommunikation bei.
- Sie bringen gegenüber dem Gesprächspartner Wertschätzung zum Ausdruck.
- Sie zeigen Verständnis für Ihren Gesprächspartner.
- Sie erfahren mehr und können den Partner besser einschätzen und gewinnen wichtige Anhaltspunkte für die eigene Argumentation.
- Sie regen den Gesprächspartner zum Weiterreden an.
- Sie gewinnen Zeit, um das Gehörte besser zu verarbeiten und eine passende Antwort zu geben.

> Jemandem aktiv zuhören muss nicht bedeuten, dass Sie mit ihm einer Meinung sind. Das Ziel richtigen Zuhörens besteht darin, den Gesprächspartner zu verstehen und ihm Interesse und Anteilnahme an seinen Gedanken (Problemen) zu bekunden.

Ein erster Schritt zum besseren Zuhören ist das Wissen um mögliche Fehlerquellen. Nur wer die typischen Fehlerquellen kennt, kann versuchen, diese Fehler zu vermeiden. Folgende Fehler treten immer wieder auf:

- Die Rolle des Sprechers wird von den meisten Menschen wichtiger eingeschätzt als die Rolle des Zuhörers. Deshalb wird mehr gesprochen als zugehört.
- Nicht alles, was andere sagen, interessiert uns. In solchen Fällen schalten wir bewusst oder unbewusst ab.
- Was andere sagen, interessiert zwar vom Thema her, aber es wird zu weitschweifig dargeboten. Die Zuhörer langweilen sich und beginnen, sich mit eigenen Gedanken zu befassen.

- Wir glauben, die Argumente des Gesprächspartners bereits zu kennen, und schalten deshalb frühzeitig ab und beschäftigen uns mit unseren eigenen Gedanken.
- Es fehlt an der Bereitschaft, uns in die Situation anderer zu versetzen und deren Sichtweise zu überprüfen.
- Wir neigen dazu, zu unterbrechen, weil wir unsere eigenen Gedanken loswerden wollen.
- Aufgrund von Vorurteilen werden die Ausführungen des Gesprächspartners nur unzureichend wahrgenommen.
- Durch selektive Wahrnehmung werden nur bestimmte Teile einer Nachricht gehört. Einzelne Aussagen, ob positiv oder negativ, haben für den Zuhörer ein größeres Gewicht und werden (unbewusst) wahrgenommen, während andere Aussagen verloren gehen.
- Anstatt zuzuhören, beschäftigen wir uns mit dem, was wir als Nächstes erwidern wollen. Wir denken viel zu früh über unsere Antwort nach. Diesen Hauptfehler beim Zuhören können Sie besonders gut in Interviews oder Talksendungen im Fernsehen beobachten, wenn voraus formulierte Fragen „abgehandelt" werden. Insbesondere die Körpersprache mancher Interviewer lässt erkennen, dass die Antwort kaum interessiert.
- Der Hang zur Selbstdarstellung führt dazu, dass viel mehr geredet wird als zugehört. Wer redet, glaubt sich besser produzieren zu können, als wenn er „nur" zuhört.

1.2.2 So hören Sie richtig zu

Sie wissen, was aktives Zuhören ausmacht: Sie müssen Ihrem Partner so zuhören, dass er auch erkennt, dass Sie zuhören, und Sie müssen versuchen zu verstehen, was er wirklich sagen möchte. Dafür stehen vielfältige Möglichkeiten zur Verfügung.

Zeigen Sie Ihre Zuhörbereitschaft durch körpersprachliche Reaktionen:

- Ermutigen Sie den Gesprächspartner durch Ihr körpersprachliches Verhalten. Senden Sie Aufmerksamkeitssignale.
- Wenden Sie sich dem anderen direkt zu, indem Sie sich leicht vorbeugen.

Aktiv zuhören

- Verdeutlichen Sie Ihre Zuhörbereitschaft durch eine offene Körperhaltung.
- Halten Sie Blickkontakt. Ein richtiger Blickkontakt zeigt Interesse und Einfühlungsvermögen. Sie vermitteln Ihrem Gesprächspartner das Gefühl, etwas Besonderes zu sein und wirklich ernst genommen zu werden.
- Lassen Sie den Gesprächspartner spüren, dass Sie ihm gedanklich folgen, indem Sie öfters einmal mit dem Kopf nicken.
- Vermeiden Sie die Arme zu verschränken, sondern lassen Sie diese im Schoß oder auf dem Tisch ruhen.
- Haben Sie Geduld. Zeigen Sie Ihrem Partner, dass Sie Zeit zum Zuhören haben. Lassen Sie dem Partner Zeit, seine Gedanken zu formulieren.

Bestätigen Sie Ihre Gesprächspartner und geben Sie Feedback:

- Lassen Sie Ihren Gesprächspartner ausreden. Nur wer ausreden kann, fühlt sich verstanden.
- Geben Sie dem Gesprächspartner Rückmeldung, dass Sie seine Aussagen verstanden haben.

- Durch sachbezogenes Feedback geben Sie zu erkennen, dass Sie den Gesprächspartner verstanden haben. (*„Ich verstehe, was Sie meinen“, „Das sehe ich auch so“*). Auch die Wiederholung einzelner Aussagen (vgl. unten) ist eine Form des Feedbacks.
- Durch emotionsbezogenes Feedback zeigen Sie Ihrem Partner, dass Sie ihn ernst nehmen und seine Betrachtungsweise oder Haltung akzeptieren. Versuchen Sie, die Stimmung des Partners in einer kurzen Bemerkung auszudrücken (*„Da sind Sie sicher sehr enttäuscht.“ „Darüber haben Sie sich sicher geärgert.“ „Das war eine sehr angenehme Erfahrung.“*)
- Sprechen Sie den Partner ab und zu mit seinem Namen an. Auch damit demonstrieren Sie Interesse und erregen seine Aufmerksamkeit. Für jeden Menschen ist es das Schönste, seinen Namen zu hören. Dadurch stellen Sie eine positive Beziehung her und bekunden Ihr Interesse.
- Auch verbale Kurzsignale (*aha, wirklich, interessant* usw.) werden vom Partner als Rückmeldung und Zeichen Ihrer Zuhörbereitschaft empfunden.

Wiederholen Sie wichtige Aussagen:

- Versuchen Sie, die Ausführungen Ihres Gesprächspartners zu verstehen. Verstehen ist mehr als nur Hören.
- Durch eine Wiederholung besonders wichtiger Aussagen verdeutlichen Sie, dass Sie die Ausführungen Ihres Partners verstanden haben.
- Fassen Sie die Gesprächsinhalte von Zeit zu Zeit zusammen (spätestens dann, wenn Sie das Gefühl haben, sich die Informationen nicht mehr merken zu können). Durch Zusammenfassung sichern Sie wichtige Aussagen und helfen, das Gespräch zu strukturieren.
- Eine knappe, zusammenfassende Wiederholung (paraphrasieren) bietet Ihrem Partner außerdem die Möglichkeit, Ihre Interpretation zu bestätigen, zu korrigieren oder zu präzisieren. (*„Sie wollen sagen...“, Habe ich Sie richtig verstanden, dass...“*).
- Machen Sie sich bei Bedarf Notizen, aber teilen Sie dies Ihrem Gesprächspartner vorher mit.

Stellen Sie Fragen:

- Bringen Sie bei wichtigen Aussagen den Gesprächspartner durch Fragen dazu, weiter zu sprechen.
- Greifen Sie einzelne Aussagen Ihres Partner auf und bitten Sie um nähere Erläuterung bestimmter Einzelheiten *(„Was meinen Sie mit...")*.

Das sollten Sie unbedingt vermeiden:

- Denken Sie nicht zu früh darüber nach, was Sie als Nächstes fragen oder sagen wollen. Hören Sie dem Partner zu, bis er ausgesprochen hat.
- Blättern Sie nicht in Ihren Unterlagen. Schauen Sie weder auf die Uhr noch aus dem Fenster. Demonstrieren Sie Interesse.
- Vermeiden Sie Killerphrasen.

Alle diese Techniken werden nur eingesetzt, wenn Sie damit rechnen können, dass der Partner „sinnvolle" Gesprächsbeiträge liefert. Natürlich gibt es auch den Umkehrfall, dass Sie es mit einem Gesprächspartner zu tun haben, der kein Ende findet und ein Thema zerredet. In solchen Fällen kann das Gespräch durch eine weiterführende Frage („*Was meinen Sie eigentlich zu...*") vorwärtsgebracht werden.

1.2.3 So können Sie Ihr Zuhörvermögen trainieren

Es gibt eine bewährte (Partner-)Übung, die auch in vielen Seminaren beim Zuhörtraining erfolgreich eingesetzt wird.

Übung: Kontrollierter Dialog

- **Übungsablauf:** Zwei Partner verständigen sich auf ein Thema, über das sie miteinander diskutieren wollen. Partner A sagt zunächst ein paar Sätze. Partner B muss zuhören bis A ausgesprochen hat und dann, bevor er sich selbst zum Thema äußert, zunächst die wesentlichen Aussagen von A wiederholen („Sie haben gesagt, ..."). Erst wenn A die korrekte Wiederholung bestätigt oder Fehler korrigiert hat, kann B seine Meinung in einigen Sätzen äußern. Nun muss A zuhören und wiederholen und darf erst nach Bestätigung oder Korrektur weiter sprechen. Dieser Wechsel Sprechen – Zuhören – Wiederholen – Sprechen – Zuhören – Wiederholen wird fortgesetzt bis das Thema erschöpft ist.
- **Übungsziel:** Das Wissen, zunächst die Aussagen des Partners wiederholen zu müssen, zwingt zum Zuhören. Dabei wird deutlich, wie schwer dies

ist und wie schnell wir beginnen, uns mit unseren eigenen Gedanken zu befassen.

Übung: Zuhörtechniken vertiefen
Greifen Sie von den oben genannten Zuhörtechniken einige heraus (z. B. aus dem Bereich „Körpersprache" oder „Feedback geben") und wenden Sie diese bei allen Gesprächen in nächster Zeit an. Wenn Sie glauben, dass sich die ausgewählten Techniken vertieft haben, dann wählen Sie sich andere aus und trainieren diese.

Übung: Beobachten
Beobachten Sie Ihre Gesprächspartner hinsichtlich deren Zuhörverhalten. Sie werden Fehler und richtige Verhaltensweisen entdecken. Machen Sie sich auf diese Weise bewusst, wie richtiges oder falsches Zuhören verläuft.

1.3 Umgang mit Einwendungen

Kein Gesprächsteilnehmer kann annehmen, dass alle seine Argumente vom Partner in vollem Umfang akzeptiert werden. Mag ein Argument für uns selbst noch so überzeugend klingen, so bedeutet dies nicht zwangsläufig, dass es auch den Partner überzeugt. Wenn dieser anderer Meinung ist, wird es zu Einwendungen kommen.

Einwendungen sind ein ganz normaler Bestandteil eines Gesprächs. Nutzen Sie die mit Einwendungen verbundenen Informationen im Sinne Ihres Gesprächsziels. Ihr Partner ist zwar noch nicht mit Ihren Vorschlägen einverstanden, aber die Tatsache, dass er Einwendungen geltend macht, zeigt doch zumindest, dass er am Gesprächsinhalt interessiert ist. Oft erfahren Sie erst durch die Einwendungen Ihrer Gesprächspartner, in welche Richtung deren Überlegungen gehen, und können demgemäß partnerorientiert reagieren.

1.3.1 Auf Einwendungen vorbereiten

Der Gesprächserfolg hängt zu einem großen Teil von einer guten Vorbereitung ab. Das gilt auch für den Umgang mit Einwendungen. Wenn Sie sich auf ein wichtiges Gespräch vorbereiten, sollten Sie immer auch an die voraussichtlichen Einwendungen Ihres Partners denken. Dabei sind grundsätzlich zwei Sichtweisen zu beachten:

- Überlegen Sie in einem kleinen Brainstorming, welche Einwendungen der Partner voraussichtlich bringen wird. Versuchen Sie, sich dabei gedanklich in seine Situation zu versetzen und das Problem aus seiner Sicht zu sehen.

- Gehen Sie aber auch von Ihren eigenen Argumenten aus und überlegen Sie, welche Einwendungen dadurch beim Partner ausgelöst werden könnten.

Sicherlich werden Ihnen auf diese Weise nicht alle Einwendungen einfallen, die Ihr Partner geltend machen wird. Das ist auch nicht erforderlich. Wenn Sie im späteren Gespräch nur auf einige Einwendungen vorbereitet sind, dann können Sie wesentlich besser reagieren, als wenn Sie von jedem Einwand überrascht werden. Wer sich besonders gut vorbereitet, wird sich neben den Einwendungen auch geeignete Entgegnungen überlegen, um darauf zu reagieren. Für wichtige Gespräche oder Verhandlungen hat sich eine Einwandliste bewährt, um diese Vorüberlegungen schriftlich festzuhalten.

Die durch das Erstellen einer Einwandliste notwendige schriftliche Auseinandersetzung mit den vermutlichen Einwendungen hat außerdem den Vorteil, dass Sie sich intensiver mit der Problematik und dem Partner beschäftigen, als wenn Sie nur (oberflächlich) darüber nachdenken würden.

Einwandliste	
Mögliche Einwendungen der Partners	**Geeignete Entgegnungen**

1.3.2 Mit Einwendungen richtig umgehen

Neben der Qualität Ihrer Argumente werden Sie im Gespräch auch daran gemessen, wie Sie mit den Einwendungen Ihrer Partner umgehen. Folgende Vorgehensweise hat sich bewährt:

- Hören Sie sich die Einwendungen Ihres Partners auf jeden Fall in Ruhe an; lassen Sie ihn aussprechen und vermitteln Sie ihm das Gefühl, dass Sie seine Bedenken ernst nehmen.

- Bleiben Sie ruhig. Lassen Sie sich nicht provozieren.
- Antworten Sie nicht zu rasch, sondern legen Sie vor Ihrer Antwort eine kurze Denkpause ein. Das wirkt glaubwürdig und zeigt, dass Sie sich mit den Gedanken des Partners auseinandersetzen; außerdem gewinnen Sie selbst Zeit zum Nachdenken und können mit der richtigen Taktik reagieren. Ggf. können Sie dieses Verhalten auch durch eine Rückfrage verstärken.
- Gehen Sie auf den Einwand ein und wenden Sie eine der nachfolgenden Techniken an.
- Achten Sie darauf, dass aus einem nebensächlichen Einwand keine umfassende Diskussion entsteht und das Hauptthema außer Blick gerät.
- Setzen Sie anschließend Ihre eigene Argumentationskette fort.

1.3.3 So können Sie auf Einwendungen reagieren

Es gibt grundsätzlich zwei Möglichkeiten der Einwandbehandlung. Entweder Sie setzen eine Methode ein, bei der die argumentative Seite überwiegt, oder sie verwenden eine Methode, bei der eher taktische Überlegungen im Vordergrund stehen. Bei den fol-

Einwandtraining

genden Bespielen wird ein Gespräch unterstellt, in dem Sie die allgemeine Einführung von Tempo 30 in Wohngebieten befürworten. Ihr Gesprächspartner lehnt eine Tempobegrenzung dagegen ab und formuliert folgenden Einwand: *„An Tempo 30 hält sich sowieso kaum jemand!"* Auf diesen Einwand können Sie mit den folgenden Methoden reagieren.

Einwand aufgreifen: Eine überzeugende und faire Methode ist, den Einwand aufzugreifen und darauf einzugehen.

Beispiele:
- *„Sie meinen also, an Tempo 30 würde sich niemand halten."*
- *„Sprechen wir darüber, weshalb sich Ihrer Meinung niemand an Tempo 30 halten wird."*
- *„Weshalb glauben Sie das?"*

Positive Argumente dagegensetzen: Dies ist wohl die eleganteste Methode, wie Sie dem Problem oder den Bedenken, die im Einwand des Partners ausgedrückt werden, eine positive Wendung geben können. Eine positive Entgegnung wird sicherlich nicht immer möglich sein, sollte aber, wenn eine Gelegenheit dazu besteht, genutzt werden.

Beispiel: *„Wenn auch zunächst nur einige 40 oder 50 fahren, und nicht 60 oder 70, wie das ohne eine Tempogrenze 30 zu beobachten ist, so haben wir doch schon etwas gewonnen!"*

Für und Wider gemeinsam überlegen: Diese Methode wird, wenn sie korrekt eingesetzt wird, als sehr fair empfunden. Die Pro- und Kontra-Argumente werden von beiden Partnern gemeinsam zusammengetragen und ggf. schriftlich festgehalten. Damit hat jeder Beteiligte die Möglichkeit, die verschiedenen Aspekte in Ruhe gegeneinander abzuwägen.

Beispiel: *„Wir wollen doch einmal gemeinsam überlegen, was dafür und was dagegen spricht."*

Pro-und-Kontra-Liste	
Dafür	**Dagegen**

Einsatz der Fragetechnik: Durch die Reaktion mit einer Frage auf einen Einwand zeigen Sie Ihrem Gesprächspartner, dass Sie ihm aufmerksam zugehört haben und an seinen Überlegungen interessiert sind. Außerdem gewinnen Sie Zeit und können das Gespräch je nach Frageart in Ihrem Sinne steuern.

- **Einwand in Frageform wiederholen (Reflektierende Frage):** Wenn Sie von einem Einwand überrascht werden, auf den Sie nicht vorbereitet sind, dann können Sie diesen zunächst in Frageform wiederholen. Das bringt auf jeden Fall den schon erwähnten Zeitgewinn. Da kaum jemand einen Einwand wörtlich wiederholt, fällt die Antwort zumeist viel weitschweifiger aus, teilweise wird der Einwand sogar selbst beantwortet.

  Beispiel: *„Sie glauben also, dass sich nur wenige an Tempo 30 halten werden?"*

- **Ablenkungsfrage:** Durch eine Ablenkungsfrage führen Sie das Gespräch weiter, ohne auf den eigentlichen Einwand unmittelbar einzugehen. Diese Vorgehensweise wird nur Erfolg haben, wenn der Ablenkungsversuch nicht zu plump ausfällt und noch ein gewisser Zusammenhang mit dem Einwand des Partners bestehen bleibt.

  Beispiel: *„Was halten Sie davon, einige Wohngebiete völlig für den Durchgangsverkehr zu sperren?"*

- **Alternativfrage** Auch bei der Alternativfrage handelt es sich um eine Art der Ablenkung, wobei dem Partner Wahlmöglichkeiten für seine Antwort mit der Fragestellung vorgegeben werden.

  Beispiel: *„Sollte eine Tempobegrenzung, wenn es dazu kommt, für alle oder nur für bestimmte Fahrzeugkategorien eingeführt werden?"*

- **Sonstige Fragearten:** Wie die folgenden Beispiele zeigen, können je nach Thema fast alle Fragearten als Reaktion auf Einwendungen eingesetzt werden.

  Beispiele:
  - ***Steuerungsfrage:*** *„Wie stehen Sie eigentlich zu einer Geschwindigkeitsbegrenzung auf Autobahnen?"*
  - ***Suggestivfrage:*** *„Sie wollen doch damit nicht alle Autofahrer als Raser bezeichnen"?*

- ***Provozierende Frage:*** *„Machen Sie selbst nur immer Dienst nach Vorschrift?"*
- ***Motivierende Frage:*** *„Sie mit Ihrem großen Engagement für Umwelt und Sicherheit werden doch bestimmt auch Tempo 30 unterstützen?"*

Ja-aber-Methode (Bedingte Zustimmung): Diese Form ist bereits mehr taktischer Natur. Sie akzeptieren den Einwand oder einen Teilaspekt davon und entkräften ihn sofort wieder oder bringen einen neuen Gedanken ein. Statt der Standardformulierung „Ja, aber" werden auch andere zustimmende Formulierungen gebraucht.

- *„Sicherlich haben Sie recht, jedoch…"*
- *„Da stimme ich Ihnen zu, allerdings…"*
- *„Das ist richtig, obwohl…"*
- *„Das sehe ich auch so, dennoch…"*

Beispiel: *„Natürlich werden sich einige nicht an Tempo 30 halten, das sollte allerdings kein Grund dafür sein, völlig darauf zu verzichten."*

Referenzmethode: Ein Einwand wird zunächst für gut geheißen, aber gleichzeitig verweisen Sie darauf, dass von anderer Seite (z. B. anderen Institutionen oder bekannten Personen) gegensätzliche Erfahrungen vorliegen.

Beispiel: *„Ich verstehe, dass Sie skeptisch sind, ob Tempo 30 von allen Autofahrern eingehalten wird. Aber im Stadtteil Oberdorf hat man schon seit einem halben Jahr positive Erfahrungen gemacht."*

Einwand vorwegnehmen: Taktische Überlegungen herrschen auch vor, wenn ein Einwand vorweggenommen wird. Die Vorwegnahme wirkt besser, als wenn der Einwand zuerst ausgesprochen wird und danach entkräftet werden muss. Es handelt sich um eine Art vorweggenommenes „Ja, aber". Damit wird dem Partner das Gefühl vermittelt, dass Sie in seinen Problemkategorien denken. Diese Methode sollten Sie allerdings nur dann einsetzen, wenn Sie bestimmt mit diesem Einwand rechnen.

Beispiel: *„Sie werden nun sicherlich einwenden, an Tempo 30 hält sich sowieso kaum jemand!"*

Zwischenergebnisse herbeiführen: Wer diese Methode anwendet, geht auf den gerade vom Partner angesprochenen Einwand überhaupt nicht ein, sondern versucht durch Subsummierung bisher besprochener Aspekte abzulenken. Das wird möglich sein, wenn schon einige wichtige Argumente ausgetauscht sind.

Beispiel: *„Wollen wir doch zunächst einmal festhalten, was alles für Tempo 30 spricht!"*

Einwand zurückstellen: Diese Methode ist weit verbreitet; sie kann auch bei vielen Diskussionen im Fernsehen beobachtet werden. Ein Einwand wird zunächst zurückgestellt, weil er gegenwärtig nicht ins Gesprächskonzept passt oder mangels Argumenten nicht beantwortet werden kann. Das wirkt besonders glaubhaft, wenn Sie nicht nur sagen, dass Sie darauf später zu sprechen kommen, sondern den Einwand auch noch zusätzlich aufschreiben. Durch das Aufschreiben ist keinerlei Gewähr dafür gegeben, dass Sie je wieder auf den Einwand zurückkommen möchten.

Beispiel: *„Auf diesen Aspekt werde ich später im Zusammenhang mit... genauer eingehen. Wir wollen doch zunächst noch... klären."* (Diese Methode ist bei diesem Thema nicht geeignet).

Überhören: Zu den taktischen Varianten gehört auch das Überhören eines Einwandes. Sie hören dem Partner zwar aufmerksam zu, ohne jedoch auf den Einwand einzugehen. Mancher Gesprächsteilnehmer wird in einem solchen Fall automatisch weitersprechen und zum nächsten Gedanken übergehen. Die Überhörmethode eignet sich besonders als Reaktion auf emotionale Einwendungen.

Ausweichen: Wenn das Überhören keinen Erfolg hat und Ihnen eine andere Taktik nicht einfällt, dann bleibt als letzte Möglichkeit, dem Einwand auszuweichen. Entweder Sie klammern ihn aus, mit dem Hinweis, dass dies den Zeitrahmen sprengen würde, oder (bei einer Besprechung) Sie geben ihn an die übrigen Teilnehmer weiter. Diese Variante sollte aber die Ausnahme bleiben. Jede Form der Beantwortung ist besser als auszuweichen, da Sie andernfalls riskieren, dass Ihre Kompetenz angezweifelt wird.

Für die Methoden der Einwandbehandlung gilt wie für alle anderen gesprächstaktischen Möglichkeiten immer ein doppelter Nutzeffekt: Sie können diese Methoden selbst einsetzen, wenn Sie sie für fair und vertretbar halten. Sie sollten sie aber auch beherrschen (und durchschauen), wenn sie von Ihrem Gesprächspartner Ihnen gegenüber eingesetzt werden.

1.4 Durch Argumente überzeugen

Argumentieren heißt begründen; **Argumente** sind die Gründe, mit denen wir unsere Gesprächspartner überzeugen müssen. Bei der **Argumentation** geht es also darum, das Verhalten, die Einstellung oder die Meinung des Gesprächspartners im Sinne des eigenen Anliegens zu beeinflussen. Im Gespräch verfolgt jeder Beteiligte eigene Gesprächsziele. Meist gilt es auch, unterschiedliche Meinungen zu überwinden. Der Gesprächspartner soll durch überzeugende Argumente für die eigene Sichtweise gewonnen werden, um letztendlich seine Zustimmung zu erhalten.

1.4.1 Überzeugen statt überreden

Beim Aufbau Ihrer Argumentation stehen Ihnen grundsätzlich zwei Möglichkeiten zur Verfügung. Sie können Ihren Partner überzeugen oder überreden.

Überreden wird auch als strategische Argumentation bezeichnet. Überreden bedeutet, den Gesprächspartner geschickt zu manipulieren, um möglichst zügig dessen Zustimmung zu erhalten. Die Argumentation wird als Angriffsmittel verstanden, mit dem einzigen Ziel,

Überzeugen statt überreden

die eigene Meinung durchzusetzen, um als Sieger aus dem Gespräch hervorzugehen. Typische Merkmale dieses Argumentationsverhaltens sind (unfaire) Angriffs- und Abwehrtaktiken sowie Unsachlichkeit. Ein auf diese Weise erzielter Gesprächserfolg ist zumeist nur kurzfristig. Wenn der Gesprächspartner Zeit und Ruhe hat, sich zu überlegen, wie seine Zustimmung zustande gekommen ist, wird er die Manipulation erkennen. Damit ist das Vertrauen für weitere Gespräche beschädigt.

Die bessere Vorgehensweise ist die **Überzeugung**. Sie wird auch als kooperative Argumentation bezeichnet. Die Argumentation wird als legales Kommunikationsinstrument verstanden, mit dem Ziel, den Gesprächspartner auf der Sacheebene zu überzeugen. Im Idealfall führt eine überzeugende Argumentation dazu, dass

- Sachverhalte gemeinsam analysiert werden,
- Meinungen, Bewertungen und Unterschiede der Gesprächspartner herausgearbeitet werden,
- eine Lösung gefunden wird, die für beide Seiten akzeptabel ist.

Kennzeichen dieses Argumentationsverhaltens sind Offenheit und Kompromissfähigkeit der Gesprächspartner sowie die Bereitschaft, aufeinander einzugehen.

Das Ziel der Argumentation sollte darin bestehen, Ihren Gesprächspartner zu überzeugen und nicht zu überreden. Dennoch werden in den folgenden Ausführungen beide möglichen Zielsetzungen berücksichtigt. Auch wenn Sie die Überredung nicht als Ihr Gesprächsziel akzeptieren, sollten Sie mit den Inhalten dieses Gesprächsverhaltens vertraut sein, um solche Verhaltensweisen bei Ihren Gesprächspartnern frühzeitig zu erkennen und ihnen entgegenwirken zu können.

1.4.2 Sicherheit durch Vorbereitung

Eine gute Argumentation bedarf einer gründlichen Vorbereitung, die sich auf die Sach- und die Beziehungsebene erstreckt. Durch eine umfassende Vorbereitung werden Sie gezwungen, sich intensiv mit Ihren eigenen Argumenten und mit möglichen Gegenargumenten Ihres Partners auseinanderzusetzen, so dass Sie im Gespräch besser reagieren können. Außerdem erhalten Sie durch eine gute

Vorbereitung mehr innere Sicherheit und können damit ruhiger in die Ernstsituation gehen.

Die Vorbereitung der Argumentation ist ein Teil der gesamten Gesprächsvorbereitung. Folgende Fragen sollten dabei beantwortet werden:

- Welche Gesprächsziele habe ich?
- Mit welchen Argumenten kann ich meine Gesprächsziele stützen?
- Mit welchen Gegenargumenten ist zu rechnen und wie kann ich diese entkräften?
- Wie baue ich meine Argumentation auf?

Beachten Sie bei der Auswahl Ihrer Argumente, dass nicht jedes Argument ein gutes Argument ist. Viele Argumente sind nicht auf den Partner bezogen, sondern nur auf uns selbst. Ein Argument taugt aber nur dann etwas, wenn es beim Partner ankommt, auf Interesse stößt und damit zur Lösung seiner Probleme beiträgt.

Eine Hilfe beim Sammeln und bei der Auswahl Ihrer Argumente ist die **Argumentationsliste.** Folgende Vorgehensweise empfiehlt sich:

- Sammeln Sie in einem ersten Schritt alle Argumente, die Ihnen einfallen (zum Beispiel durch ein kleines Brainstorming), ohne dass Sie über deren Verwendung nachdenken.
- Sortieren Sie danach die Argumente nach ihrer Stärke.
- Streichen Sie die schwächsten Argumente.
- Überlegen Sie bei den verbliebenen Argumenten, welche davon bei diesem Partner zur Erreichung Ihres Gesprächsziels geeignet sind, und was der Partner davon hat. Nur die partnergeeigneten Argumente werden später in das Gespräch eingebracht.

Argumentationsliste	
Argumente	**Bedeutung/Nutzen für den Partner**

Argumentationsform	**Beispiel** Alle Beispiele beziehen sich auf die These „Rauchen macht krank“
Beweis aus dem Gegenteil heraus/ Umkehrschluss *(argumentum e contrario)*	*Wenn Rauchen gesund wäre, dann würden nicht so viele Menschen an Lungenkrankheiten sterben.*
Ableitung aus einer bereits bewiesenen Behauptung *(argumentum a fortiori)*	*Durch viele Studien wurde bereits bewiesen, dass Rauchen schädlich ist.*
Beweis aufgrund vorliegender Erfahrungen *(argumentum a posteriori)*	*Jeder Raucher spürt beim Sport oder beim Bergaufgehen seinen kurzen Atem.*
Argument, das auf Erfahrung basiert *(argumentum a priori)*	*Beim Rauchen setzt sich Teer in der Lunge ab und die Arterien verkalken, es ist also klar, dass Rauchen der Gesundheit schadet.*
Argument, das sich auf die ungeprüften Behauptungen des Gesprächspartners stützt *(argumentum ad hominem)*	*Sie haben vorhin eine Untersuchung erwähnt, die das Rauchen noch gefährlicher einstuft als bisher bekannt. Wenn das so ist, dann kann ich nur wiederholen: Rauchen macht krank.*
Beweis durch Berufung auf den Augenschein *(argumentum ad oculus)*	*Man muss sich nur die Krankenhäuser und Statistiken anziehen, um zu der Erkenntnis zu gelangen: Rauchen macht krank.*
Argumentation mit allgemein gültigen Erkenntnissen *(argumentum e consensu gentium)*	*Schon in der Schule lernt jedes Kind, dass Rauchen schädlich ist.*
Beweis durch Althergebrachtes *(argumentum ad traditionem)*	*Es ist doch nicht erst seit heute bekannt, dass Rauchen schädlich ist.*
Argument, das sich auf die Unschädlichkeit der Annahme stützt. *(argumentum a tuto)*	*Es hat auf jeden Fall noch niemandem geschadet, der mit dem Rauchen aufgehört hat. Außerdem spart er Geld.*

Überlegen Sie auch, welche Gegenargumente (Einwendungen) der Gesprächspartner voraussichtlich einbringen wird. Bereiten Sie sich auch darauf vor.

1.4.3 Argumentationsformen und Argumentationstechniken

Argumentationsformen sind Hilfen für den inneren Aufbau einzelner Argumente. Sie sind aus der Antike überliefert und haben von ihrer Wirkung nichts eingebüßt. Die wichtigsten Argumentationsformen sind auf Seite 44 zusammengefasst.

Argumentationstechniken sind unterschiedliche Möglichkeiten, einzelne Argumente zu einer logischen und überzeugenden Gesamtaussage zu verknüpfen. Eine bewährte Technik ist die **Fünf-Schritt-Technik**. Sie enthält logisch plausible Aufbaumuster, die eine knappe, gut strukturierte Argumentation ermöglichen. Wie der Name schon sagt, werden fünf Denkschritte unterschieden:

- Im ersten Schritt versucht der Redner seine Zuhörer für die folgenden Argumente zu gewinnen. Dazu greift er z. B. ein offenes Problem auf oder er knüpft an den Gesprächsbeitrag eines Vorredners an.
- Die Schritte zwei bis vier enthalten die Argumentation einschließlich einer Begründung. Die angeführten Argumente können entweder gleichwertig nebeneinanderstehen oder aufeinander aufbauen oder als Pro und Kontra formuliert werden.
- Der fünfte Schritt enthält den sog. **Zwecksatz**. Er enthält das Ziel der Argumentation. Das kann ein Fazit, eine Bewertung oder auch ein Appell sein.

Bei der Vorbereitung einer Argumentation nach der Fünf-Schritt-Technik beginnen Sie von hinten. Sie gehen davon aus, was Sie mit Ihrem Gesprächsbeitrag erreichen möchten, Sie beginnen also mit dem Zwecksatz. Anschließend überlegen Sie, mit welchen Argumenten und in welcher Struktur Sie dieses Ziel erreichen wollen. Zum Schluss entscheiden Sie sich für einen geeigneten Einstieg. Im Gespräch drehen Sie die Reihenfolge um. Zu den bekanntesten Bauplänen der Fünf-Schritt-Technik zählen:

- Kette (logisch oder zeitlich)
- Raute
- Dialektischer Aufbau

- Vom Allgemeinen zum Besonderen
- Vergleich
- Kompromiss
- Ausklammerung.

Bei der **Kette** wird zunächst die eigene Meinung formuliert. Daran anschließend werden die Argumente wie die Glieder einer Kette aneinandergereiht. Der Aufbau kann logisch oder zeitlich gegliedert sein. Bei einem logischen Aufbau sind folgende Formulierungen denkbar:

(1) Der Sachverhalt ist so und so ...
(2) Das führt dazu ...
(3) Wenn dem so ist ...
(4) Daraus folgt ...
(5) Deshalb müssen wir ...

Bei einer zeitlichen Gliederung kann folgendes Formulierungsmuster eingesetzt werden:

(1) Unser Ziel muss sein ...
(2) Deshalb sollten wir zunächst ...
(3) In einem weiteren Schritt ...
(4) Danach muss ...
(5) Nur so erreichen wir ...

Die **Raute** benutzt die bekannte Dreiergliederung in Einleitung, Hauptteil und Schluss. In der Einleitung wird das Problem genannt, das im Hauptteil durch drei Argumente unterstützt wird. Diese müssen inhaltlich nicht aufeinander aufbauen, sollten aber etwa gleichwertig sein. Bei ungleichgewichtigen Argumenten sollten Sie das stärkste zuletzt nennen. Der Schluss enthält die Lösung, die allen Argumenten gerecht wird. Ein Formulierungsmuster kann wie folgt aussehen:

(1) Das Problem ... darf nicht länger hinausgeschoben werden.
(2) Zum einen ...
(3) Zum zweiten ...
(4) Zum dritten ...
(5) Deshalb sollten wir sofort ...

Beim dialektischen Aufbau werden gegensätzliche Argumente (Pro und Kontra) miteinander verglichen, um daraus eine Lösung

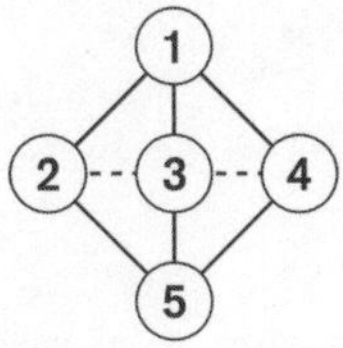

Raute

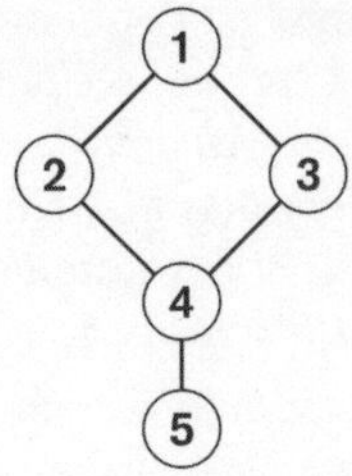

Dialektischer Aufbau

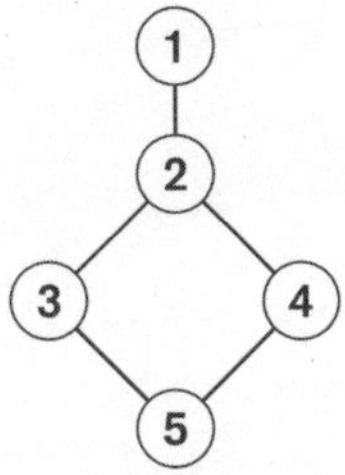

Vom Allgemeinen zum Besonderen

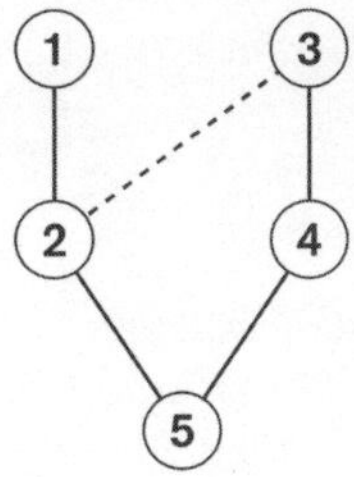

Vergleich

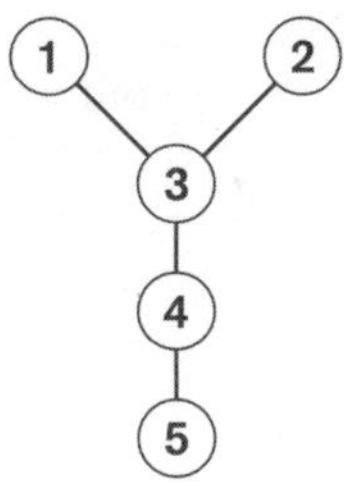

Kompromiss

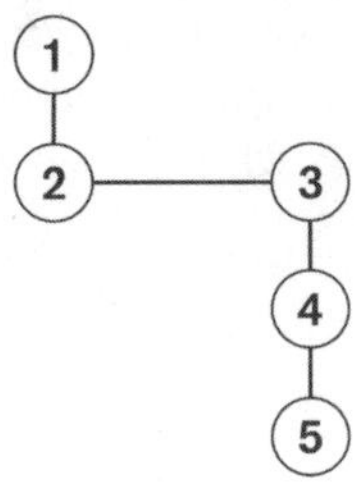

Ausklammerung

(den eigenen Standpunkt) vorzuschlagen. Das folgende Formulierungsbeispiel ist denkbar:
(1) Herr A hat neue Überlegungen eingebracht...
(2) Er ist der Ansicht...
(3) Hierbei muss allerdings bedacht werden...
(4) Vergleicht man die beiden Aspekte...
(5) Deshalb schlage ich Folgendes vor...

Ausgangspunkt der Argumentationsfigur **vom Allgemeinen zum Besonderen** sind allgemeine Grundsätze oder Erfahrungen. Davon abweichend wird die eigene Meinung dargestellt und durch Argumente unterstützt, aus denen eine Lösung abgeleitet wird. Folgende Formulierungen sind denkbar:
(1) Gewöhnlich sieht man das Problem so...
(2) In unserem Fall allerdings...
(3) Erstens...
(4) Zweitens...
(5) Deshalb...

Beim **Vergleich** werden zwei gegensätzliche Positionen mit ihren jeweiligen Begründungen miteinander verglichen, um schließlich eine von beiden Sichtweisen unabhängige Lösung vorzuschlagen. Der Ablauf sieht wie folgt aus:
(1) Herr A vertritt folgende Sicht...
(2) Er begründet dies mit...
(3) Herr B ist dagegen der Meinung...
(4) Er begründet dies damit...
(5) Beide Auffassungen überzeugen mich nicht, weil... Deshalb fordere ich...

Auch beim **Kompromiss** stehen sich zwei gegensätzliche Positionen gegenüber, aus deren Gemeinsamkeiten ein Kompromiss abgeleitet wird. Folgende Formulierungen sind denkbar:
(1) Herr A meint...
(2) Herr B ist dagegen der Ansicht...
(3) Beide sind sich allerdings einig,...
(4) Aus dieser Gemeinsamkeit lässt sich folgende Lösung entwickeln...
(5) Was halten Sie deshalb von diesem Lösungsvorschlag...

Bei der **Ausklammerung** wird ein bisher diskutiertes Problem ausgeklammert, weil ein neuer Aspekt hinzukommt. Der Zielsatz lässt die ursprünglich diskutierte Ansicht außer Betracht und legt den Schwerpunkt auf das neu hinzugefügte Thema. Folgende Formulierungen sind denkbar:

(1) Wir sprechen seit einiger Zeit über…
(2) Dabei haben wir festgestellt…
(3) Allerdings haben wir vernachlässigt,…
(4) Gerade dieser Aspekt scheint in diesem Zusammenhang aber besonders wichtig,…
(5) Deshalb schlage ich vor…

Die Fünf-Schritt-Technik eignet sich außer für eine gut strukturierte Gesprächsführung auch für kurze Diskussionsbeiträge und für Vorträge. Bei Kurzvorträgen und Statements können sie als Gliederung für den gesamten Redebeitrag eingesetzt werden, bei längeren Vorträgen werden sie entweder zur Strukturierung des Hauptteils oder einzelner Teilkapitel verwendet.

1.4.4 So setzen Sie Ihre Argumente erfolgreich ein

Ein gutes Argument allein ist noch nicht ausreichend. Es wird nur dann die gewünschte Wirkung erzielen, wenn es im Gespräch an der richtigen Stelle eingesetzt und in verständlicher Weise übermittelt wird. Die folgenden Hinweise helfen Ihnen dabei:

- Sprechen Sie die Ziele und Absichten zu Beginn des Gesprächs offen an.
- Vermeiden Sie assoziatives Sprechen. Beim assoziativen Sprechen spricht ein Gesprächsteilnehmer Assoziationen spontan aus, die ihm während des Gesprächs einfallen. Damit besteht kein Zusammenhang mehr zum eigentlichen Argument und beide Partner schweifen gedanklich ab. Wichtige Argumente gehen verloren.
- Bringen Sie nicht alle Argumente auf einmal vor. Verschießen Sie Ihr Pulver nicht zu früh, indem Sie alle Ihre vorbereiteten Argumente rasch nacheinander vortragen. Bringen Sie einige Argumente und lassen Sie dann zunächst Ihren Partner reden. Falls dieser Einwendungen geltend macht, dann versuchen Sie daraus zu erkennen, welche Ihrer weiteren Argumente ihn voraussichtlich interessieren werden.

- Verwenden Sie nur starke Argumente. Wiederholen Sie wichtige Argumente.
- Sprechen Sie Gefühle an.
- Sprechen Sie den Nutzen für Ihren Gesprächspartner an. Fordern Sie den Partner auf, eigene Ideen und Gedanken einzubringen.
- Gehen Sie auf die Motive Ihres Gesprächspartners ein. Sprechen Sie die Sprache des Gesprächspartners. Berücksichtigen Sie die Bedürfnisse und Anliegen des Gesprächspartners.
- Greifen Sie die Argumente des Partners auf, gehen Sie darauf ein, wenn sich daraus neue Erkenntnisse ergeben.
- Richten Sie ggf. die eigene Argumentation neu aus.
- Lassen Sie Sprechpausen zu, die dem Gesprächspartner Zeit zum Überdenken geben.

1.4.5 Unfaire Techniken abwehren

Durch unfaire Argumentationstechniken soll der Gesprächspartner überredet werden. Wer unfaire Techniken einsetzt, versucht den Gesprächspartner vom Thema abzulenken, zu verunsichern und einzuschüchtern. Das Erreichen eines für beide Seiten akzeptablen Gesprächsziels wird behindert und die Sachebene tritt in den Hintergrund. Das Selbstwertgefühl des Gesprächspartners wird bedroht und es entsteht ein negatives Gesprächsklima (Crisand 1997, S. 60). Zu den bekanntesten unfairen Techniken zählen:

- Definitionsmethode
- Fremdwörtermethode
- Verallgemeinern
- Ständige Unterbrechungen
- Vorwurfsmethode
- Wissenschaftsmethode
- Meinungen werden als Tatsachen verkauft
- Killerphrasen
- Kompetenz wird abgesprochen
- Themenwechsel.

Definitionsmethode:

- Vorgehen: Sie werden aufgefordert, bestimmte Begriffe, die Sie bei Ihrer Argumentation verwendet haben, genau zu definieren.

- Abwehr: Weisen Sie darauf hin, dass Sie sich momentan nicht mit Definitionen aufhalten wollen, sondern den Sachverhalt darlegen möchten.

Fremdwörtermethode:

- Vorgehen: Ihr Gesprächspartner benutzt Ihnen nicht geläufige Begriffe, ungebräuchliche Fremdwörter oder eine „Fachsprache".
- Abwehr: Bitten Sie höflich um Übersetzung in eine verständliche Sprache oder übersetzen Sie selbst.

Verallgemeinern:

- Vorgehen: Ihr Gesprächspartner beweist anhand von Einzelbeispielen (konkrete Fälle, Personen), indem er diese verallgemeinert. *„Meyer hat Ihre Abteilung schon nach drei Wochen verlassen; Ihnen laufen doch regelmäßig alle Mitarbeiter davon"!*
- Abwehr: Decken Sie die Taktik auf und weisen Sie ggf. auch andere Zuhörer darauf hin, dass ein Denkfehler vorliegt. Oder Verwenden Sie Gegenbeispiele. *„Meyer wurde in der Probezeit entlassen. Alle anderen Mitarbeiter sind schon über zwei Jahre bei mir."*

Ständige Unterbrechungen:

- Vorgehen: Ihr Gesprächspartner versucht, Sie durch laufende Unterbrechungen zu zermürben: *„Wo haben Sie das aufgeschnappt?" „Sie wiederholen sich." „Meinen Sie das wirklich so?"*
- Abwehr: Machen Sie eine lange Pause und fragen Sie dann, ob Sie fortfahren dürfen.

Vorwurfsmethode:

- Vorgehen: der Gesprächspartner versucht Sie zu verunsichern, indem er Sie mit Vorwürfen überhäuft. Die Vorwürfe werden häufig als Warum-Frage formuliert. *„Warum haben Sie…?" „Warum wollen Sie…?"*
- Abwehr: Reagieren Sie mit einer Gegenfrage. *„Weshalb stellen Sie mir diese Frage?"*

Wissenschaftsmethode:

- Vorgehen: Ihr Gesprächspartner erfindet wissenschaftliche Fakten oder beruft sich auf fremde Autoritäten. Es werden Lehrmeinungen bekannter Persönlichkeiten oder wissenschaftliche Erhebungen zitiert.

- Abwehr: Verlangen Sie Einzelheiten. „*Würden Sie mir sagen, wo Sie das gefunden haben*“? oder „vereinnahmen“ Sie das Zitat und fahren Sie mit dem Sachthema fort. „*Ihr Zitat gefällt mir. Unser Problem …*“

Meinungen werden als Tatsachen verkauft:

- Vorgehen: Ihr Gesprächspartner versucht, schwache Sachargumente mithilfe von Floskeln als Tatsache darzustellen. „*Tatsache ist es doch, dass …*“ „*Es steht doch außer Frage, dass …*“ *Es ist doch allgemein bekannt, dass …*“
- Abwehr: Verlangen Sie Beweise.“*Würden sie das genauer erläutern?*“ „*Können Sie dazu Beispiele nennen?*“

Killerphrasen:

- Durch Killerphrasen sollen Argumente, Lösungsvorschläge oder Ideen blockiert werden. „*So einfach wie Sie kann man das nicht sehen; das Problem ist wesentlich komplexer.*“ Oder: „*Dazu fehlt Ihnen die Erfahrung.*“
- Abwehr: Kontern Sie mit einer Gegenfrage. „*Was spricht dagegen?*“ „*Worin sehen Sie ein Problem?*“ „*Was wissen Sie über meine Erfahrungen?*“

Kompetenz wird abgesprochen:

- Vorgehen: Je nach Lebensalter wird Ihnen die erforderliche Erfahrung abgesprochen oder vorgehalten, dass Ihre Ansicht nicht mehr zeitgemäß ist.
- Abwehr: Führen Sie zum Sachproblem zurück. „*Bleiben wir beim Thema. Was spricht denn nun wirklich gegen meinen Vorschlag?*“

Themenwechsel:

- Vorgehen: Unter dem Vorwand, Ihnen gefällig sein zu wollen, wechselt Ihr Gesprächspartner das Thema. „*Hier wissen Sie wohl weniger Bescheid, wechseln wir doch das Thema.*“
- Abwehr: Lassen Sie sich nicht einlullen. Decken Sie die Taktik auf und führen Sie zum Thema zurück. „*Ihnen fällt es wohl schwer beim Thema zu bleiben.*“

1.5 Weniger Informationsverluste durch Feedback

Die zwischenmenschliche Kommunikation kann durch zahlreiche Störungen beeinträchtigt werden (vgl. S. 10). Ein wichtiges Instrument, um Unklarheiten auszuräumen, ist die Fragetechnik. Eine weitere Möglichkeit, um Informationsverluste zu reduzieren, ist das **Feedback.** Der Begriff Feedback stammt aus der Nachrichtentechnik und bedeutet Rückkopplung. Der Empfänger einer Nachricht nimmt direkt darauf Bezug und meldet dem Sender, wie er die Nachricht und das damit verbundene Verhalten verstanden hat.

Entsprechend dem Sender-Empfänger-Modell kann es im Gespräch zu einem Geben und Nehmen von Feedback kommen:

- Sie geben Ihrem Gesprächspartner eine Rückmeldung, wie Sie dessen Gesprächsbeiträge und Verhalten wahrgenommen und verstanden haben und umgekehrt,
- Sie nehmen solche Informationen von anderen über Ihr eigenes Gesprächsverhalten auf.

Das Feedback kann aus sprachlichen oder nicht sprachlichen Äußerungen bestehen (fragender Blick, zustimmendes Nicken usw.).

Beispiel: Abteilungsleiter Schmitt kann sich auf seinen Mitarbeiter Schneider voll verlassen. Dieser arbeitet sehr sorgfältig und qualifiziert. Aus diesem Grund und weil Herr Schmitt selbst sehr überlastet ist, möchte er Herrn Schneider kleinere Projekte eigenverantwortlich übertragen. In einem kurzen Gespräch erklärt er ihm den Sachverhalt und vereinbart, welche Ziele bis wann erreicht werden sollen. Am vereinbarten Stichtag wird Herr Schmitt von Herrn Schneider enttäuscht, weil die vereinbarten Ziele nicht einmal ansatzweise erreicht worden sind.

Wie reagiert Herr Schmitt? Er ärgert sich, räumt Herrn Schneider eine letzte Frist ein und überlegt sich schon, ob dieser wirklich der geeignete Mitarbeiter für diese Projekte ist.

Das ist keine gute Lösung. Besser wäre es gewesen, Feedback einzuholen. Herr Schmitt hinterfragt die Angelegenheit und erfährt vielleicht, dass er seinem Mitarbeiter aufgrund der hektischen Situation viel zuwenig Informationen zu dem Projekt gegeben hat. Dadurch hat dieser sich nicht imstande gesehen, das vereinbarte Ziel zu erreichen. Und fragen wollte er Sie auch nicht, denn sein Vorgesetzter Schmitt schien immer in Eile zu sein und war entsprechend kurz angebunden.

Feedback im Gespräch ist ein ideales Instrument, um eine Brücke zwischen dem beabsichtigten und dem tatsächlich erzielten Kommunikationserfolg zu schlagen. Durch die Bereitschaft, Hinweise zu geben oder aufzunehmen, werden störende Gewohnheiten und unbewusst ablaufende Verhaltensmuster dem Betroffenen häufig erst bewusst. Ohne diese Bereitschaft ist unser Selbstbild, d. h. unsere Selbsteinschätzung, wie wir und unser Verhalten auf andere wirken, oft bloße Vermutung oder Wunschdenken.

Selbstbild und Fremdbild. Wir alle haben ein Bild von uns selbst. Dieses Selbstbild entsteht aus dem, was wir aus den Kenntnissen und Vorstellungen über uns selbst ableiten, und aus den Reaktionen unserer Mitmenschen auf unsere Verhaltensweisen. Dieses persönliche Selbstbild unterscheidet sich vom Fremdbild, das andere von uns haben.

Menschen werden von ihren Gesprächspartnern vielfach anders wahrgenommen, als sie sich selbst sehen. Untersuchungen von Joe Luft und Harry Ingham haben zur Entwicklung des nach ihnen benannten **Johari-Fensters** geführt. Das Johari-Fenster ist ein graphisches Modell, mit dessen Hilfe die Darstellung der Veränderung von Selbst- und Fremdbild durch Feedback gut erklärt werden kann. Es ordnet jedem Menschen vier verschiedene Perspektiven zu:

- **Bereich der öffentlichen Person:** Flügel A ist der Teil unserer Persönlichkeit und unseres Verhaltens, der uns und anderen bekannt ist. Weil in diesem Bereich nichts mehr zu verbergen ist (Selbstbild und Fremdbild stimmen überein), können wir uns frei und ungeniert bewegen (Verhalten nach dem Motto: „Das ist mal wieder typisch für ihn, das war von ihm zu erwarten").
- **Bereich der privaten Person:** Flügel B enthält Eigenschaften, die nur uns selbst bekannt sind. Es ist der Bereich unseres Denkens, Empfindens und der Ursachen unseres Handelns, den wir vor anderen gerne verbergen. Dazu gehören z. B. unsere heimlichen Wünsche, unsere „empfindlichen Stellen" oder das an uns, von dem wir insgeheim befürchten, dass es von anderen abgelehnt wird. In diesem Bereich unseres Wahrnehmungsfeldes sind auch unsere bisher sorgsam gehüteten Meinungen und Ansichten über andere verwahrt.

- **Bereich des blinden Flecks:** Flügel C des Fensters ist der blinde Fleck der Selbstwahrnehmung, das bedeutet Eigenschaften, die einem selbst unbekannt, anderen jedoch bekannt sind. Das bedeutet, dass andere mehr oder anderes an uns oder unserem Verhalten wahrnehmen oder über uns wissen als wir selbst. Dazu gehören z. B. unsere unkontrolliert ablaufenden Verhaltensweisen, die unbewusst hervortretenden Gewohnheiten, nicht erkannte Vorurteile, Wunschdenken oder auch Sprechmarotten.
- **Bereich des Unbekannten:** Flügel D ist der Bereich unserer Person, unseres Verhaltens, dessen Motive weder uns selbst noch anderen bekannt sind. Dieser Bereich ist nur dem Tiefenpsychologen zugänglich.

Johari-Fenster	Mir bekannt	Mir unbekannt
Anderen bekannt	*Flügel A:* *Bereich der „öffentlichen Person“*	*Flügel C:* *Bereich des „blinden Flecks“*
Anderen unbekannt	*Flügel B:* *Bereich der „privaten Person“*	*Flügel D:* *Bereich des „Unbekannten“*

Für das Kommunikationsverhalten bedeutet dies, dass man sich zunächst einmal bewusst sein muss, einen solchen „blinden Fleck“ zu besitzen. Denn dieser ist häufig der Grund für Missverständnisse im Gespräch. Durch die Gesprächstechnik Feedback gelingt es jedoch, diesen blinden Fleck zu verkleinern, Eigen- und Fremdbild einander anzunähern und so die Gesprächsführung zu optimieren. Für ein konstruktives Feedback sind beim Geben und Nehmen ein paar Grundregeln zu beachten.

Empfehlungen zum Geben von Feedback:

- **Ich-Formulierung:** Sprechen Sie nur über Ihre persönlichen Beobachtungen und Empfindungen und formulieren Sie Ihre Rückmeldung in Ich-Form (Ich-Botschaft). Vermeiden Sie die Wir- oder Man-Form.
- **Situation:** Geben Sie nur dann Hinweise auf das Verhalten eines

anderen, wenn sich dieser in einer Situation befindet, in der er ruhig zuhören und die Information verarbeiten kann. Achten Sie darauf, dass der Feedbackempfänger „nicht das Gesicht verliert".

- **Beschreibend:** Feedback bezieht sich auf positives und negatives Verhalten. Beschränken Sie Ihre Hinweise auf eine Beschreibung von beobachtbarem Verhalten; vermeiden Sie das Verhalten zu interpretieren.
- **Rechtzeitig:** Geben Sie dem Gesprächspartner Ihre Hinweise möglichst unmittelbar auf die Wahrnehmung.
- **Konkret:** Beschreiben Sie das jeweilige Verhalten so konkret wie möglich.
- **Konstruktiv:** Bei Hinweisen, die sich auf negativ Wirkendes beziehen, sollten Sie auch die gewünschte Verhaltensänderung erklären. Verzichten Sie auf Werturteile und Verurteilungen.
- **Kurz und begrenzt:** Durch Feedback darf kein neuer Dialog entstehen. Begrenzen Sie Ihre Hinweise auf das unbedingt Notwendige.

Empfehlungen zum Aufnehmen von Feedback:

- **Ausreden lassen:** Wenn Sie selbst Feedback erhalten, hören Sie gut zu und lassen Sie den Feedback-Geber ausreden. Fragen Sie nach, wenn Sie etwas nicht verstanden haben.
- **Keine Rechtfertigung:** Nehmen Sie Hinweise auf Ihr eigenes Verhalten kommentarlos auf. Klären Sie Unverstandenes durch einfaches Nachfragen, aber vermeiden Sie Rechtfertigungen und Begründungen.
- **Für Kritik offen sein:** Seien Sie offen für Kritik, überlegen Sie ehrlich, ob an dem Feedback etwas dran ist. Aber entscheiden Sie selbst, ob und wie Sie etwas ändern können.
- **Rückmeldung:** Machen Sie Ihrem Gesprächspartner deutlich, dass das Feedback bei Ihnen angekommen ist. Sagen Sie dem Feedbackgeber auch, was das Feedback bewirkt hat.

> Wer sich regelmäßig Feedback geben lässt, verbessert seine kommunikative Kompetenz.

1.6 Persönlich formulieren durch Ich-Botschaften

Ich-Botschaften sind ein wirksames Hilfsmittel, mit dem Sie einen partnerschaftlichen Gesprächsverlauf fördern und schwierige Gesprächssituationen entschärfen können. Im Mittelpunkt einer Ich-Botschaft steht die eigene Meinung oder das eigene Empfinden. Mit einer Ich-Botschaft teilen Sie dem Gesprächspartner etwas von den eigenen Empfindungen und Emotionen mit und signalisieren ihm auf diese Weise Vertrauen.

Ich-Botschaften sind damit auch das geeignete Instrument, um den Gesprächspartner auf nicht annehmbare Verhaltensweisen hinzuweisen. Ihr Gesprächspartner erfährt etwas über Ihre Meinung oder Ihr Gefühl, ohne dass er sich angegriffen fühlt. Er wird nicht herabgesetzt, sondern es wird ihm lediglich das zu kritisierende Verhalten mitgeteilt und es werden die dadurch ausgelösten Gefühle umschrieben.

Die meisten Menschen kommunizieren in Du/Sie-Botschaften: Diese Du/Sie-Botschaften bergen eine Reihe von negativen Assoziationen. Häufig drücken sie Wertungen und Urteile aus oder lassen – bewusst oder unbewusst – den Eindruck entstehen, man wisse es besser als der Gesprächspartner. Auf diese Weise entsteht ein Machtgefälle, dem der Gesprächspartner entweder mit einem offensiven Gegenangriff oder mit einer defensiven Verteidigungshaltung begegnet. Eine offene und konstruktive Kommunikation ist häufig nicht möglich.

Beispiele für Ich-Botschaften

Du/Sie-Botschaft	**Ich-Botschaft**
„Sie sollten den Bericht bis heute Abend fertigstellen."	*„Ich mache mir Sorgen, ob der Bericht bis heute Abend fertig wird."*
„Ihr Vorschlag ist nicht zu gebrauchen."	*„Das sehe ich anders."*
„Das ist falsch." *„Sie haben Unrecht."*	*„Ich bin anderer Meinung."*
„Sie machen mich völlig verrückt."	*„Ich mache mir Sorgen."*

„Sie verhalten sich unkollegial."	*„Ich bin enttäuscht, weil Sie mich nicht unterstützen."*
„Sie halten sich nicht an die Abmachung."	*„Ich bin verunsichert, weil Sie unsere Regeln nicht einhalten."*

Bei den vorangegangenen Beispielen wurde die Ich-Botschaft auf die Kernaussage reduziert: das eigene Erleben oder die wahren Gefühle. Ich einer erweiterten Form können Sie diesen Kern Ihrer Botschaft noch ergänzen, um die Ursache für dieses Erleben und die Auswirkungen auf die aktuelle Gesprächssituation. Eine vollständige Ich-Botschaft besteht demnach aus drei Bestandteilen:

- Ihre ehrlichen Gefühle,
- eine konkrete Beschreibung der Ursachen für diese Gefühle und
- einen Hinweis auf die Auswirkungen auf die derzeitige Gesprächssituation.

Beispiel:

- *„Ich bin etwas verwirrt,*
- *weil Sie diesen völlig neuen Aspekt eingebracht haben,*
- *wodurch eine schnelle Lösung kaum möglich ist."*

Ich-Botschaften

Mit dieser erweiterten Ich-Aussage liefern Sie dem Gesprächspartner eine aussagekräftige Schilderung der eigenen Situation und gleichzcitig den Schlüssel zu einer selbstbewussten und dennoch fairen Bewältigung vieler kritischer Gesprächssituationen.

Ich-Botschaften können auch anstelle der unpersönlichen Man-Aussagen verwendet werden. Diese haben eine ähnliche Wirkung wie die Du-Botschaft. Sie wirken farblos und sprechen den Partner nicht an. („*Man sollte auch daran denken, dass...*", „*Man muss ständig beachten, dass...*"). Die Verwendung des Wörtchens „man" oder anderer verallgemeinernder Ausdrücke (jeder, alle, keiner) ist zumeist nicht eindeutig und vermittelt einen unsicheren Eindruck.

Beispiele:
- Nicht „*Man sollte das in Ruhe angehen*", sondern „*Ich muss darüber zunächst einmal nachdenken*".
- Nicht „*Alle (Seminarteilnehmer) dösen vor sich hin*", sondern „*Ich habe den Eindruck, dass Sie etwas Erholung brauchen*".

Ich-Botschaften wurden bisher als Technik der Gesprächsführung dargestellt; sie können ebenso in Vorträgen genutzt werden. Auch wenn Sie als Redner nur eine geringe emotionale Bandbreite haben, erlaubt Ihnen der Einsatz von Ich-Aussagen Ihren Zuhörern Ihre Gefühle mitzuteilen.

1.7 Metakommunikation

Je nach Gesprächsverlauf kann es auch erforderlich werden, Metakommunikation zu betreiben. Unter Metakommunikation versteht man das Gespräch über das Gespräch. Es wird nicht mehr über das Sachthema gesprochen, sondern über die Kommunikation an sich. Es geht darum, wie die Gesprächspartner miteinander kommunizieren, was gerade im Gespräch läuft, wie und in welcher Atmosphäre das Gespräch verläuft und wie es laufen sollte. Mit Metakommunikation wird das Gespräch auf eine andere Ebene verlagert.

Metakommunikation wird angewendet, wenn ein Gespräch sehr emotional geworden ist oder man sich mit den Argumenten im Kreise dreht. In solchen Fällen kann es angebracht sein, die Frage nach dem „Wie“ des bisherigen oder weiteren Gesprächsverlaufs vorübergehend zum Gesprächsgegenstand zu machen.

Beispiele:
- *„Ich habe den Eindruck, dass wir alle Argumente ausgetauscht haben und uns nur noch im Kreise drehen. Wie können wir vorgehen, um doch noch eine Lösung zu finden, die für beide Seiten akzeptabel ist.“*
- *„Wir schieben uns gegenseitig die Schuld zu, ohne dass wir weiterkommen. Was halten Sie davon, wenn wir nun alle Kritikpunkte systematisch auflisten?“*

Metakommunikation muss sich nicht nur auf Beobachtungen eines bereits laufenden Gesprächs beziehen. Sie kann auch bereits zum Gesprächsbeginn eingesetzt werden, wenn mit dem Gesprächspartner inhaltliche und organisatorische Regelungen getroffen werden.

Beispiele:
- *„Wir sollten zunächst alle Streitpunkt offen zur Sprache bringen. Sind Sie damit einverstanden, dass jeder seine Kritikpunkte auf Pinnwandkärtchen schreibt, damit wir eine Gesamtschau bekommen?“*
- *„Wie wollen wir vorgehen, damit wir spätestens um 16 Uhr zum Ende kommen?“*

Auch die Vereinbarung von Spielregeln gehört zur Metakommunikation. Dazu ist kein umfassendes kommunikationstheoretisches Wissen erforderlich. Es genügt, wenn zu Beginn eines Gespräches (oder bei wiederkehrenden Meetings beim ersten Zusammentreffen) ein paar einfache Regeln vereinbart werden:
- Es spricht immer nur eine Person
- Man hört einander zu
- Man knüpft an das Gesagte an
- Kein Diskussionsbeitrag dauert länger als 60 Sekunden
- Persönliche Angriffe oder Beschimpfungen werden vermieden
- Man sagt sich gegenseitig, wie das Gespräch empfunden wird.

Um Metakommunikation handelt es sich auch, wenn nach Abschluss eines Gesprächs über dessen Verlauf gesprochen wird. Solche Überlegungen können hilfreich sein, um künftige Gespräche besser zu gestalten. In manchen Unternehmen ist eine abschließende Manöverkritik ein fester Bestandteil jeder Besprechung: Alle

Teilnehmer äußern sich kurz, wie sie den Gesprächsverlauf beurteilen und was beim nächsten Mal besser gemacht werden könnte.

Beispiel: *„Wenn wir etwas mehr darüber gesprochen hätten, was wir selbst zur Lösung beitragen können, als über die Versäumnisse unserer Kollegen, dann wären schon wesentlich weiter."*

Die bisherigen Beispiele können den Eindruck vermitteln, dass mit Metakommunikation lediglich negative Gesprächserscheinungen thematisiert werden. Das muss nicht sein. Mit Metakommunikation kann auch Zufriedenheit über den bisherigen positiven Gesprächsverlauf ausgedrückt werden. Ein gelungenes Gespräch kann herangezogen werden, um die Gesprächsteilnehmer für den weiteren Verlauf oder für künftige Gespräche zu motivieren.

Beispiele:
- *„Ich freue mich, Herr Scholl, dass Sie auch dieses heikle Thema offen ansprechen."*
- *„Das Thema Arbeitszeit haben wir in sehr sachlicher Weise besprochen. Es wäre schön, wenn wir diesen Stil beibehalten könnten."*

Mit Metakommunikation verfügen Sie über ein Instrument, um Fehlentwicklungen im Gesprächsverlauf aufzudecken und zu stoppen und zu einem sachlichen Gesprächsverlauf zurückzuführen. Außerdem ist Metakommunikation ein Weg, um Ihre eigenen Vorschläge in das Gespräch einzubringen und damit den weiteren Gesprächsverlauf zu beeinflussen.

1.8 Schlagfertigkeit

Schlagfertigkeit ist eine Form der geistigen Beweglichkeit, um im richtigen Augenblick das zu denken und zu sagen, was die vorliegende Situation gerade erfordert. Anlass für eine schlagfertige Reaktion können alle Gelegenheiten sein, in denen Menschen miteinander kommunizieren. Die Bandbreite möglicher Situationen kann sich von einfachen Bemerkungen über Beleidigungen, Provokationen oder Taktlosigkeiten, Wichtigtuerei bis zu Pedanterie, Rechthaberei oder Herumreiten auf Formalitäten äußern. Auch Killerphrasen gehören dazu.

Auslöser für eine schlagfertige Reaktion können beabsichtigte oder unbeabsichtigte, aggressive, provokative oder ironische Bemerkungen ebenso sein wie ein Zwischenruf oder sogar nur eine Behauptung, mit der Sie nicht einverstanden sind. Wer mit einer solchen Situation konfrontiert wird, möchte seine Schlagfertigkeit beweisen und dem anderen eine treffende Antwort entgegensetzen.

1.8.1 Souverän reagieren

Manche verfügen über dieses Talent und reagieren spontan und selbstbewusst, im Idealfall auch noch humorvoll. Viele sind dagegen zunächst verblüfft, wissen nichts zu antworten und haben vielleicht einige Stunden später die gute Idee, wenn es längst zu spät ist. Fehlende Schlagfertigkeit ist zumeist darauf zurückzuführen, dass es sich um eine ungewohnte oder unangenehme Situation handelt. Es entsteht ein Unsicherheitsgefühl und die passenden Worte, die man so gerne entgegensetzen würde, bleiben aus.

Schlagfertigkeit verlangt aber genau das Gegenteil. Gerade in kritischen Situationen wird Souveränität verlangt. Nur wer über genügend Selbstbewusstsein verfügt, wird im entscheidenden Moment die geeignete Technik einsetzen. Wer Ärger oder Furcht empfindet, ist kaum fähig, klar zu denken. Nur wer kontrolliert reagiert und seine Gefühle beherrscht, hat eine Chance, das Gespräch wieder auf eine sachliche Basis zurückzuführen. Es geht also zunächst darum, ruhig zu bleiben und souverän zu reagieren.

Schlagfertigkeit erfordert ein ausreichendes Maß an Selbstbewusstsein und Frechheit. Alle Schlagfertigkeitstechniken nützen nichts, wenn die notwendige Grundeinstellung zum einem selbstbewussten Auftreten fehlt. Deshalb bedeutet der erste Schritt zur Schlagfertigkeit eine Stärkung des Selbstbewusstseins:

- Machen Sie sich bewusst, über welche Stärken Sie verfügen. Stellen Sie diese im Gespräch heraus.
- Stehen Sie zu Ihren Fähigkeiten und Interessen. Wenn Ihnen der Besuch eines Fußballspiels mehr bedeutet als das Absitzen eines Symphoniekonzerts, dann vertreten Sie das auch gegenüber anderen.
- Denken Sie positiv. Sehen Sie das Positive auch im Alltagsgeschehen.
- Nehmen Sie zu anderen Menschen Kontakt auf. Sprechen Sie die

Menschen an. Pflegen Sie die zwischenmenschlichen Beziehungen.
- Betreiben Sie keinen übertriebenen Perfektionismus.
- Machen Sie sich bewusst, welche Erfolge Sie in der Vergangenheit erzielt haben.
- Übernehmen Sie Verantwortung (auch neue berufliche Herausforderungen).

Wer über ein ausreichendes Maß an Selbstbewusstsein verfügt, der lässt dies auch an seiner Körpersprache erkennen. Er wird nicht verlegen von einem Bein auf das andere treten, den Blick senken und mit zittriger Stimme eine Antwort stammeln. Er wird vielmehr seinen Kontrahenten anblicken und mit kontrollierter Stimme eine Antwort formulieren. Ein verlegener Mensch kann Schlagfertiges nicht schlagfertig rüberbringen (Etrillard 2003, S. 120). Ausstrahlung und Worte dürfen nicht auseinanderklaffen.

Schlagfertigkeit ist situationsabhängig. Deshalb kann es kein Patentrezept geben, das für alle denkbaren Situationen anwendbar ist. Es kommt vielmehr darauf an, situativ die passende Technik auszuwählen. Für eine schlagfertige Antwort ist entscheidend, dass sie schnell erfolgt und ein gewisses Maß an Kreativität (Frechheit, Witz, Überraschung) enthält.

An eine schlagfertige Antwort dürfen keine zu hohen Maßstäbe angelegt werden. Es muss nicht immer das brillante Wortspiel oder die harte Retourkutsche sein. Es genügt, dass der Gesprächspartner und andere Zuhörer erkennen, dass sich der Angegriffene nicht in die Defensive drängen lässt, sondern durch eine spontane Antwort das Heft in der Hand behält.

> Achten Sie darauf, dass die Antwort nicht schärfer ausfällt als der auslösende Angriff. Es soll nicht zur Eskalation kommen. Wichtig ist auch, dass Sie nicht jedes Mal auf die gleiche Weise reagieren und dass Ihre Antwort nicht zu spitzfindig ausfällt.

Nur in Ausnahmefällen kann eine schlagfertige Antwort auch einmal verletzend sein. Nämlich dann, wenn jemand nur auf diese Weise seine Würde wahren kann. Wer versucht, jemanden vor anderen lächerlich zu machen, der muss damit rechnen, dass sich der Angegriffene wehrt.

Beispiel:

- *„Frau Schneider, Sie haben die Schule wohl mit der 6. Klasse beendet."*
- *„Dafür hatte ich im Gegensatz zu Ihnen eine ordentliche Kinderstube!"*

Schlagfertigkeit kann durch Training erlernt werden. Unter teilweise klangvollen Namen wurden im Laufe der Zeit zahlreiche **Schlagfertigkeitstechniken** entwickelt. Dabei muss je nach Situation zwischen verbindlichen (weichen) und aggressiven (harten) Techniken ausgewählt werden. Darüber hinaus stehen für Situationen, wenn der Geistesblitz einmal völlig ausbleibt, noch einige Notfalltechniken zur Verfügung.

1.8.2 Verbindliche Schlagfertigkeitstechniken

Bei den verbindlichen Techniken handelt sich häufig um „elegante" Formulierungen, die manchmal auch etwas hintergründig sein können. Sie sind geeignet, wenn der Angreifer gebremst werden soll, ohne es mit ihm zu verderben. Das kann im Umgang mit höherrangigen Personen sein oder wenn ein Abhängigkeitsverhältnis besteht. Wer so reagiert zeigt, dass er den Angriff nicht wortlos hinnimmt, und dennoch die Situation nicht völlig außer Kontrolle geraten lässt.

Hörfehlermethode: Auch der witzigste Angriff verliert an Wirkung, wenn er wiederholt werden muss. Wenn es überhaupt zu einer Wiederholung kommt, dann wird die zweite Version wesentlich milder ausfallen. Um diese Wirkung zu erreichen kann ein Einfaches „*Wie bitte*" genügen. Oder Sie bringen den Zwischenrufer auf andere Weise dazu, seine Aussage zu wiederholen. Entscheidend ist, dass Sie bei der Hörfehlermethode vorgeben, den Angriff nicht genau verstanden zu haben.

Beispiele:

- *„Können Sie das Wort Qualitätskontrolle überhaupt schreiben?" „Was schreiben?"*
- *„Wo haben Sie Ihren Führerschein erworben?" „Was erworben?"*

Wenn wirklich einmal jemand den Mut hat, seine Bemerkung wörtlich zu wiederholen, dann haben Sie durch die Hörfehlertechnik zumindest etwas Zeit gewonnen, um sich eine andere Antwort zu überlegen. Oder Sie tun so, als ob Sie immer noch nicht richtig verstanden hätten, und fragen nochmals nach. Spätestens jetzt wird jedem klar, dass Sie den Zwischenrufer nicht ernst nehmen.

Schweigen und Abwarten: Dies ist eine einfache Technik, die zunächst überhaupt nicht schlagfertig erscheint. Sie antworten nicht spontan, sondern blicken Ihren Kontrahenten an und schweigen. Im Schweigen liegt die Aufforderung, mehr zu sagen. Das kann mimisch unterstützt werden. Wichtig ist, dass Sie Blickkontakt halten. Sie dürfen auf keinen Fall verlegen wegsehen. Ihr Kontrahent muss weiterreden und den Vorwurf präzisieren.

Beispiel: *„Können Sie das Wort Globalisierung überhaupt schreiben?"* Keine verbale Antwort, nur Blickkontakt.

Zustimmen und Übertreiben: Es ist nicht erforderlich jedes Mal zurückzuschlagen. Sie wirken souverän, wenn Sie einer Aussage zustimmen und dem Angreifer dadurch den Wind aus den Segeln nehmen. Insbesondere durch eine übertriebene Zustimmung wird der Angriff lächerlich gemacht und jeder Zuhörer erkennt Ihre Selbstsicherheit. Sie werden für selbstironisch gehalten und machen bei anderen Zuhörern Pluspunkte. Die Antwort wird mit der Formulierung *„Sie haben recht,…"* oder einer anderen zustimmenden Aussage eingeleitet.

Beispiele:

- „Haben Sie Ihre Garderobe auf dem Flohmarkt gekauft?" „Gut erkannt, ich sehe Sie sind informiert, wo die Frau von heute kauft!"
- „Sie treiben zu wenig Sport." „Sie haben Recht, ich verzichte sogar auf die Sportschau."

Zugeständnis: Bei dieser Technik wird ein Vorwurf akzeptiert und der Angegriffene entschuldigt sich sogar (ohne Rechtfertigung und Erklärung des Fehlverhaltens). Auf diese Weise kann eine Situation entspannt werden, wenn das Gespräch zu eskalieren droht. Der Angegriffene schlägt nicht zurück und es kommt zur breiten Diskussion, sondern er verblüfft den Angreifer durch seine Entschuldigung.

Diese Technik kann gegenüber Personen eingesetzt werden, mit denen Sie es nicht verderben wollen.

Beispiele:

- *„Sie kommen heute schon wieder zu spät." „Ich weiß, Sie mussten auf mich warten, ich verspreche in Zukunft pünktlich zu sein."*
- *„Sie haben mir nicht richtig zugehört." „Entschuldigung. Ich werde mich künftig besser konzentrieren."*

Komplimente zurückgeben: Auch ein Kompliment kann irritieren. Statt einer Sachantwort sprechen Sie dem Angreifer ein Kompliment aus. Diese Technik eignet sich besonders bei Provokationen und arroganten Bemerkungen. Je ironischer das Kompliment, umso eher bringen Sie den anderen aus dem Konzept.

Beispiel: *„Sie sehen heute aber wieder einmal blass aus." „Ich beneide Sie um Ihren herrlichen Teint."*

1.8.4 Aggressive Schlagfertigkeitstechniken

Diese Möglichkeiten sind dann geeignet, wenn der Angreifer in seine Schranken gewiesen werden soll. Das trifft bei Beleidigungen und bösen, unflätigen Angriffen zu. Weder der Gegner wird geschont, noch wird der Konflikt entschärft. Harte Techniken sollten die Ausnahme bleiben.

Übersetzen nach eigenem Ermessen: Diese Methode hilft Ihnen, bei bösartigen oder kränkenden Angriffen die Regie zu übernehmen. Sie „übersetzen" die Bemerkung Ihres Kontrahenten in Ihre Version. Je nach Situation kann diese Übertragung aggressiv oder verbindlich ausfallen.

Beispiele:

- *„Ihre Vorgängerin hat das in der halben Zeit erledigt." „Wollen Sie damit sagen, dass ich zu langsam arbeite?"*
- *„So einen verrückten Vorschlag hat mir noch nie jemand gemacht." „Damit meinen Sie also, dass ich Unsinn daherrede?"*

Umkehren: Bei der Umkehrtechnik (auch Retourkutschen-Technik) geben Sie den Angriff an den Gegner zurück. Sie greifen einen Teilaspekt heraus und binden ihn in Ihre Erwiderung ein. Auf diese Weise bleiben Sie selbst unversehrt, während der Angreifer sich mit dem Vorwurf auseinandersetzen muss. Die Umkehrvariante eignet sich vor allem bei persönlichen Beleidigungen und manchen Killerphrasen.

Beispiele:

- „Sie sind eine Lügnerin." „Man sollte niemals von sich auf andere schließen."
- *„Sie sind aber dick geworden!" „Ich bin beruhigt, wenn ich sehe, dass es andere noch härter trifft."*
- *„Das haben wir schon vor 20 Jahren vergeblich versucht." „In 20 Jahren wäre doch genug Zeit gewesen, um dazuzulernen."*

Gerade deshalb – gerade weil: Bei dieser Technik akzeptieren Sie einen Vorwurf und münzen ihn in einen Vorteil um. Allerdings muss es ein Vorteil sein, der auch wirklich stichhaltig ist. Dem Gesprächspartner wird das Gefühl vermittelt, dass Sie ihn ernst nehmen, und gleichzeitig lenken Sie seine Aufmerksamkeit auf den von Ihnen eingebrachten Vorteil.

Beispiele:

- „Da können Sie nicht mitreden. Sie sind doch überhaupt nicht vom Fach." „Gerade weil ich nicht vom Fach bin, habe ich keine Scheuklappen und kann unvoreingenommen urteilen."
- *„Dabei haben Sie neulich aber einen dicken Fehler gemacht." „Gerade deshalb wird mir dieser Fehler nie mehr passieren."*

Definieren: Eine Form des Definierens haben Sie schon bei der Gegenfragetechnik kennen gelernt, wenn der Gesprächspartner in Definitionszwang gebracht wurde *(„Wie meinen Sie das")*. Hier definieren Sie selbst, indem Sie den Vorwurf Ihres Gesprächspartners mit anderen, positiven Inhalten interpretieren.

Beispiele:

- *„Sie sind ein Geizkragen." „Sie meinen wohl, dass ich das Geld nicht zum Fenster hinauswerfe."*
- „Sie sind ein Besserwisser." „Sie meinen wohl, dass ich mich um korrekte Antworten bemühe."

Besser als: Bei dieser Technik wird ein Vorwurf zwar grundsätzlich akzeptiert, aber durch einen Gegenvorwurf entkräftet, der auf eine noch schlechtere Situation hinweist. Durch die Akzeptanz des ursprünglichen Vorwurfs demonstrieren Sie Ihre Fähigkeit zur Selbstkritik. Dennoch wird deutlich, dass der Gegenvorwurf wesentlich schwerwiegender ist. Diese Technik lässt sich leicht anwenden, da der Vergleich nicht immer völlig logisch sein muss.

Beispiele:

- *„Sie haben aber eine fade Bluse an." „Besser eine fade Bluse, als ein verschwitztes Hemd."*
- *„Sie sind ein Besserwisser." „Besser ein Besserwisser als gar nichts wissen."*
- „Ihre Pedanterie ist ja nervtötend." „Besser zweimal kontrollieren als hinterher die doppelte Arbeit."

Zurückweisung: Mit dem Einsatz dieser Technik zeigen Sie, dass Sie in diesem Ton oder auf diesem Niveau nicht weiter sprechen wollen. Sie zeigen dem Angreifer Grenzen auf, ohne näher auf seinen Vorwurf einzugehen und ohne sich auf sein Niveau herabzulassen.

Beispiele:

- *„Sie sind ein Schwachkopf." „Dafür entschuldigen Sie sich."*
- *„Sie sollten denken vor dem Sprechen." „Das ist eine Beleidigung."*
- *„Sie haben die Schule wohl mit der fünften Klasse beendet." „Bitte nicht in diesem Ton."*

Zurückschlagen: Bei dieser Technik bleiben Sie auf dem Niveau Ihres Kontrahenten. Ihre Antwort bezieht sich auf den Angriff des Gegners.

Beispiele:

- *„Sie sehen reichlich müde und abgespannt aus." „Wenn Sie draußen sind, geht es mir gleich besser."*
- *„Das funktioniert in der Praxis doch niemals." „Ihre Vorstellungskraft ist damit wohl überfordert?"*

1.8.4 Notfalltechniken

Das Wissen um Notfalltechniken vermittelt Sicherheit. Sie helfen, wenn die brillante Idee ausbleibt oder jemand mit seinen Gedanken im Augenblick bei etwas ganz anderem ist oder er einfach keine Lust auf einen Schlagabtausch hat. Es handelt sich in vielen Fällen um Standardphrasen oder um nichts sagende Bemerkungen. Auch die Fragetechnik wird zu den Notfalltechniken gezählt, weil viele Fragen ohne engen Zusammenhang zu der auslösenden Bemerkung gestellt werden können.

Fragetechnik einsetzen: Durch geschicktes Fragen behalten Sie die Gesprächsführung in der Hand oder gewinnen sie zurück. Sie agieren, statt lediglich zu reagieren. Das gilt auch, wenn Sie schlagfertig antworten. Auch bei einigen schon genannten Techniken wird die schlagfertige Reaktion in Frageform formuliert.

Beispiele:

- Mitarbeiter: *„Ich habe ein Idee, wie wir den Belegdurchfluss verbessern können."* Vorgesetzter: *„Das ist Sache der Fachleute, nicht Ihre Aufgabe!"* Mitarbeiter: *„Ist es nicht besser der Falsche hat gute Ideen, als das Problem bleibt liegen?"*
- Vorgesetzter: *„Sie haben die Schule wohl mit der 5. Klasse verlassen"*. Mitarbeiter: *„Wie meinen Sie das?"*

Die Gegenfrage *„Wie meinen Sie das?"* ist nahezu universell einsetzbar und deshalb für Notsituationen geeignet. Auf diese Weise kann der Gesprächspartner ohne viel nachzudenken in Erklärungszwang gebracht werden.

Standardformulierungen: Auch Standardformulierungen können ohne viel Nachdenken angewendet werden. Solche Sätze sind hilfreich, wenn Sie durch einen Angriff so verblüfft sind, dass Ihnen keine andere Technik einfällt. Prägen Sie sich einige Standardformulierungen ein, die Sie für Ihre Situation geeignet halten. Achten Sie darauf, dass Sie diese Sätze nicht zu häufig einsetzen, sonst werden Sie von Ihren regelmäßigen Gesprächspartnern schnell erfahren, dass Sie so immer reagieren.

Beispiele:

- *„Das musste einmal gesagt werden, jetzt können wir zur Sache zurückkehren."*
- *„Dieses Thema haben wir damit bereits erledigt und können mit unserem Problem weiterfahren."*
- *„Damit passe ich mich meiner Umgebung an."*
- *„Wenn's Ihnen Spaß macht."*
- *„Das ist aber schön für Sie (für Dich)."*

Ach-Was-Technik: Auch bei der Ach-Was-Technik handelt es sich um Standardformulierungen, die aber kaum mehr einen Bezug zum

Inhalt des Angriffs haben. Es sind Kurzformulierungen, die Sie einsetzen, wenn Ihnen keine elegantere Lösung einfällt (z. B. ach was, soso, wirklich, meinst du, sag bloß, na so was). Sie zeigen auf diese Weise zumindest, dass Sie sich durch den Angriff nicht aus dem Konzept bringen lassen.

Beispiele:
- *„Sie hatten schon bessere Ideen." „Ach was."*
- *„Damit sind Sie überfordert." „Na so was."*

Thema wechseln: Wenn Ihnen überhaupt keine passende Entgegnung einfällt, dann wechseln Sie einfach zu einem anderen Thema. Dadurch wird Ihr Kontrahent verwirrt und sein Angriff läuft ins Leere. Sie bestimmen das Gesprächsthema und der Aggressor muss Ihnen folgen. Diese Technik wird auch von vielen Politikern eingesetzt, um brisanten Themen auszuweichen.

Beispiele:
- Interviewer: *„Wie erklären Sie sich dieses Wahlergebnis?* Politiker: *„Zunächst einmal will ich festhalten, dass die gegnerische Partei ihr Wahlziel völlig verfehlt hat."*
- Vorgesetzter: *„Sie haben sich mit Ihrem Bericht aber viel Zeit gelassen."* Mitarbeiter: *„Ich wiederhole nochmals das wichtigste Ergebnis meines Berichts: ..."*

1.8.5 Schlagfertigkeit hilft auch bei Killerphrasen

Eine schlagfertige Reaktion eignet sich auch als Entgegnung auf eine Killerphrase. Killerphrasen orientieren sich zumeist nicht am aktuellen Gesprächsinhalt, sondern versuchen, den Gesprächspartner zu verunsichern und in die Defensive zu drängen. Gespräche, Ideen oder Initiativen werden abgetötet, daher der Name Killerphrase. Durch Killerphrasen wird die Gesprächsatmosphäre gefährdet; beim Gesprächspartner können Aggressionen oder depressive Gefühle ausgelöst werden.

Die Bandbreite möglicher Killerphrasen kann sich je nach Situation vom knappen „Nein" bis zu persönlichen Beleidigungen erstrecken. Einige der bekanntesten Killerphrasen sind:
- Dazu fehlt Ihnen die notwendige Erfahrung.
- Seien Sie erst einmal etwas länger hier.

- Dafür sind Sie zu jung (alt).
- Daraus entstehen Schwierigkeiten, die Sie nicht übersehen können.
- Wir können uns keine Experimente leisten.
- Das haben wir schon vor 10 Jahren ausprobiert.
- Sie haben wohl nicht genug zu tun.
- Das kann doch nicht Ihr Ernst sein?
- Wir haben jetzt andere Prioritäten.

Wenn Sie mit Killerphrasen konfrontiert werden, können Sie mit den oben genannten Schlagfertigkeitstechniken reagieren. Achten Sie darauf, dass es nicht ebenfalls zu einer Killerphrase kommt und das Gespräch damit endgültig am Ende ist.

1.8.6 Schlagfertigkeit kann trainiert werden

Schlagfertigkeit kann nur durch Übung erlernt werden. Allerdings reicht es nicht aus, einige verbale Blitzreaktionen einzuüben. Das Schlagfertigkeitstraining beginnt weit davor. Was nützt eine bestimmte Technik, wenn die passenden Worte dazu fehlen. Schlagfertigkeit setzt zwei unerlässliche Grundfertigkeiten voraus, die separat trainiert werden können.

Wortschatz trainieren: Schlagfertigkeit verlangt geistige Beweglichkeit. Nur wer über ein bestimmtes Maß an sprachlicher Kreativität verfügt, kann die Idee für eine treffende Antwort in Worte umsetzen. Das ist umso besser möglich, je größer der aktive Wortschatz ist. Die folgenden Übungen zeigen, dass es viele Gelegenheiten gibt, den Wortschatz zu erweitern.

Übung: Texte wiedergeben

- Lesen Sie Texte oder Textpassagen in Zeitungen oder Zeitschriften einige Mal durch und geben Sie diese dann frei wieder. Bei größeren Texten können Sie die Kerngedanken bzw. Wörter und Wendungen, die Sie unbedingt verwenden wollen, auch notieren. Machen Sie Tonbandkontrollen.
- **Übungsziel:** Erweiterung des persönlichen Wortschatzes

Übung: Beschreiben

- Beschreiben Sie kleine Geschehnisse, Gegenstände (Bilder, Maschinen) oder Personen. Verwenden Sie dabei eine möglichst bildhafte Sprache.
- **Übungsziel:** Erweiterung des persönlichen Wortschatzes

Übung: sinnverwandte Begriffe suchen

- Finden Sie jeweils mindestens zehn sinnverwandte Begriffe (Synonyme) für bestimmte, viel verwendete Wörter.
  Gehen: Laufen, rennen, rasen, sausen, schleppen, ...
  ....
  Sagen: ....
  Hören: ....
  Machen: ....
  Arbeiten: ....
  Sprechen: ....
  Schreiben: ....
  Meinung: ....
  Einwand: ....
  Führen Sie diese Übungen mit anderen Wörtern durch, die sich bei Ihren Themen häufig wiederholen.
- **Übungsziel:** Abwechslungsreichere Wortwahl

Übung: Persönlicher Wortschatz

- Erweitern Sie Ihren Wortschatz durch lautes Lesen (Vorlesen) von Texten, die Sie sowieso lesen würden, z. B. Zeitungsartikel oder Artikel in Fachzeitschriften.
- Schlagen Sie Wörter nach, auf die Sie beim Lesen stoßen und deren Bedeutung Ihnen nicht geläufig ist.
- Sammeln Sie Wörter und Wortwendungen, die Sie hören und lesen und die Ihnen zusagen (z. B. in einem Zettelkasten).
- Beteiligen Sie sich an Diskussionen; dabei können gelungene Formulierungen anderer Teilnehmer aufgegriffen und wiederholt werden. Dadurch wird zusätzlich die Redegewandtheit und Sicherheit trainiert.
- **Übungsziel:** Erweiterung des persönlichen Wortschatzes

Sprechdenken: Der Prozess des Sprechdenkens läuft bei jeder Unterhaltung ab. Nur weil die Gedanken beim Sprechen kommen, sind wir in der Lage, einen Satz nach dem anderen fließend auszusprechen. Wir alle beherrschen die Fähigkeit zum Sprechdenken und wenden sie im Gespräch auch an. Allerdings ist dies vielen nicht bewusst. Auch Schlagfertigkeit ist eine Form des Sprechdenkens. Wichtig ist lediglich, dass Sie Ihre Ruhe bewahren.

Sehen Sie die Bemerkung Ihres Gesprächspartners nicht als Angriff, sondern einfach als ein Stichwort an, auf das Sie plötzlich antworten müssen. Damit nehmen Sie dem Beitrag des anderen einen Teil seiner Aggressivität und können mit den üblichen Reaktionen des Sprechdenkens agieren.

Mit den folgenden Übungen kann die Sprachgewandtheit und die Fähigkeit zum Sprechdenken überprüft und durch Training vertieft werden.

Übung: Sprechdenken in zwei Stufen (Einzelübung)

- **Erste Stufe:** Sprechen Sie eine Minute lang zu einem zufällig ausgewählten Hauptwort. Legen Sie eine (Stopp-)Uhr neben sich und versuchen Sie, die Minute ohne Pause durchzuhalten. Wenn Ihnen nichts mehr einfällt, dann greifen Sie entweder zurück auf den Satz davor („*Wie ich eben schon sagte, …*") oder verwenden Sie einen Füllsatz („Im Augenblick fällt mir nicht mehr zum Wort X ein"). Lassen Sie sich die notwendigen Themenbegriffe von jemandem aufschreiben oder tippen Sie ohne hinzusehen in ein Buch oder eine Zeitung und verwenden Sie das am nächsten stehende Hauptwort.
- **Zweite Stufe:** Verwenden Sie zwei Hauptwörter und verknüpfen Sie diese in Ihrem Kurzvortrag. Versuchen Sie wiederum mindestens eine Minute ohne Pause durchzuhalten. Falls Sie keinen Lieferanten für die Themenbegriffe haben, dann nehmen Sie aus einem Buch von einer zufällig aufgeschlagenen Doppelseite von beiden Seiten jeweils das erste Hauptwort.
- **Übungsziel:** Training der Fähigkeit, zu einem bestimmten Begriff (Sachverhalt) unvorbereitet etwas zu sagen.

Übung: Drei-Wörter-Übung (Einzel- oder Gruppenübung)

- Auf einen Stichwortzettel werden drei Hauptwörter notiert, aus denen spontan eine kleine Geschichte zu formulieren ist. Es kommt nicht darauf an, dass hochgeistige Geschichten erfunden werden. Es geht ausschließlich darum, beim Sprechen „durchzuhalten". Allerdings soll es eine kleine Geschichte sein und nicht nur ein einziger Satz. Die Reihenfolge, in der Sie die Ausgangsworte verwenden, spielt keine Rolle. Falls Ihre Geschichten zu kurz ausfallen, dann nehmen Sie fünf Wörter.
- Wenn Sie alleine üben, sollten Sie sich durch Videoaufzeichnung oder Tonband überprüfen. Lassen Sie sich zuvor von jemandem Zettel mit jeweils drei (fünf) Wörtern schreiben oder verwenden Sie die folgenden Vorschläge:

Katze – Schreibtisch – Weintrauben
Anwalt – Hochhaus – Bindfaden
Schornsteinfeger – Kugelschreiber – Liebe
Lexikon – Papiertaschentuch – Urlaub
Sonderangebot – Rechtsanwalt – Sonnenuhr

Pfeife – Taschenlampe – Traum – Packpapier – Park
Handtuch – Holzschuhe – Temperament – Urlaub – Bleistift
Kochbuch – Konzert – Fahrkarte – Werbung – Freiheit
Filmstar – Braunkohle – Wahlkampf – Bierflasche – Werkstatt
Bauhütte – Fernglas – Weihnachten – Hochzeit – Politik

- Wenn Sie in der Gruppe üben, dann ist es lustiger, wenn die Gruppe dem jeweiligen Redner drei oder fünf Worte spontan zuruft. Dieser schreibt die Worte auf einen Zettel und beginnt unmittelbar danach mit seiner Geschichte. Achten Sie darauf, dass wirklich sofort begonnen wird; durch zu langes Nachdenken könnte eine Blockade entstehen.
- **Übungsziel:** Auch mit dieser Übung können Sie das Sprechdenken trainieren. (Im Rhetorik-Seminar wird diese Übung auch eingesetzt, um den Umgang mit Stichwortzetteln zu trainieren.)

Übung: Erzählen/berichten (Einzel- oder Gruppenübung)

- Schreiben Sie sich einige Stichworte über alltägliche Geschehnisse auf Stichwortzettel und versuchen Sie, darüber in möglichst packender und anschaulicher Weise zu berichten. Lassen Sie sich durch Zuhörer kontrollieren oder zeichnen Sie Ihren Bericht mit dem Tonband oder der Videokamera auf.
  Als Themen eignen sich
  - berufliche Erlebnisse
  - der Verlauf einer Geschäftsreise
  - eine Situation im Straßenverkehr
  - eine Sportveranstaltung
  - ein Gasthausbesuch
  - ein Theaterbesuch
- **Übungsziel:** Verbesserung des Sprechdenkens

Übung: Reden mit fremd vorbereiteten Stichwörtern (Gruppenübung)

- Dies ist eine Gruppenübung, die Sie auch als kleines Gesellschaftsspiel verwenden können. Bereiten Sie Kärtchen vor, auf denen die folgenden oder ähnliche einfache Themen stehen:
  - Ich esse nicht gerne Spinat
  - 100 Euro gefunden

- Ein böser Traum
- Ich trete in einen Verein ein
- Der neue Nachbar
- Einen unangenehmen Brief schreiben
- Ich will abnehmen
- Frühstück am Sonntagmorgen
- Hausschlüssel verloren

- Wichtig: Es müssen einfache Themen (keine Fach- oder Spezialthemen) sein, bei denen Sie sicher sind, dass jeder dazu etwas sagen kann. Jeder Teilnehmer zieht ein Thema und schreibt dann zu diesem Thema acht bis zehn Begriffe auf einen Stichwortzettel. Diese sammeln Sie dann wieder ein und verlosen sie anschließend so unter den Teilnehmern, dass niemand seinen eigenen Zettel erhält. Anhand der vorgegebenen Stichworte hält nun jeder einen kleinen Vortrag. Da es allgemeine Themen sind, hat niemand Probleme, sich zu den aufgeschriebenen Stichworten zu äußern.
- Wegen des spielerischen Charakters dieser Übung wird vielen Teilnehmern erst nachträglich bewusst, dass sie einen kleinen Vortrag gehalten haben, dessen Manuskript von einem anderen vorbereitet wurde.
- **Übungsziele:** Verbesserung des Sprechdenkens; Förderung der Kreativität

Spontaneität: Mit den folgenden Übungen kann die spontane Reaktionsfähigkeit spielerisch gefestigt werden. Die beiden ersten Übungen dienen einer allgemeinen Verbesserung Ihrer verbalen Spontaneität. Mit den beiden folgenden Übungen können einzelne der vorgestellten Techniken bewusst trainiert werden.

Übung: Für und wider (Gruppenübung)

Diese Übung können Sie als kleines Gesellschaftsspiel verwenden. Bereiten Sie zwei Pinnwandkarten vor und schreiben Sie auf eine Karte *„Dafür"* und auf die andere *„Dagegen"*. Als nächstes wählen Sie eine Person aus, die freiwillig die erste Runde übernimmt. Bestimmen Sie entweder selbst ein Thema oder lassen Sie von anderen Gruppenteilnehmern ein Thema nennen (z. B. Geschwindigkeitsbegrenzung auf Autobahnen). Nun halten Sie die Karte *„Dafür"* hoch und die ausgewählte Person muss spontan mit der Pro-Argumentation beginnen. Nach einiger Zeit (z. B. 20 Sekunden) wechseln Sie zur Karte *„Dagegen"* und der/die Sprecher(in) muss direkt auf eine Contra-Argumentation umschwenken. Danach noch einige Male im Wechsel zwischen *„Dafür"* und *„Dagegen"*.

Übung: Fliegender Themenwechsel

Lassen Sie sich von einem Übungspartner ein Thema (Stichwort) nennen und beginnen Sie spontan mit Ihren Ausführungen zu diesem Thema. Nach einigen Sätzen überrascht Sie Ihr Partner mit einem völlig anderen Thema. Sie müssen versuchen, den Bogen vom ersten zum zweiten Thema herzustellen, und sprechen dann zum zweiten Thema weiter. Nach kurzer Zeit folgen ein drittes, viertes und weitere Themen, zu denen Sie jeweils umsteuern müssen.

Übung: Der böse Dialog

Zu dieser Übung benötigen Sie eine Person als Partner, mit der Sie sich gut verstehen und der Sie voll vertrauen (bester Freund, gute Kollegin, Lebenspartner). Führen Sie nun mit Ihrem Partner ein Gespräch über ein beliebiges Thema. Allerdings versucht im Gegensatz zum normalen Gespräch jeder Partner immer wieder provozierende Äußerungen einzuflechten, auf welche der jeweils andere schlagfertig reagieren muss. Greifen Sie sich von den verschiedenen Schlagfertigkeitstechniken zwei oder drei heraus, die Sie gezielt üben möchten. Bei weiteren Gesprächen wählen Sie andere Techniken. Sie merken bald, welche Techniken Ihnen liegen. Diese wachsen bei genügender Wiederholung nach und nach Ihrem sprachlichen Repertoire zu. Es spielt keine Rolle, wenn die ersten schlagfertigen Antworten zunächst gekünstelt oder holperig ausfallen.

Übung: Training am Thema Schlagfertigkeit

- Unterstellen Sie, jemand stellt Ihre eigene Schlagfertigkeit infrage. Ein Kollege hat z. B. beobachtet, dass Sie sich mit dem Thema Kommunikation beschäftigen und frozzelt: *„Dieses Thema liegt Ihnen wohl weniger“* oder noch aggressiver: *„Ein Langsamdenker wie Sie ist damit sicherlich überfordert.“* Formulieren Sie einige Antworten, mit denen Sie auf eine solche Bemerkung reagieren könnten.
- Überlegen Sie sich andere „beliebte“ provokative Bemerkungen und mögliche Reaktionen darauf.
- Überlegen Sie sich Situationen aus der Vergangenheit, in denen Sie gerne schlagfertig geantwortet hätten. Werten Sie diese Situationen kritisch aus. Formulieren Sie anhand der verschiedenen Schlagfertigkeitstechniken mögliche Antworten.
- Spielen Sie im Geist die Angriffe anderer Personen durch (z. B. bei Talksendungen im Fernsehen)

2. Zweiergespräch, Dialog, Verhandlung

Das **Zweiergespräch (Dialog)** ist die wichtigste Kommunikationsform, die wir im privaten und beruflichen Alltag ständig einsetzen (z. B. Verkaufsgespräche, Mitarbeitergespräche, Verhandlungen). Die Gesprächspartner stehen sich auf der gleichen Ebene gegenüber, verfolgen aber zumeist unterschiedliche Ziele (z. B. Käufer und Verkäufer). Formal sind beide Parteien gleich stark und es gibt keinen offiziellen Gesprächsleiter. In der Realität ist nicht auszuschließen, dass eine Partei von vornherein eine stärkere Position hat (z. B. der Vorgesetzte im Mitarbeitergespräch) und das Gespräch im Sinne seiner Ziele beherrscht und steuert.

2.1 Eine gute Vorbereitung ist die Basis für den Gesprächserfolg

Die Bedeutung der Gesprächsvorbereitung wird häufig unterschätzt. Die Zwänge des Tagesgeschäfts und der Irrglaube, die wesentlichen Aspekte des Gesprächsthemas im Kopf zu haben, führen dazu, auf eine zuverlässige Vorbereitung zu verzichten. Doch nicht immer ist Verlass auf eine umfassende Gesprächsroutine oder die Fähigkeit zur Improvisation. Durch eine angemessene Vorbereitung stellen Sie sicher, dass

- Sie mit klaren Zielen ins Gespräch gehen,
- Sie Ihre wichtigsten Argumente abrufbereit parat haben,
- Sie sich nicht auf der Beziehungsebene festfahren,
- Sie sich auf das Wesentliche konzentrieren und nicht von Inhalten überrascht werden, denen Sie nichts Überzeugendes entgegenzusetzen haben,
- das Gespräch mit einem für beide Seiten akzeptablen Ergebnis endet und
- sich die Gesprächsdauer in einem angemessenen Rahmen hält.

Die Gesprächsvorbereitung erstreckt sich auf die Gesprächsziele und den Gesprächsinhalt, den Gesprächspartner und die organisatorischen Rahmenbedingungen.

2.1.1 Formulieren Sie eindeutige Gesprächsziele

Zweckgespräche und Verhandlungen werden mit einer ganz bestimmten Absicht geführt, die sich aus dem jeweiligen Gesprächsanlass ergibt. Beide Seiten verfolgen Ziele, die sie im Gespräch erreichen wollen. Gleichgültig ob Sie ein Bewerbungsgespräch, eine Verkaufsverhandlung, eine Verhandlung in einer Behörde oder irgendeine anderes Gespräch führen, eines gilt immer: Sie müssen wissen, was Sie erreichen wollen, Sie müssen ein Gesprächsziel haben. Nur wenn Sie klare Gesprächsziele vor Augen haben, können Sie die Gesprächsführung darauf ausrichten und nach Gesprächsschluss überprüfen, ob Sie Ihre Ziele erreicht haben.

Ziele sind Ihre selbst festgelegten Sollvorgaben für das zu erreichende Ergebnis. Wenn Sie mehrere Ziele festlegen, sollten Sie unterscheiden, welches Ihre Hauptziele sind, die Sie unbedingt erreichen wollen, und welche wünschenswerten Nebenziele Sie noch haben.

Beispiel: Ein Mitarbeiter, der mit seinem Vorgesetzten ein Gehaltsgespräch führt, hat z. B. das Hauptziel, eine finanzielle Verbesserung zu erreichen. Nebenziele könnten eine neue Abgrenzung des Arbeitsgebiets oder Verbesserungen am Arbeitsplatz sein.

Um über die notwendige Flexibilität zu verfügen, kann zwischen einem wünschenswerten Maximalziel und dem mindestens zu erreichenden Minimalziel unterschieden werden. Die Formulierung von Maximal- und Minimalzielen erlaubt es Ihnen, dem Gesprächspartner Zugeständnisse zu machen, so dass er nicht ohne jeden Erfolg aus dem Gespräch geht. Am Ende des Gesprächs sollte jeder Teilnehmer das Gefühl haben, etwas erreicht zu haben.

Beispiel: Ein Mitarbeiter, der außerhalb der tariflichen Änderungen schon lange nicht mehr berücksichtigt wurde, hat um ein Gehaltsgespräch gebeten.

- Zielüberlegungen aus Sicht des Vorgesetzten: Wegen der angespannten wirtschaftlichen Situation möchte der Vorgesetzte mit einer sehr niedrigen oder ganz ohne eine Gehaltserhöhung durchkommen. Er überlegt sich deshalb Alternativen, um den Mitarbeiter zufrieden zu stellen.
  Maximalziel: Weder finanzielle noch sonstige Zusagen (das wäre aller-

dings unrealistisch, denn dann hätte der Mitarbeiter im Gespräch keinerlei Erfolgserlebnis).
Minimalziel: Kleine Erhöhung des Entgelts, welche die bestehenden Relationen in der Arbeitsgruppe nicht zerstört.
Alternativziele: Großzügige Genehmigung der Teilnahme an Weiterbildungsmaßnahmen oder neue, attraktivere Abgrenzung des Aufgabengebiets mit späterer Auswirkung auf das Gehalt.

- Zielüberlegungen aus Sicht des Mitarbeiters: Der Mitarbeiter weiß, dass die finanzielle Situation angespannt ist. Er hofft zwar auf eine Gehaltserhöhung, überlegt aber auch, was er bei einer Ablehnung erreichen könnte.
  Maximalziel: Eine Gehaltserhöhung in dreistelliger Größenordnung.
  Minimalziel: Zumindest eine Glättung des derzeitigen Betrags nach oben.
  Alternativziel: Zusage zur Teilnahme an dem schon lange beantragten Rhetorik-Seminar.

Fragen zur Zielsetzung:

- Um was geht es (Gesprächsthema, Gesprächsanlass)?
- Warum führe ich das Gespräch?
- Welche Hauptziele habe ich?
- Was sind meine Nebenziele?
- Was kann erreicht werden, wenn alles in meinem Sinne läuft (Maximalziel)?
- Was muss mindestens erreicht werden (Minimalziel)?
- Was muss als Ergebnis vermieden werden?
- Wie kann überprüft werden, ob die Ziele erreicht wurden?

Analyse des Gesprächsinhalts: Die Formulierung der Gesprächsziele hängt eng mit der inhaltlichen Vorbereitung zusammen. Die inhaltliche Vorbereitung umfasst die notwendigen Unterlagen und Informationen sowie Überlegungen zur taktischen Vorgehensweise unter Beachtung der Situation des Gesprächspartners.

Dabei hilft es Ihnen, wenn Sie die voraussichtlichen Ziele Ihres Partners in Ihre Überlegungen einbeziehen. Sie sehen die Probleme mit den Augen des anderen und die Gefahr verringert sich, im Gespräch von völlig neuen Aspekten überrascht zu werden. Außerdem können Sie Ihre Argumentation partnerorientiert ausrichten. Die folgenden Fragen helfen Ihnen bei der inhaltlichen Vorbereitung:

- Welche Informationen zum Gesprächsgegenstand liegen vor?
- Welche Informationen müssen noch beschafft werden?
- Welche Unterlagen können herangezogen werden?
- Wer kann als Informant herangezogen werden?
- Welche Themen (Teilaspekte) sollen im Gespräch angesprochen werden?
- Wie argumentiere ich, um mein Ziel zu erreichen?
- Mit welchen Einwendungen ist zu rechnen?
- Welche Ziele wird der Gesprächspartner voraussichtlich vertreten?
- Wo liegen mögliche Zielkonflikte?
- Was kann ich tun, um eine positive Gesprächsatmosphäre zu erreichen?
- Wie gliedere ich das Gespräch?
- Welche Gesprächstechniken setze ich ein?

Auf den Gesprächspartner vorbereiten: Eine umfassende Gesprächsvorbereitung schließt auch die Vorbereitung auf den Gesprächspartner ein. Dabei sollte neben der Sachebene die Beziehungsebene in die Überlegungen einbezogen werden. Auch wenn sich beide Seiten um Sachlichkeit bemühen, werden emotionale Momente nicht zu vermeiden sein.

Je besser allerdings das Verhältnis zwischen diesen beiden Gesprächspartnern ist, um so sachlicher wird das Gespräch geführt, d. h. Inhalte werden besser verstanden, miteinander besprochen, und das Gespräch führt zu einer echten Lösung, Einigung oder Entscheidung. Die folgenden Fragen helfen Ihnen, um sich auf Ihren Gesprächspartner als Mensch einstellen zu können.

- Wer wird der Gesprächspartner sein?
- Welche Einstellung habe ich zum Gesprächspartner (Vorurteile, Sympathie, Antipathie)?
- Wie schätze ich unsere Beziehung zueinander ein?
- Wie verliefen frühere Gespräche mit diesem Partner?
- Was weiß ich über diesen Gesprächspartner (persönliche Situation, Gemeinsamkeiten, Hobbys, Lieblingsthemen, Eigenarten...)?
- Worum geht es dem Gesprächspartner?

- Welche Taktik wird er im Gespräch vermutlich anwenden?
- Bei welchen Aspekten ist mit Zustimmung zu rechnen, wann mit Einwendungen?
- Was kann ich tun, wenn das Gespräch zu emotional wird?

2.1.2 Organisation und Rahmenbedingungen

Die organisatorische Vorbereitung bezieht sich auf den Gesprächstermin und -ort. Wenn das Gespräch beim Partner stattfindet, können Sie die Organisation wenig beeinflussen. Wenn Sie selbst als Gastgeber auftreten, dann sollten Sie zumindest darauf achten, dass das Gespräch in Ruhe und ohne Unterbrechungen geführt werden kann. Der einleitende Hinweis, wenig Zeit zu haben, ist ein schlechter Gesprächsbeginn. Die Gesprächsdauer hängt vom jeweiligen Anlass und den beteiligten Personen ab; einen Richtwert gibt es nicht. Versuchen Sie den Gesprächstermin so zu planen, dass am selben Tag nicht mehrere schwierige Gespräche zu führen sind.

> Berücksichtigen Sie auch die Terminwünsche des Gesprächspartners. Planen Sie nicht nur Zeit für Ihre eigenen Themen ein, sondern auch für die Anliegen Ihres Gesprächspartners.

Die wichtigsten Fragen zur organisatorischen Gesprächsvorbereitung lauten:

- Wann findet das Gespräch statt?
- Wurde genügend Zeit eingeplant? Ist, falls es der Anlass zulässt, auch noch Zeit für einen kleinen Smalltalk?
- Wo findet das Gespräch statt?
- Ist der vorgesehene Besprechungsraum vorbereitet?
- Welche Störungen müssen ausgeschlossen werden?
- Ist der Gesprächspartner ausreichend informiert über
  - Termin und Ort,
  - Gesprächsinhalt,
  - notwendige Vorbereitungen?
- Welche Unterlagen werden benötigt?
- Wer bereitet die benötigten Unterlagen vor?
- Welche Visualisierungshilfen und andere notwendige Hilfsmittel müssen vorbereitet werden?

- Bestehen faire Sitzverhältnisse?
- Steht eine Bewirtung bereit?

Die organisatorische Vorbereitung ist im Gegensatz zur geistigen Vorbereitung (Zielsetzung, Inhalt, Partner) weitgehend delegierbar.

2.1.3 Ist der Gesprächspartner vorbereitet?

Effiziente Gespräche zeichnen sich durch eine gute Vorbereitung beider Gesprächspartner aus. Je nach Gesprächssituation kann es notwendig sein, den Gesprächspartner ausdrücklich zu einer Vorbereitung zu veranlassen. Bei vielen Mitarbeitergesprächen (z. B. bei Zielvereinbarungsgesprächen) ist es üblich, dass dem Mitarbeiter mit der Einladung ein Vorbereitungsblatt oder Fragenkatalog übergeben wird, um ihn bei der Vorbereitung zu unterstützen.

Bei vielen Gesprächen genügt eine mündliche Einladung. Wegen der Bedeutung mancher Gespräche oder aus Beweisgründen wird auch schriftlich eingeladen. Wer ein Gespräch veranlasst, sollte dafür Sorge tragen, dass der Partner rechtzeitig und vollständig über den Zeitpunkt, Ort und Anlass des Gespräches informiert wird. So kann sich auch der Partner auf das Gespräch vorbereiten.

2.1.4 Wichtige Gespräche schriftlich vorbereiten

Das nachfolgend abgedruckte Formular kann bei der Vorbereitung wichtiger Gespräche verwendet werden. Durch die Schriftlichkeit wird die Verbindlichkeit gefördert; im Gespräch dient Ihnen das Vorbereitungsblatt als eine Art „roter Faden".

2.2 Gesprächsdurchführung

Bei Gesprächen und Verhandlungen werden drei Gesprächsabschnitte unterschieden:

- Gesprächseröffnung
- Kerngespräch
- Gesprächsabschluss

Dazu kann in einer zusätzlichen Nachbereitungsphase der Gesprächsverlauf analysiert werden.

Gesprächsvorbereitung
Anlass: .... Teilnehmer: .... Ort: .... Termin/Uhrzeit: .... Voraussichtliche Dauer: ....
Hauptziel: Teilziele:
Meine wichtigsten Argumente:
Grobgliederung des Gesprächs:
Der Gesprächspartner: Besondere berufliche/persönliche Situation: Besondere Eigenarten: Erwartete Einwendungen: Erfahrungen aus früheren Gesprächen:

2.2.1 Eröffnungsphase

In der Eröffnungsphase werden durch eine günstige emotionale Grundlage die Weichen für den weiteren Gesprächsverlauf gestellt. Die Partner nehmen Kontakt zueinander auf und suchen nach gemeinsamen positiven Berührungspunkten. Es gilt die Partner davon zu überzeugen, dass sie durch die Gesprächsteilnahme in irgendeiner Form bereichert werden. Folgende Schritte werden unterschieden:

- Begrüßung und Vorstellung
- Kontakt herstellen („warming up")
- Gesprächsanlass nennen
- weiteren Ablauf festlegen.

Ähnlich wie die Vorbereitung wird auch die Bedeutung der Eröffnungsphase häufig unterschätzt. Stellen Sie sich vor, ein Mitarbeitergespräch wird vom Vorgesetzten wie im folgenden Beispiel eröffnet.

Beispiel: Ein Mitarbeiter betritt das Büro seines Vorgesetzten und hört folgende Eröffnung: *„Nun Meier, Sie haben mich um dieses Gespräch gebeten. Sie wollen irgendwas über Ihre Fortbildung wissen. Ich habe höchstens 10 Minuten Zeit. Also worum geht's nun genau?"*
Dies ist kein guter Beginn. Der Mitarbeiter Meier wird in diesem Gespräch kaum noch den Mut haben, sein Anliegen vorzutragen.

Aus der Tatsache, dass jedes Gespräch auf der Sachebene und der Bezugsebene verläuft, wurde eine wichtige Regel für den Gesprächseinstieg abgeleitet: Wenden Sie sich zuerst dem Gesprächspartner zu und erst danach dem Gesprächsgegenstand.

Am Anfang steht eine **freundliche Begrüßung**. Dabei sollte es selbstverständlich sein, dass der Partner mit dem Namen angesprochen wird. Wenn sich die Gesprächspartner nicht kennen, ist eine gegenseitige **Vorstellung** erforderlich. Achten Sie in solchen Fällen auf den Namen des Partners. Schon Dale Carnegie hat in seinem Dauerbestseller „Wie man Freunde gewinnt" erkannt, dass der Name für jeden Menschen eines der schönsten und wichtigsten Worte ist. Der **Name** ist eine Kontaktbrücke, die Sie im weiteren Gesprächsverlauf nur nutzen können, wenn Sie ihn genau verstanden haben. Scheuen Sie sich nicht nachzufragen, wenn Sie den Namen nicht genau verstanden haben.

Eine weitere Einstiegshilfe zum „Warming up" ist ein bisschen **Smalltalk** (vgl. S. 147). Knüpfen Sie an frühere Begegnungen an oder sprechen Sie Themen an, von denen Sie annehmen, dass sie Ihren Gesprächspartner interessieren. Der beste Weg, den Partner für uns zu interessieren, besteht darin, dass wir uns für ihn interessieren. Zeigen Sie, wenn Ihr Gesprächspartner auf Ihr Smalltalkangebot eingeht, dass Sie **zuhören** können. Damit vermitteln Sie ihm schon in der Eröffnungsphase den Eindruck, dass Sie sich für sein Anliegen Zeit nehmen.

Die bisher genannten Einstiegsaktivitäten laufen auf der Beziehungsebene ab. Sie sind erforderlich, um den Kontakt zu Ihrem Gesprächspartner herzustellen und um eine angenehme Gesprächsatmosphäre aufzubauen. Erst danach wendet sich das Gespräch der Sachebene zu. Der **Gesprächsanlass** wird genannt und **das weitere Vorgehen** vorgeschlagen und vereinbart. Die zeitlichen Bedingungen werden abgestimmt. Das Gesamtthema wird ggf. untergliedert und eine Behandlungsreihenfolge festgelegt.

Fallen Sie nicht mit der Türe ins Haus. Die Beziehungsebene ist wichtiger als die Sachebene. Harmonie auf der emotionalen Ebene ist Voraussetzung, um auf der Sachebene zum Erfolg zu gelangen.

2.2.2 Kerngespräch

Der Übergang von der Eröffnungsphase zum Kerngespräch ist fließend. In der Kernphase wird das Sachthema besprochen. Hier geht es darum, die Wünsche der anderen Seite kennen zu lernen. Die beiden Parteien tauschen Angebote und Forderungen (Argumente und Einwendungen) aus. Die jeweiligen Standpunkte werden geklärt; bei Konfliktgesprächen wird nach Einigungsmöglichkeiten gesucht.

Bauen Sie ein gesprächsförderndes Klima auf: Schon in der Eröffnungsphase haben Sie Ihrem Gesprächspartner gezeigt, dass Ihnen die Person wichtiger ist als die Sache. Dies gilt auch in der Kernphase. Durch folgende Regeln fördern Sie ein positives Gesprächsklima.

Zeigen Sie dem Gesprächspartner Ihre **Wertschätzung.** Wertschätzung beschreibt die positive Zuwendung zum Gesprächspartner und ist eine wesentliche Voraussetzung für eine konstruktive und partnerschaftliche Gesprächsführung. Sie zeigt Ihr Bemühen, sich in den anderen einzufühlen und ihn zu verstehen. Achten und akzeptieren Sie Ihren Gesprächspartner als Menschen, dessen Meinungen und Verhaltensweisen oftmals von Ihren eigenen abweichen. Das bedeutet nicht, dass Sie dem Partner in allen Punkten zustimmen müssen. Entscheidend ist vielmehr, dass Sie dem anderen abweichende Meinungen nicht übel nehmen, sondern versuchen, seinen Standpunkt, seine Motive und Bedürfnisse nachzuvollziehen. Suchen Sie mit ihm gemeinsam nach Lösungen, die für beide Seiten annehmbar sind.

Ein weiteres entscheidendes Kriterium für ein gutes Gesprächsklima ist die **Glaubwürdigkeit**. Glaubwürdigkeit entsteht aus Erfahrung. Wer von einer Person weiß, dass sie die früheren Verpflichtungen immer eingehalten hat, vertraut darauf, dass dies auch in Zukunft geschieht. Glaubwürdigkeit ist so gesehen immer ein Vertrauensvorschuss. Zur Glaubwürdigkeit tragen bei:

- Ehrlichkeit: Die Kommunikation mit Ihrem Gesprächspartner wird nur dann erfolgreich verlaufen, wenn Sie mit diesem ehrlich umgehen.
- Offenheit: Offener Umgang mit den verfügbaren Informationen. Lassen Sie Ihren Gesprächspartner am eigenen Wissens- und Erfahrungsstand teilhaben.
- Sachkompetenz: Überzeugen Sie fachlich. Blocken Sie Einwände des Partners nicht ab, sondern setzen Sie sich mit diesen sachlich auseinander. Geben Sie angelesenes Wissen nie als erlebtes Wissen aus. Geben Sie auch einmal zu, wenn Sie etwas nicht wissen.
- Ich-Botschaften: Kommunizieren Sie mit Ich-Botschaften (vgl. S. 57).

Ähnlich wichtig wie die Verwendung des Namens sind auch die **nonverbalen Signale**. Halten Sie Blickkontakt und wenden Sie sich Ihrem Partner zu. Achten Sie darauf, die Distanzzonen einzuhalten. Gewinnen Sie die Sympathie Ihres Partners, indem Sie Sympathie signalisieren (vgl. S. 259).

Setzen Sie Gesprächstechniken ein: Gesprächstechniken sind Hilfsmittel der Gesprächsführung, die je nach Strategie und Taktik angewandt werden. Die wichtigsten Gesprächstechniken wurden schon in Kapitel B1 besprochen. Durch den Einsatz der verschiedenen Gesprächstechniken können Sie den Verlauf und die Atmosphäre eines Gespräches beeinflussen.

Es hängt vom Gesprächsinhalt und Gesprächspartner ab, wie Sie taktisch vorgehen und welche der folgenden Gesprächstechniken Sie einsetzen.

- **Fragetechnik** (vgl. S. 20)
  - Beginnen Sie nicht sofort mit Vorschlägen oder Ihrer Argumentation. Versuchen Sie zunächst durch Fragen, die Situation, die Einstellung oder das Anliegen Ihres Partners kennen zu lernen.
  - Je mehr Sie fragen, desto mehr erfahren Sie.
  - Bereiten Sie Fragen zu den schon bekannten bzw. erwarteten Gesprächspunkten vor.
- **Aktiv zuhören** (vgl. S. 28)
  - Zeigen Sie Ihre Zuhörbereitschaft.
  - Versuchen Sie zu verstehen, was die andere Seite meint.

Wer fragt, der führt

- Lassen Sie Ihren Partner ausreden.
- Lassen Sie den Partner zu Wort kommen, damit sich keine unterdrückten Gefühle aufspeichern!

- **Überzeugend argumentieren** (vgl. S. 41)
  - Legen Sie eine Argumentenliste an
  - Begründen Sie Ihre Vorschläge mit überzeugenden Argumenten.
  - Stellen Sie diejenigen Argumente in den Vordergrund, die den jeweiligen Partner interessieren.
  - Überlegen Sie sich rechtzeitig, wie das Gespräch voraussichtlich abläuft, und teilen Sie sich Ihre Argumente richtig ein.
  - Zeigen Sie, dass Sie Ihre Argumente beherrschen. (Nicht zuviel ablesen.)
  - Nehmen Sie die Argumente Ihrer Gesprächspartner ernst (z. B. auch dadurch, dass Sie sich Notizen machen, während die anderen sprechen).
- **Mit Einwendungen richtig umgehen** (vgl. S. 34)
  - Liste möglicher Einwendungen vorbereiten.
  - Einwendungen (und Argumente) des Partners nicht abwerten.
  - Nicht widersprechen, sondern antworten (Ja, aber...).

Auch die Beachtung der folgenden „Spielregeln" trägt zu einer erfolgreichen Gesprächsführung bei:

- Lassen Sie Ihren Partner sein Gesicht wahren (z. B. dadurch, dass er das gewünschte Ergebnis selbst findet).
- Diskutieren und argumentieren Sie immer nur zu einem Punkt.
- Verhindern Sie, dass einmal abgeschlossene Punkte nochmals aufgegriffen werden (z. B. durch Visualisierung).
- Formulieren Sie von Zeit zu Zeit Zwischenergebnisse, damit die andere Seite erkennt, dass schon etwas erreicht wurde.
- Lassen Sie den Partner sprechen; halten Sie eigene Beiträge kurz.
- Verhalten Sie sich nicht rechthaberisch.
- Räumen Sie unhaltbare Positionen.
- Korrigieren Sie einen Irrtum des Partners nur, wenn es für den Gesprächsfortgang erforderlich ist.
- Geben Sie auch mal einen eigenen Irrtum zu.

Gliedern Sie den Gesprächsablauf: Für die Eröffnungs- und Abschlussphase eines Gesprächs gibt es relativ genaue Strukturen. Dagegen muss die Kernphase weitgehend situationsabhängig gestaltet werden. Auch wenn jedes Gespräch anders läuft, sollten Sie darauf achten, dass Sie eine gewisse Struktur einhalten. Insbesondere bei Gesprächen mit unbekannten Partnern, in denen schwierige Themen und kontroverse Interessen diskutiert werden, können Sie wie folgt strukturieren:

- **Gesprächsziel** formulieren oder verdeutlichen
  - Interesse für das eigene Anliegen wecken
  - Nutzen für alle Beteiligten herausstellen
  - Ggf. Einigung über eine gemeinsame Zielsetzung („Die Kuh muss heute vom Eis")
- **Informationsphase**
  - Aussprache eröffnen und Ausgangssituation darlegen
  - Besprechungsgegenstand ggf. abgrenzen
  - Konsens über eine gemeinsame Ausgangsbasis herstellen
  - Einheitlichen Informationsstand aller Beteiligten sicherstellen
  - Informationsaustausch
  - Wünsche und Anliegen des Partners kennen lernen
  - Eigene Interessen darstellen
  - Situationseinschätzung (Gemeinsamkeiten/Unterschiede)
- **Verhandlungsphase**
  - Argumente austauschen und diskutieren
  - Entwickeln und sammeln von Lösungsalternativen
  - Bewertungskriterien entwickeln
  - Lösungsalternativen (gemeinsam) bewerten
  - Entscheid für die zu realisierende Alternative
  - Wege zur Ausführung erarbeiten

2.2.3 Gesprächsabschluss

Das im Gespräch erreichte Ergebnis muss gesichert und verstärkt werden. Das gilt auch dann, wenn nur Teilerfolge erzielt wurden. Die Teilnehmer sollen das Gespräch mit dem Eindruck verlassen, dass brauchbare Arbeit geleistet wurde. Deshalb darf sich der Abschluss nicht nur auf die nüchterne Feststellung der Ergebnisse beschränken, sondern er sollte möglichst nochmals die Vorteile für alle Beteiligten und die vorhandenen Gemeinsamkeiten betonen. Ein positives Gesprächsklima in der Abschlussphase ist für die weitere Zusammenarbeit besonders wichtig. Auf der emotionalen Seite ist zu beachten, dass das Gesprächsklima auch für künftige Gespräche maßgebend ist. Deshalb sollte der Gesprächsabschluss in einer angenehmen und positiven Atmosphäre erfolgen. Inhaltlich umfasst die Abschlussphase die Ergebnissicherung, einen Ausblick in die Zukunft und die Verabschiedung.

Ein positiver Abschluss ist die beste Basis für künftige Beziehungen.

Folgende Regeln sind zu beachten:

- Fassen Sie am Schluss die wichtigsten Teilergebnisse nochmals zusammen.
- Stellen Sie das Gesamtergebnis heraus. Betonen Sie dabei besonders die getroffenen Vereinbarungen.
- Betonen Sie die Gemeinsamkeiten während des Gespräches und nicht mehr das Trennende.
- Sichern Sie die erzielten Ergebnisse (je nach Situation durch Aktennotiz, Protokoll, Vertrag oder Maßnahmenplan).
- Vereinbaren Sie die weitere Vorgehensweise (Maßnahmeplan).
- Beenden Sie das Gespräch mit einem Dank für die Mitarbeit und Kompromissbereitschaft.

2.2.4 Gesprächsauswertung

In der Nachbereitungsphase wird der Gesprächsverlauf analysiert, um Fehlverhalten zu erkennen und künftig zu vermeiden. Eine vollständige Gesprächsauswertung umfasst die sachliche und die persönliche Analyse.

Die **sachliche Analyse** befasst sich mit dem Gesprächsergebnis und den sich daraus ergebenden Folgerungen für die Zukunft.

- Auswertung von Gesprächsnotizen
- Was ergibt sich daraus für das künftige Vorgehen?
- Welche Maßnahmen (Folgehandlungen) muss ich veranlassen?
- Ausführungsregelungen festlegen
- Ausführungskontrolle regeln
- Künftige Termine vereinbaren.

Die **persönliche Analyse** befasst sich mit dem Gesprächsklima sowie dem Verhalten und den Bedürfnissen des Gesprächspartners.

Die persönliche Analyse liefert wichtige Hinweise für die Vorbereitung künftiger Gespräche. Folgende Fragen helfen dabei:

- Welche Gesprächsziele habe ich erreicht?
- Wie habe ich mich im Gespräch verhalten?
- Habe ich dem Partner Wertschätzung entgegengebracht?
- Habe ich seine Bedürfnisse beachtet?
- Was habe ich falsch gemacht?
- Habe ich den Partner ausreden lassen?
- Habe ich dem Partner richtig zugehört?
- Wie war das Gesprächsklima?
- Welchen Beitrag habe ich zur Entstehung eines positiven Gesprächsklimas geleistet?
- Welches Bild hat der Partner von mir gewinnen können?
- Welchen Eindruck (welche neuen Erkenntnisse) habe ich von meinem Gesprächspartner?
- Was sollte ich bei künftigen Gesprächen mit diesem Partner beachten?
- Habe ich mich richtig verhalten? Was sollte ich beim nächsten Mal ändern?

2.3 Ausgewählte Gesprächssituationen

Mit dem **Mitarbeitergespräch** und dem **Vorstellungsgespräch** wurden zwei Anwendungsbeispiele ausgewählt, die in der täglichen Praxis besonders häufig vorkommen. Beide Gespräche werden aus der Sicht des Unternehmens dargestellt. Dennoch profitieren Sie auch als Mitarbeiter oder Bewerber von der Lektüre der nachfolgenden Ausführungen, denn Sie wissen was auf Sie zukommen kann, und können sich entsprechend vorbereiten.

2.3.1 Mitarbeitergespräche

Zum Mitarbeitergespräch zählen alle Gespräche zwischen Vorgesetzten und nachgeordneten Mitarbeitern, die über kurze Wortwechsel in der routinemäßigen Alltagskommunikation hinausgehen. Mitarbeitergespräche sind in der Regel Vier-Augen-Gespräche; nur in Einzelfällen kommt es vor, dass eine weitere Person hinzugezogen wird (z. B. ein höherer Vorgesetzter oder ein Betriebsratmitglied). Die Mitarbeiter erwarten, dass der Vorgesetzte mit ihnen über Ihre Ziele, Aufgaben, Leistungen, Stärken und Schwächen spricht.

> Das Mitarbeitergespräch ist das wichtigste Instrument der Mitarbeiterführung. Es dient der Verbesserung des Vorgesetzten-Mitarbeiter-Verhältnisses und erleichtert die Zusammenarbeit.

Die besondere Gesprächssituation im Mitarbeitergespräch: Neben den allgemeinen Regeln der Gesprächsführung müssen im Mitarbeitergespräch wegen der besonderen Vorgesetzten-Mitarbeiter-Situation einige zusätzliche Aspekte beachtet werden. Sowohl beim Vorgesetzten als auch beim Mitarbeiter kommt immer das Wissen um die bestehenden Rangunterschiede hinzu. Daran ändert auch das zunehmende Bemühen vieler Vorgesetzter um einen partnerschaftlichen Führungsstil nichts. Beiden Partnern ist immer bewusst, dass letztendlich der Vorgesetzte aufgrund der Machtverteilung Entscheidungen treffen kann, die der Mitarbeiter akzeptieren muss. Das kann im Mitarbeitergespräch zu negativen Auswirkungen führen:

- Die Mitarbeiter haben möglicherweise Hemmungen, alle Gedanken offen auszusprechen.
- Manche Mitarbeiter schweigen, wenn sie abweichende Auffassungen haben, um nicht widersprechen zu müssen, oder formulieren ihre Beiträge insgesamt vorsichtiger.
- Das Gespräch hat nur Alibifunktion, da der Vorgesetzte seine Entscheidung bereits getroffen hat.
- Die Vorgesetzten halten Monologe und lassen es erst gar nicht zu einem echten Meinungsaustausch kommen.
- Die Mitarbeiter werden durch suggestive Formulierungen veranlasst, die Meinung des Vorgesetzten zu übernehmen.

Auch wenn die Initiative für ein Mitarbeitergespräch von beiden Seiten ausgehen kann, so trägt der Vorgesetzte die Verantwortung für eine erfolgreiche Gesprächsführung. Dies bedeutet:

- Nehmen Sie sich Zeit für die Anliegen Ihrer Mitarbeiter. Bringen Sie im Gespräch die notwendige Geduld auf, um den Mitarbeiter ausreichend zu Wort kommen zu lassen.

Soziale Kommunikation

- Unterstützen Sie Ihre Mitarbeiter, wenn diese ihr Anliegen vortragen, z. B. durch aktives Zuhören oder den Einsatz von Fragetechniken.
- Greifen Sie die Vorschläge, Bedenken und Sichtweisen Ihrer Mitarbeiter auf und setzen Sie sich mit diesen auseinander.
- Beenden Sie kein Gespräch ohne Ergebnis. Treffen Sie mit Ihren Mitarbeitern Vereinbarungen und achten Sie auf deren Umsetzung.

Kein Mitarbeitergespräch ohne Vorbereitung: Nur wenige Mitarbeitergespräche müssen aus der Situation heraus spontan geführt werden. Die meisten Gespräche können geplant und vorbereitet werden. Die bei den allgemeinen Ausführungen zur Gesprächsführung dargestellten Regeln sind sinngemäß anzuwenden.

Die Gesprächsdauer hängt vom jeweiligen Anlass und den beteiligten Personen ab; einen Richtwert gibt es nicht. Bei der Zeitplanung sollte der Vorgesetzte berücksichtigen, dass auch der Mitarbeiter über bestimmte Themen sprechen möchte. Termin und Ort sollten so gewählt werden, dass das Gespräch in Ruhe und ohne Unterbrechungen geführt werden kann.

Ein faires Mitarbeitergespräch wird nur möglich sein, wenn beide Partner Gelegenheit hatten, sich vorzubereiten. Deshalb sollte der Vorgesetzte auch den Mitarbeiter veranlassen, sich rechtzeitig Gedanken über seine Ziele zu machen.

> Nutzen Sie als Mitarbeiter die Gelegenheit zur Vorbereitung. Bringen Sie alle Themen ins Gespräch ein, über die Sie sprechen möchten. Weisen Sie am Gesprächsanfang darauf hin, dass Sie über die vom Vorgesetzten vorgeschlagenen Inhalte hinaus eigene Anliegen besprechen möchten.

Die Verantwortung für den Gesprächsablauf liegt beim Vorgesetzten: Vom Vorgesetzten wird erwartet, dass er aufgrund seiner Erfahrung die grundlegenden Regeln der Gesprächsführung kennt und einhält. Ein Mitarbeitergespräch darf nicht zum einseitigen Monolog werden; nur wenn auch der Mitarbeiter ausreichend zu Wort kommt, wird ein für beide Seiten sichtbarer Gesprächserfolg erreicht. Vom Vorgesetzten hängt es letztlich ab, ob er nicht nur zu, sondern mit seinen Mitarbeitern spricht.

Es hat sich bewährt, am Beginn des Gesprächs festzulegen, wie viel Zeit etwa zur Verfügung steht und welche Punkte besprochen werden sollen. Die folgenden Tipps und Regeln berücksichtigen vor allem die besondere Vorgesetzten-Mitarbeiter-Situation im Mitarbeitergespräch:

- Wenn immer möglich, sollte ein Mitarbeitergespräch unter vier Augen geführt werden.
- Geben Sie dem Mitarbeiter Gelegenheit, eigene Lösungsvorschläge zu formulieren.
- Gehen Sie offen und ohne vorgefasste Meinung in das Gespräch; reagieren Sie flexibel je nach Gesprächsverlauf und urteilen Sie nicht vorschnell.
- Sprechen Sie Negatives (z. B. im Kritikgespräch) zwar deutlich, aber ohne persönlichen Vorwurf aus.
- Scheuen Sie sich bei Fehleinschätzung einer Situation (z. B. im Beurteilungsgespräch) nicht, auch einmal einen eigenen Irrtum zuzugeben oder ein Urteil zu revidieren.
- Der Ton macht die Musik. Formulieren Sie sachlich und werden

Sie nicht persönlich. Führen Sie das Gespräch nicht „zu kurz angebunden“ oder in gereiztem Ton. Überprüfen Sie, ob Sie Ihre eigenen Formulierungen auch dem Gesprächspartner gestatten würden.

- Halten Sie die eigene Meinung zunächst zurück und lassen Sie erst den Mitarbeiter sprechen. Fordern Sie schüchterne Mitarbeiter ausdrücklich auf, sich zu äußern.
- Gehen Sie auf die Ausführungen des Mitarbeiters ein. Nehmen Sie aber nicht zu früh Stellung, um den Mitarbeiter nicht zu beeinflussen.
- Urteilen Sie nicht vorschnell, sondern überprüfen Sie ggf. nochmals die Fakten. Zeigen Sie dem Mitarbeiter, dass Sie sich mit dem Anliegen befassen, indem Sie einen weiteren Gesprächstermin vereinbaren.
- Gehen Sie auf Beiträge des Mitarbeiters, die über das eigentliche Thema hinausführen, zwar ein, aber versuchen Sie trotzdem, zum vorgesehenen Gesprächsinhalt zurückzuführen.
- Denken Sie daran, dass besonders Informationen auf der Beziehungsebene nonverbal kommuniziert werden. Achten Sie im Gespräch auf Ihr eigenes nonverbales Verhalten, aber auch auf das Ihres Gesprächspartners.
- Missverständnisse haben viele Ursachen: Eine unterschiedliche Sprache, ungleiche Vorerfahrungen, gedankliche Abwesenheit im Gespräch. Seien Sie dafür sensibel und klären Sie Missverständnisse möglichst rasch auf.
- Behandeln Sie die Gesprächsinhalte vertraulich. Dies gilt besonders, wenn der Mitarbeiter Ihnen Persönliches anvertraut hat.
- Haben Sie Mut, ein Gespräch abzubrechen, wenn alle wesentlichen Argumente ausgetauscht sind und keine Weiterentwicklung in der Sache zu erwarten ist.
- Sorgen Sie für einen Gesprächsabschluss in gutem Einvernehmen (schließlich müssen Sie ja mit diesem Mitarbeiter weiter zusammenarbeiten). Vorher bestehende Missverständnisse sollten durch das Gespräch ausgeräumt sein.

Genügend Spielraum durch halbstrukturierte Gespräche: Für Mitarbeitergespräche kann es kein starres, jederzeit gültiges Ablaufschema geben. Jedes Gespräch muss unter Beachtung der jeweiligen Situation sowie der individuellen Eigenarten der beteiligten Personen geführt werden. Der nachfolgende Gesprächsleitfaden kann bei vielen Mitarbeitergesprächen eingesetzt werden. Er kann zwar nicht die inhaltliche Argumentation abnehmen, aber er trägt dazu bei, das Gespräch zu strukturieren, wesentliche Gesprächsteile nicht zu vergessen und das Gesprächsziel nicht aus den Augen zu verlieren. Darüber hinaus lässt er genügend Spielraum für unerwartete Richtungsänderungen im Gespräch.

Leitfaden für Mitarbeitergespräche

Einleitung
- Gehen Sie auf den Mitarbeiter zu, begrüßen Sie ihn und danken Sie ihm für sein Kommen.
- Setzen Sie sich mit ihm an einen geeigneten Tisch und unterstreichen Sie so die Bedeutung des Gesprächs.
- Überprüfen Sie, ob der Mitarbeiter „gedanklich anwesend" ist.
- Stellen Sie einen persönlichen Kontakt her und tragen Sie so zu einem positiven und offenen Gesprächsklima bei.

Darstellung des Gesprächsanlasses
- Umreißen Sie den Gesprächsanlass und die Gesprächsziele.
- Stellen Sie dar, wie Sie sich den Gesprächsablauf vorstellen.
- Nennen Sie den Zeitrahmen.

Die Sichtweise des Mitarbeiters
- Idealerweise haben Sie den Mitarbeiter bei der Vereinbarung des Gesprächstermins veranlasst, sich selbst vorzubereiten.
- An dieser Stelle geben Sie ihm zunächst Gelegenheit, seine Sichtweise darzustellen.
- Unterbrechen Sie ihn in diesem Gesprächsabschnitt nicht, sondern machen Sie sich Notizen zu Punkten, auf die Sie später eingehen wollen.

Ihre eigene Sichtweise
- Fragen Sie nach, wenn Sie etwas nicht verstanden haben.
- Stellen Sie nun Ihre eigene Meinung dar, indem Sie seine Ausführungen bestätigen, korrigieren oder weiterführen.

Wenn nötig Frustrationen abbauen
- Geben Sie dem Mitarbeiter Gelegenheit, seinen Gefühlen unumwunden Luft zu machen.
- Achten Sie an dieser Stelle nicht auf Sachlichkeit, sondern akzeptieren Sie die Emotionalität seiner Ausführungen.
- Kommentieren Sie diese Äußerungen nicht.

- Leiten Sie zum Kerngespräch über.

Das sachliche Kerngespräch

- Arbeiten Sie gemeinsam mit dem Mitarbeiter die Unterschiede in den einzelnen Sichtweisen heraus.
- Suchen Sie gemeinsam nach Ursachen für diese unterschiedliche Betrachtungsweise.
- Suchen Sie nach Lösungen, die für beide Gesprächspartner akzeptabel sind.
- Seien Sie offen für die Sichtweise des Mitarbeiters und versuchen Sie, diese nachzuvollziehen.
- Reden Sie nicht um den „heißen Brei" herum, sondern bringen Sie Ihre eigene Meinung deutlich zum Ausdruck und beziehen Sie Stellung.
- Seien Sie so flexibel, Ihre eigene Meinung zu ändern, wenn sich im Gespräch entsprechende Aspekte ergeben.
- Fassen Sie zusammen und sichern Sie Zwischenergebnisse.
- Behalten Sie das Gesprächsziel vor Augen.

Abschluss des Gesprächs

- Fassen Sie alle wichtigen Punkte noch einmal kurz zusammen.
- Vereinbaren Sie Ergebnisse und halten Sie diese schriftlich fest (Wer macht was bis wann?).
- Zeigen Sie noch einmal die Differenzen und die vereinbarten Kompromisse auf.
- Beschließen Sie das Gespräch mit einem Dank und einer freundlichen Verabschiedung.

2.3.2 Vorstellungsgespräch

Beim Vorstellungsgespräch geht es darum zu erkennen, ob ein Bewerber für eine bestimmte Position geeignet ist. Neben einer Vielzahl von Auswahlmethoden (Analyse der Bewerbungsunterlagen, biographischer Fragebogen, Testverfahren usw.) spielt das persönliche Gespräch eine zentrale Rolle bei der Auswahl neuer Mitarbeiter. In vielen Unternehmen ist das Vorstellungsgespräch auch heute noch das einzige Instrument, um eine Auswahlentscheidung zu treffen. Werden umfassende Auswahlverfahren (z. B. ein Assessment Center) durchgeführt, so sollte mindestens ein persönliches Gespräch Bestandteil des Verfahrens sein.

Worum geht es im Vorstellungsgespräch? Basis im Vorstellungsgespräch ist das Anforderungsprofil der zu besetzenden Stelle. Im Gespräch gilt es festzustellen, ob und in welchem Umfang die Bewerber über die im Anforderungsprofil definierten Fähigkeiten verfügen. Bei fachlichen Fähigkeiten ist dies relativ einfach; sie sind in Ausbildungs- und Arbeitszeugnissen dokumentiert. Dagegen lassen sich die überfachlichen Qualifikationen (Schlüsselqualifikationen), wie z. B. Teamfähigkeit, Zielstrebigkeit, kommunikative Fähigkeiten oder eigenverantwortliches Handeln mit Hilfe der schriftlichen Bewerbungsunterlagen kaum zuverlässig beurteilen. Je mehr überfachliche Qualifikationen im Anforderungsprofil enthalten sind, umso wichtiger wird eine Überprüfung im persönlichen Gespräch. Dabei gilt es, soviel Praxisbezug wie möglich in das Gespräch einzubringen. Dies erreichen Sie über die so genannte situative Gesprächsführung.

Situative Gesprächsführung: Situative Gesprächsführung bedeutet im Vorstellungsgespräch, die Bewerber mit möglichst vielen, praxisnahen Situationen zu konfrontieren. Themen im Rahmen dieser situativen Gesprächsführung sind zunächst real existierende Erfahrungen des Bewerbers. Dahinter steht der Gedanke, dass ein Bewerber nur über Dinge umfassend und überzeugend Auskunft geben kann, die er tatsächlich selbst erlebt hat. Wer dagegen über etwas detailliert Auskunft geben soll, das er nur vom Hörensagen kennt, gerät schnell ins Stocken und wirkt unglaubwürdig.

> Geben Sie sich nicht mit oberflächlichen Antworten des Bewerbers zufrieden, sondern haken Sie nach, um auch die Details seiner Erfahrungen zu erfahren.

Beispiel: Interviewer: *„Wie beurteilen Sie sich in Bezug auf eigenverantwortliches Denken und Handeln?“*
Bewerber: *„Das kann ich besonders gut.“*
Interviewer: *„Warum? Beschreiben Sie doch bitte einmal eine Situation, in der Sie eigenverantwortlich denken und handeln mussten.“*
Bewerber: *„Als Studenten haben wir in regelmäßigen Abständen einen Informationstag für Unternehmer veranstaltet. Wenn sich da nicht jeder für seinen Bereich verantwortlich gezeigt hätte, wäre die Veranstaltung nie zustande gekommen.“*

Unerfahrene Interviewer geben sich mit diesen Antworten oft schon zufrieden. Tatsächlich haben Sie zu diesem Zeitpunkt aber nur die persönliche Einschätzung des Bewerbers erfahren. Fragen Sie also weiter, werden Sie detaillierter!

Beispiel (Fortsetzung):
Interviewer: *„Welche konkreten Aufgaben hatten Sie bei dieser Veranstaltung übernommen?"*
Bewerber: *„Ich war für das Sponsoring verantwortlich."*
Interviewer: *„Wie sind Sie vorgegangen, um Sponsoren zu gewinnen?"*
Weitere Fragen könnten lauten:
„Welches Ihrer Gespräche mit einem potentiellen Sponsor war besonders erfolgreich?"
„Gab es Gespräche, bei denen Sie Ihre Gesprächspartner nicht vom Sponsoring überzeugen konnten?"
„Warum haben sich Ihre Gesprächspartner dagegen entschieden?"

Eine situative Gesprächsführung erreichen Sie auch durch fiktive Situationen. Sie konfrontieren die Bewerber mit bekannten, ggf. kritischen Situationen des künftigen Arbeitsplatzes und erhalten so einen Eindruck, wie diese mit den entsprechenden Situationen umgehen würden.

Gesprächsleitfaden als Orientierungshilfe: Jede Position und jeder Bewerber sind anders, weshalb auch jedes Vorstellungsgespräch anders verlaufen wird. Der nachfolgende Leitfaden kann lediglich als Anregung für den Gesprächsablauf dienen; er kann in dieser Form auch gleichzeitig als Protokoll benutzt werden. Überlegen Sie jedoch vorab

- wie Sie im Vorstellungsgespräch wichtige Punkte des Anforderungsprofils klären werden (z. B. Teamfähigkeit, PC-Kenntnisse),
- welche Informationen Sie aus den Unterlagen des jeweiligen Bewerbers detaillierter erfragen wollen (z. B. welche Gründe bei anderen Arbeitgebern zur Kündigung geführt haben),
- welche Fragen trotz Bewerbungsunterlagen noch offen sind (z. B. Eintrittstermin, Gehaltsvorstellungen).

Leitfaden für Vorstellungsgespräche

Gesprächsbeginn

- Begrüßung des Bewerbers
- „Warming up": angenehme Atmosphäre schaffen (Fragen zur Anreise, etc.)
- sich selbst und alle anwesenden Gesprächspartner mit Namen und Funktion vorstellen

- den Ablauf des Gesprächs kurz skizzieren

Bisheriger Werdegang des Bewerbers
- den Bewerber zunächst seinen bisherigen Werdegang schildern lassen
- nervöse Bewerber zu diesem Zeitpunkt nur unterbrechen, wenn unbedingt erforderlich
- nachhaken, wenn etwas unklar ist bzw. wenn Sie den Grund für gewisse Entscheidungen wissen möchten oder genauere Informationen benötigen

Heutiges Aufgabengebiet
- Aufgaben und Kompetenzen
- typischer Tagesablauf
- welche Aufgaben werden gern und ungern erledigt
- kritische Situationen
- Grund für den angestrebten Wechsel

Zukünftiges Aufgabengebiet
- Erwartungen und Ziele
- worauf wird besonders viel Wert gelegt (Betriebsklima, Teamarbeit, gleitende Arbeitszeit, ...)
- welche Dinge werden abgelehnt

Situative Fragestellungen
- wichtige Aspekte des Anforderungsprofils hinterfragen
- real existierende Erfahrungen des Bewerbers einbeziehen
- fiktive Situationen zur Diskussion stellen

Fragen zum Unternehmen
- wie sind Sie auf unser Unternehmen und die ausgeschriebene Position aufmerksam geworden
- warum haben Sie sich bei uns beworben
- was wissen Sie über unser Unternehmen und unsere Produkte

Vorstellung des Unternehmens und der zu besetzenden Position
- Informieren Sie den Bewerber offen und ehrlich, damit auch er sich ein realistisches Bild von Ihrem Unternehmen machen kann. Dazu gehören:
- das Unternehmen und seine Marktposition
- Produktpalette/Dienstleistungen
- die zu besetzende Position (Aufgaben, Umfeld ...)
- vertragliche Fragen (Sozialleistungen, Arbeitszeiten usw.)

Offene Fragen des Bewerbers klären
- (Falls Sie Bewerber sind, dann nutzen Sie diesen Teil des Gesprächs, um alle Ihre vorbereiteten Fragen einzubringen).

Abschließende Formalitäten
- frühest möglicher Eintrittstermin
- derzeitiges Gehalt

- erwartetes Gehalt
- gesundheitliche Einschränkungen

Gesprächsabschluss

- dem Bewerber das weitere Verfahren erläutern
- Dank für das Gespräch aussprechen
- Verabschiedung

3. Besprechungen und Konferenzen

Dieses Kapitel umfasst alle Gruppengespräche, die auch als Besprechung, Konferenz, Sitzung, Meeting, Tagung, Zusammenkunft, Beratung oder Diskussion bezeichnet werden. Die Begriffe Besprechung und Konferenz werden in diesem Buch als Oberbegriffe verstanden. Eine Besprechung ist ein geleitetes Gruppengespräch, wobei der Besprechungsleiter von allen Teilnehmern anerkannt wird. Drei oder mehr Personen kommen zusammen und versuchen, durch Erfahrungs- und Meinungsaustausch gemeinsame Ziele zu erreichen. Der Erfahrungs- und Meinungsaustausch dient der Lösung von Fragestellungen, an denen alle Teilnehmer interessiert sind. (Im Gegensatz dazu versucht in einer Verhandlung jede Partei, ihre eigenen Interessen durchzusetzen.) Als Ergebnis einer Besprechung sollen gemeinsame Beschlüsse herbeigeführt werden, die von allen Teilnehmern getragen werden können.

Nach ihrem Inhalt werden Beratungs- und Lehrkonferenzen unterschieden. Bei der Mehrzahl der in der täglichen Betriebspraxis vorkommenden Besprechungen handelt es sich um **Beratungskonferenzen**, um die betriebliche Informations- und Entscheidungsfindung zu unterstützen. Ihre Ergebnisse haben unmittelbare Auswirkung auf das betriebliche Geschehen. Das gilt z. B. für Abteilungsbesprechungen, Betriebsratssitzungen, Vertretertagungen oder Sitzungen der Geschäftsleitung. Auch außerhalb des betrieblichen Geschehens dominiert die Beratungskonferenz, z. B. die Elternversammlung in der Schule oder die Vorstandssitzung im Verein. Die im Weiteren dargestellten Regeln gelten unabhängig von der jeweils gewählten Bezeichnung für alle vorkommenden Formen der Beratungskonferenz.

3.1 Nutzen oder Zeitverschwendung?

Wer ist nicht schon aus einer Besprechung gekommen und war unzufrieden? Gleichgültig, ob in Betrieben, Behörden oder Vereinen, es gibt kaum eine Organisation, in der nicht über zu lange, ineffektive, langweilige und damit frustrierende Besprechungen geklagt wird. Die weithin bekannte Feststellung von Werner Finck, der eine Besprechung als eine Sache bezeichnet hat, bei der viele hineingehen und nur wenig herauskommt, wird in der Praxis Tag für Tag erneut bewiesen.

In Betrieben verbringen Mitarbeiter aller Ebenen einen beträchtlichen Anteil ihrer Arbeitszeit in Besprechungen. Verschiedene Studien zeigen, dass Führungskräfte zwischen einem Drittel und der Hälfte ihrer Arbeitszeit dafür aufwenden. Die aufgewandten Arbeitsstunden, Energie und Kosten stehen oft in keinem befriedigenden Verhältnis zu den erreichten Ergebnissen. Diese Klagen werden auch laut, wenn an Stelle der traditionellen Bezeichnungen Besprechung oder Konferenz heute andere Begriffe treten, wie Workshop, Meeting, Teamsitzung oder Arbeitskreis. Die folgenden Gründe werden besonders häufig für das Scheitern von Besprechungen genannt:

- eine mangelhafte Vorbereitung,
- keine oder falsche Zeitplanung,
- zu viele oder falsch ausgewählte Teilnehmer,
- zu lange Monologe, Abweichungen vom Thema,
- unklare oder gar kein Ziele, mangelnde Ergebnisorientierung,
- Diskussionen über Nebensächlichkeiten,
- persönliche Profilierungsbestrebungen einzelner Teilnehmer,
- wenig Entscheidungsfreude der Teilnehmer,
- weitschweifige Ausführungen, verwirrende Sprache, unklare Gedanken,
- psychologische Probleme: Emotionen, Antipathien,
- äußere Störungen,
- falscher oder unqualifizierter Besprechungsleiter.

Diese Aufzählung ist nicht vollständig. Dennoch stellt sich schon hier die Frage, ob es nicht besser wäre, auf Besprechungen völlig zu verzichten. Schließlich werden durch jede Besprechung gleichzeitig mehrere Personen gebunden. Sind diese wirklich immer alle für den jeweiligen Besprechungspunkt erforderlich? Könnte nicht ein Teil der wenigen brauchbaren Ergebnisse auch ohne eine Besprechung durch einige Telefonate oder im Zweiergespräch erzielt werden?

Nutzen einer Besprechung: Das vorstehende Negativbild trifft nicht überall zu; viele Betriebe und Behörden setzen Besprechungen sehr erfolgreich ein. Es gibt eine Reihe von Argumenten, die den besonderen Nutzen einer Besprechung verdeutlichen:

- Die Erfahrungen und das Fachwissen mehrerer Personen können gleichzeitig genutzt werden;
- unterschiedliche Ansichten werden bei der Entscheidungsfindung berücksichtigt;
- bei gegensätzlichen Meinungen muss nach einem für alle tragbaren Kompromiss gesucht werden;
- das Verständnis für die Ansicht des anderen wird verbessert;
- neue Ideen werden durch die Argumente anderer Teilnehmer angeregt;
- voreilige Entschlüsse werden verhindert;
- durch den Synergieeffekt steigen die Chancen, optimale Ergebnisse zu finden;
- wer an der Entscheidungsfindung beteiligt ist, ist auch bereit, an ihrer Verwirklichung mitzuwirken.

Diese vielen Vorteile verdeutlichen, dass trotz aller Kritik viele Besprechungen notwendig sind. Es geht also nicht darum, auf Besprechungen völlig zu verzichten, sondern sie effizienter zu gestalten. Dafür stehen grundsätzlich zwei Wege zur Verfügung:

- Es würde bereits genügen, wenn der Leiter und die Teilnehmer von Besprechungen einige grundlegende Regeln der Konferenztechnik beherrschen. Arbeits- und Zeitersparnisse, zuverlässige Informationen, qualifizierte Entscheidungen, zufriedene Teilnehmer wären die Folge. Hinweise enthält dieses Kapitel.
- Der andere Weg besteht in einer Änderung der Methode. Die „traditionelle" Form der Besprechung mit einem hauptverantwortlichen Besprechungsleiter wird ersetzt durch die Moderationsmethode. An die Stelle des Besprechungsleiters im herkömmlichen Sinne tritt ein Moderator. Diese Variante wird im folgenden Kapitel ausführlich dargestellt (vgl. S. 121 ff.).

3.2 Besprechungsleiter und Besprechungsteilnehmer

Der Erfolg einer Besprechung wird in starkem Maße von den beteiligten Personen, also vom Besprechungsleiter und den Teilnehmern mitbestimmt. Besonders an die Qualifikation des Besprechungsleiters werden hohe Ansprüche gestellt. Er trägt die Verantwortung für die Vorbereitung und den Besprechungsablauf. Neben fachlichen Fertigkeiten und Kenntnissen werden ein hohes Maß an geistiger Beweglichkeit, Koordinationsfähigkeit und Selbstbeherrschung von ihm erwartet.

3.2.1 Aufgaben des Besprechungsleiters

Nicht immer kann der Besprechungsleiter frei gewählt werden. Soweit dies möglich ist, sollten nicht Rang und Namen, sondern ausschließlich seine Qualifikation maßgebend sein.

Die Leitung einer Besprechung ist eine umfassende und verantwortungsvolle Führungsaufgabe. Um einen optimalen Besprechungserfolg zu erreichen, muss es dem Besprechungsleiter gelingen, bei den Teilnehmern genügend Begeisterung für das Besprechungsziel zu wecken. Er muss dem Einzelnen einen ausreichend großen Entfaltungsspielraum einräumen, ohne das Gesamtziel aus dem Auge zu verlieren.

Der Besprechungsleiter hat folgende Aufgaben zu erfüllen:

- Vorbereitung der Besprechung.
- Eröffnung der Besprechung und Begrüßung der Teilnehmer.
- Klärung von Verfahrensfragen, wie z. B. Pausenregelungen oder Art der Wortmeldung.
- Darlegung des Konferenzthemas und Konferenzziels.
- Steuerung des Gruppenprozesses während der Konferenz.
- Erreichen des angestrebten Konferenzziels, indem er den „roten Faden“ nicht verliert und Teilnehmer bei Abweichungen vom Thema bremst, ohne sie zu frustrieren.
- Zusammenfassen und ordnen der Diskussionsbeiträge.
- Voraussetzungen schaffen, dass alle Teilnehmer im Verlauf einer Konferenz zu Wort kommen bzw. dass Dauerredner gebremst werden.
- Vermitteln bei Meinungsverschiedenheiten, Verhindern persönli-

cher Angriffe zwischen den Teilnehmern, Suche nach Gemeinsamkeiten.
- Feststellen und ggf. Festhalten der Konferenzergebnisse.
- Beendigung der Konferenz und Verabschiedung der Teilnehmer.

3.2.2 So können Sie als Teilnehmer zum Erfolg beitragen

Es wird auch Besprechungen geben, in denen Sie die Teilnehmerrolle einnehmen müssen. Auch dann können Sie viel zum Gelingen der Veranstaltung beitragen. Folgende Anforderungen werden an die Besprechungsteilnehmer gestellt:
- Positive Einstellung,
- gute Vorbereitung,
- Bereitschaft zum Zuhören,
- Beteiligung an der Diskussion,
- Bereitschaft, die gemeinsamen Beschlüsse mitzutragen und umzusetzen,
- Einhaltung der formalen Regeln und Spielregeln,
- Pünktlichkeit,
- keine Nebengespräche.

3.3 Vorbereitung einer Besprechung

Die Verantwortung für die Vorbereitung liegt beim Besprechungsleiter. Eine umfassende Vorbereitung erstreckt sich auf das Thema und die Besprechungsziele, die Teilnehmer, den Ort und die Zeit der Besprechung. Die einzelnen Vorbereitungsschritte, die hier nacheinander behandelt werden, laufen in der Praxis nebeneinanderher und beeinflussen sich gegenseitig.

3.3.1 Ist die Besprechung überhaupt notwendig?

Prüfen Sie vor dem Einstieg in die vorbereitenden Arbeiten, ob eine Besprechung überhaupt notwendig ist. Viele Besprechungen in der täglichen Praxis könnten unterbleiben, weil die anstehenden Fragen entweder allein oder im Zweiergespräch gelöst werden können oder bereits gelöst sind. Klären Sie deshalb anhand des Besprechungsziels, ob dieses wirklich nur durch die Besprechung erreicht werden kann. Alibi-Besprechungen sind kein Mittel, um jemanden zu motivieren. Die Besprechungsteilnehmer spüren schnell, ob sie echte Entscheidungen zu treffen haben, oder nur für eine Statistenrolle ausgewählt wurden. Überflüssige Besprechungen verursachen unnötige Kosten und sind darüber hinaus ein Anlass für den Aufbau von Gegensätzen und Spannungen unter den Teilnehmern. Mit Hilfe der folgenden Kontrollfragen kann vor der Einberufung einer Besprechung überprüft werden, ob diese wirklich erforderlich ist.

- Eignet sich die Problemstellung für die Behandlung in einer Besprechung?
- Kann die erforderliche Entscheidung nicht durch mich selbst oder andere Personen allein oder in einem Zweiergespräch getroffen werden?
- Gibt es Alternativen zur Abhaltung einer Besprechung?
- Ist die Gruppe für diese Fragestellung überhaupt zuständig?
- Eignet sich die Gruppengröße für eine Besprechung?
- Ist die Fragestellung nicht schon gelöst, z. B. durch Grundsatzentscheidungen?
- Besteht nicht Gefahr, dass das Problem durch die Besprechung verschleppt bzw. zusätzlich kompliziert wird?
- Können durch die Besprechung Konflikte entstehen?
- Was geschieht, wenn keine Besprechung stattfindet?

Wenn Sie zu dem Ergebnis kommen, dass eine Besprechung erforderlich ist, dann hängt es weitgehend von Ihnen ab, die Weichen durch eine gute Vorbereitung auf Erfolg zu stellen.

3.3.2 Inhaltliche Vorbereitung

Die inhaltliche Vorbereitung dient der Festlegung des Besprechungsthemas und Besprechungsziels. Das **Besprechungsthema** sollte bereits vor Beginn eindeutig feststehen. Andernfalls können sich weder der Besprechungsleiter noch die Teilnehmer gezielt vorbereiten. Folgende Fragen können bei der Festlegung des Besprechungsthemas helfen:

- Ist das Thema eindeutig formuliert?
- Wird die Formulierung von allen Teilnehmern verstanden?
- Lässt sich das Thema in einer begrenzten Zeit behandeln?
- Soll das Thema in Unterthemen zerlegt werden?
- Werden die Besprechungsteilnehmer durch das Thema auch angesprochen?

Sobald die Eignung eines Themas für die Behandlung auf einer Besprechung feststeht, muss das **Besprechungsziel** festgelegt werden. Jede Besprechung braucht eindeutige Ziele. Das Besprechungsziel gibt an, was auf der Besprechung erreicht werden soll. Es muss eindeutig formuliert sein, dann ist es auch kontrollierbar. Außerdem muss das Ziel realistisch sein, um das erforderliche Engagement zu bewirken.

Das Ziel wird vom Besprechungsleiter bei der Eröffnung genannt; nur wenn die Teilnehmer das Ziel kennen, kann sich die Diskussion daran orientieren. Je nach Zielrichtung werden folgende Besprechungstypen unterschieden:

- Das Ziel von **Informationsbesprechungen** ist es, Informationen und/oder Meinungen zu sammeln oder auszutauschen. Als Informationslieferanten kommen entweder der Besprechungsleiter, einzelne oder alle Teilnehmer in Frage.

  Beispiel: Der Marketingleiter berichtet (informiert) über seine Eindrücke auf der kürzlich besuchten Fachmesse.

- Durch eine **Problemlösungsbesprechung** sollen entweder bestehende Probleme gelöst oder zumindest Problemlösungen vorgeschlagen werden. Für den Besprechungsleiter geht es darum, das Gespräch zwischen Spezialisten in Gang zu bringen und ggf. Vorurteile und Verständigungsprobleme zu erkennen und überwinden zu helfen.

  Beispiel: Welche alternativen Maßnahmen sind zu ergreifen, um die hohe Fluktuationsrate zu senken?

- Besprechungen zum Zweck des **Interessenausgleichs (Schlichtungsbesprechungen)** haben die Aufgabe, bei Meinungsverschiedenheiten eine einheitliche Meinung herbeizuführen. In jedem Unternehmen gibt es Differenzen sachlicher und/oder persönlicher Art zwischen Personen, Gruppen oder Abteilungen.

  Beispiel: In der Produktion soll aus Kostengründen die Sortenzahl verringert werden, während der Verkauf nach einer Sortenausweitung verlangt.

- Das Ziel einer **Entscheidungsbesprechung** ist es, eine verbindliche Entscheidung über ein auf der Besprechung behandeltes Problem zu treffen. Dabei sind alle auf dieser und früheren Besprechungen vorgetragenen Informationen, Argumente, Erkenntnisse und Einwendungen zu berücksichtigen. Die getroffene Entscheidung sollte möglichst von allen Teilnehmern akzeptiert werden können.

Beispiel: Der Bau des neuen Außenlagers wird endgültig beschlossen; nach seiner Fertigstellung werden alle gemieteten Lager aufgegeben.

Folgende Kontrollfragen helfen bei der Festlegung des Besprechungsziels.

- Was soll das Ergebnis der Besprechung sein?
- Kann das Problem in Teilprobleme untergliedert werden?
- Was muss auf der Besprechung mindestens erreicht werden (Minimalziel)?
- Was kann auf der Besprechung erreicht werden (Maximalziel)?
- Sind Beschlüsse zu fassen?

Die **Stoffsammlung** dient der Vorbereitung des Konferenzleiters selbst. Sie soll ihn in die Lage versetzen, auch schwierige Konferenzsituationen überbrücken zu können. Durch die Stoffsammlung verschafft sich der Konferenzleiter das für die erfolgreiche Konferenzleitung erforderliche „Mehr an Wissen“ gegenüber den übrigen Konferenzteilnehmern. Folgende Einzelheiten sind zu berücksichtigen:

- Welche Unterlagen sind verfügbar?
- Worauf kommt es bei der Behandlung des Themas besonders an (Zielsetzung)?
- Welche alternativen Meinungen werden voraussichtlich in der Diskussion vertreten?
- Mit welchen Reaktionen der Teilnehmer ist voraussichtlich zu rechnen?
- Welche Argumente sprechen für und welche gegen bestimmte Auffassungen?
- Welche Einstellungen bringen die Teilnehmer zu diesem Thema mit?
- Welche zusätzlichen Fragen und Probleme können zur Sprache kommen?
- Welche Kenntnisse bringen die Teilnehmer mit?

3.3.3 Personelle Vorbereitung

Die personelle Vorbereitung verläuft zumeist parallel mit der thematischen Vorbereitung. Grundsätzlich sollten nur Teilnehmer eingeladen werden, die sich zum Thema sachkundig äußern können. Dieses Prinzip kann nicht immer aufrechterhalten werden, weil in vielen Fällen bestimmte Teilnehmer wegen ihrer Funktion oder Position eingeladen werden müssen. Es sollte auf jeden Fall darauf geachtet werden, dass durch die Anwesenheit bestimmter Personen nicht bei anderen Teilnehmern Hemmungen verursacht werden. Folgende Fragen können bei der Auswahl der Teilnehmer Hilfestellung leisten:

- Wer muss an der Besprechung teilnehmen?
- Wer sollte an der Besprechung teilnehmen? Fachliche Qualifikation sollte immer vor Rang und Namen gehen.
- Ist der Teilnehmerkreis einigermaßen homogen? Bei Teilnehmern mit zu unterschiedlichem Bildungsniveau besteht die Gefahr, dass es zu Verständigungsschwierigkeiten kommt.
- Sind besonders schwierige Teilnehmer dabei?
- Wie kann ich mich als Besprechungsleiter auf solche Teilnehmer einstellen?
- Müssen bestimmte Fragen in Einzelgesprächen vorweg geklärt werden?

3.3.4 Organisatorische Vorbereitung

Die organisatorische Vorbereitung bezieht sich auf den Besprechungsraum, die Sitzordnung und die allgemeinen Rahmenbedingungen sowie eine rechtzeitige Einladung der Teilnehmer unter Bekanntgabe der Tagesordnung.

Diese äußeren Gegebenheiten werden in ihrer Bedeutung vielfach unterschätzt, obwohl gerade hiervon wesentliche psychologische Wirkungen auf die Teilnehmer ausgehen können, durch welche die Einstellung für den gesamten weiteren Besprechungsverlauf mitbestimmt wird.

Zu den **Rahmenbedingungen** zählen bei einer größeren, vielleicht sogar mehrtägigen, außerbetrieblichen Zusammenkunft die Unterkunft, das Essen sowie das eventuelle Rahmenprogramm.

Auch bei kleineren Besprechungen erweist es sich als vorteilhaft, wenn im richtigen Augenblick eine Tasse Kaffee bereitsteht. Bei außerbetrieblichen Veranstaltungen, die an einem fremden Ort stattfinden, (z. B. Klausurtagungen im abgelegenen Kurort), kann eine gute Skizze für die Anreise die Stimmung schon wesentlich beeinflussen. Auch Hinweise auf kulturelle oder touristische Möglichkeiten (z. B. Prospekte) sind im Allgemeinen geschätzt.

3.3.5 Tagesordnung und Einladung

Den Abschluss der thematischen Vorbereitung bildet die Erstellung einer Tagesordnung, die alle Themen bzw. Unterthemen in genauer Formulierung enthält. Eine ausreichende Vorbereitung der Besprechungsteilnehmer kann nur erwartet werden, wenn diese rechtzeitig über die zu behandelnden Themen informiert werden. „Rechtzeitig" kann bei kleineren Besprechungen zwei Tage bedeuten (diese sollten nicht unterschritten werden), bei größeren externen Tagungen sind mehrere Wochen erforderlich.

Achten Sie bei der Gestaltung der Tagesordnung darauf, dass diese aussagekräftig genug ist; die einzelnen Punkte müssen so formuliert werden, dass die Teilnehmer das jeweilige Problem erkennen können.

Beispiele:

- Die Formulierung „Arbeitszeitregelung" lässt viele Auslegungen zu, während „Beschluss über die Einführung der gleitenden Arbeitszeit ab ... deutlich aussagt, worum es geht.
- Auch der Tagesordnungspunkt „Vertrieb" ist vieldeutig, während mit „Maßnahmen gegen den Umsatzrückgang im Auslandsvertrieb" den Teilnehmern ein klarer Hinweis für die Vorbereitung gegeben wird.

Jedes Thema sollte durch einen eigenen Tagesordnungspunkt berücksichtigt werden. Die heißen Eisen dürfen nicht im Punkt „Verschiedenes" versteckt werden. Wer Wert auf eine exakte Zeitdisposition legt, sollte auf den Tagesordnungspunkt „Verschiedenes" völlig verzichten. Wenn sich zwischen der Herausgabe der Tagesordnung und dem Besprechungstermin wirklich noch etwas Bedeutendes ereignet, das auf der Besprechung behandelt werden muss, dann kann mit Zustimmung der Teilnehmer immer noch ein zusätzlicher Tagesordnungspunkt – evtl. unter Wegfall eines anderen Punktes – aufgenommen werden.

3.4 Durchführung einer Besprechung

Die Verantwortung für den Besprechungsablauf liegt beim Besprechungsleiter. Dieser hat eine geordnete Abwicklung in doppelter Weise sicherzustellen:

- Inhaltlich hat der Besprechungsleiter dafür zu sorgen, dass das Besprechungsziel erreicht wird. Er steuert den Gruppenprozess und führt durch eine zweckmäßige Gliederung, durch die eigentliche Diskussion, durch die Vermittlung von Denkanstößen und durch Zusammenfassungen an geeigneten Stellen die notwendige **innere Ordnung** herbei. Bei der Erfüllung dieser Aufgabe hängt es weitgehend vom Geschick des Besprechungsleiters ab, inwieweit er die Leistungsvorteile der Gruppe nutzen kann.
- Um die inhaltliche Aufgabe wahrzunehmen, bedient sich der Besprechungsleiter einer **äußeren Ordnung**. Gemeint sind die Spielregeln, auf die sich die Gruppe verständigt hat. Je nach Art der Besprechung können das die sog. parlamentarisch-demokratischen Gepflogenheiten oder auch nur einige praktische Vereinbarungen (z. B. über die Dauer der Redezeit) sein.

Wie das Zweiergespräch kann auch eine Besprechung in drei typische Ablaufphasen gegliedert werden: Einleitungsphase – Diskussionsphase – Abschlussphase.

3.4.1 Einleitungsphase

In der Einleitungsphase muss es dem Besprechungsleiter gelingen, den notwendigen Kontakt zu den Besprechungsteilnehmern herzustellen und ihre Aufmerksamkeit für das Besprechungsthema und damit die Bereitschaft zur Mitarbeit zu gewinnen.

Zur Einleitungsphase zählen die Eröffnung und Begrüßung, die Bekanntgabe (Wiederholung) des Besprechungsthemas und -ziels sowie die Festlegung bestimmter Ablaufmodalitäten. Das Urteil der Besprechungsteilnehmer über die Qualitäten des Besprechungsleiters wird in starkem Maße vom Eindruck über den Verlauf der ersten Besprechungsminuten mitbestimmt.

Pünktlicher Beginn: Die Besprechung wird pünktlich vom Besprechungsleiter eröffnet. Das gilt auch dann, wenn noch nicht alle Teilnehmer anwesend sind. Bereits hier können Sie als Besprechungsleiter zeigen, dass Sie sich um einen zügigen Ablauf bemühen und gewillt sind, die allgemeinen Spielregeln einzuhalten. Zu spät gekommene Teilnehmer brauchen über den bisherigen Konferenzverlauf nicht informiert zu werden. Ein vorzeitiger Beginn ist nur möglich, wenn alle eingeladenen Teilnehmer anwesend und einverstanden sind.

Eröffnung und Begrüßung: Die Anrede und die Begrüßung der Teilnehmer können die weitere Besprechungsatmosphäre beeinflussen. Die jeweilige Formulierung ergibt sich je nach Teilnehmerkreis. Auch bei Routinebesprechungen sollte auf eine kurze Begrüßung nicht verzichtet werden. Gäste werden besonders begrüßt. Noch nicht bekannte Teilnehmer werden kurz vorgestellt oder stellen sich selbst vor.

Wenn die Teilnehmer sich nicht kennen, sollte die Begrüßung auch eine kurze Vorstellung einschließen. Ein kurzes Dankeswort für die Teilnahme sollte nicht fehlen, auch dann nicht, wenn sich die Pflicht zur Teilnahme aus dem Aufgabenbereich der Besprechungsteilnehmer ergibt.

Allgemeine Informationen: Zu den Eröffnungsinformationen gehören auch die mehr technisch-organisatorischen Einzelheiten sowie Hinweise auf die Vollständigkeit und Beschlussfähigkeit des Teilnehmerkreises. Folgende Punkte können angesprochen werden:
- Feststellung der Vollständigkeit des Teilnehmerkreises,
- Bekanntgabe von Entschuldigungen fehlender Teilnehmer,
- Weitergabe von Grußworten,
- Feststellung der satzungsmäßigen Einberufung der Besprechung (soweit erforderlich) und Überprüfung der Beschlussfähigkeit,
- Klären der Protokollführung,
- technisch-organisatorische Informationen (z. B. Pausenregelung, Mittagessen, Rauchverbot).

Spielregeln vereinbaren: Wenn bestimmte Spielregeln gelten oder vereinbart werden, dann sollte dies ebenfalls noch vor Eintritt in die Sachdiskussion geschehen. Eine solche Spielregel könnte z. B. die Vereinbarung einer bestimmten Redezeit je Diskussionsbeitrag sein (z. B. kein Redebeitrag soll länger als 30 oder 60 Sekunden dauern). Nur wenn eine solche Festlegung schon zu Beginn der Veranstaltung getroffen wird, verschafft sich der Besprechungsleiter die Möglichkeit, spätere Dauerredner leichter zu unterbrechen und die allgemeine Ordnung einzuhalten.

Besprechungsthema und -ziel werden nochmals genannt: Die Eröffnung und Begrüßung dient in erster Linie dazu, eine geeignete Atmosphäre aufzubauen; die Darlegung des Besprechungsthemas leitet zum eigentlichen Besprechungszweck über. Obwohl die Themen und Ziele den Teilnehmern aus der Einladung bekannt sein müssten, sollten sie einleitend zu jedem Tagesordnungspunkt vom Besprechungsleiter nochmals wiederholt werden. Auf diese Weise werden Fehlinterpretationen vermieden und es ist gewährleistet, dass alle Besprechungsteilnehmer das gleiche Ziel vor Augen haben.

Ein Problem vieler Besprechungen ist es, dass Themen immer wieder „zerredet" werden. Hier profitiert der Besprechungsleiter von seiner sauberen Vorarbeit beim Einstieg. Die anfänglich vereinbarte Zielsetzung gibt ihm immer wieder die Möglichkeit nachzufragen, ob das momentan Diskutierte zum Thema bzw. zur Zielsetzung passt, um so den „roten Faden" zu behalten bzw. wiederzufinden.

Soweit erforderlich können Sie, wenn Sie das Thema nochmals wiederholen, mit den Teilnehmern auch gleichzeitig eine Ein- und Abgrenzung vornehmen. Auf jeden Fall sollten Sie sich über die weitere Vorgehensweise verständigen. Größere Themen werden in Teilpunkte untergliedert und die Reihenfolge für deren Behandlung festgelegt. Auf bereits vorliegende wichtige Informationen (Tischvorlagen) sind die Teilnehmer aufmerksam zu machen. Auch für das Verständnis wesentliche Begriffe können an dieser Stelle definiert werden. Außerdem haben Sie als Besprechungsleiter nochmals die Möglichkeit, auf die Problematik des Themas und die Bedeutung einer guten Lösung hinzuweisen (Motivation).

Die Initiative für diese Maßnahmen liegt beim Besprechungsleiter, der sich um eine kurze und sachliche Abwicklung bemühen muss. Die Einleitungsphase dient weder der Eigendarstellung noch soll sie die spätere Diskussion vorwegnehmen oder deren Ergebnis präjudizieren. Der Übergang zur eigentlichen Diskussion kann durch geschickt vorbereitete Eröffnungsfragen hergestellt werden.

3.4.2 Diskussionsphase

Die Diskussionsphase bildet den Kern jeder Besprechung. Hier werden Informationen und Ideen zusammengetragen sowie Erfahrungen und Meinungen ausgetauscht. In der Diskussion muss es dem Besprechungsleiter gelingen, die übrigen Teilnehmer zu aktivieren, durch ihre Beiträge die zum Erreichen des Besprechungsziels erforderlichen Gedanken zu liefern. Passive Teilnehmer müssen aus der Reserve geholt werden. Redselige Teilnehmer, welche die Besprechung dominieren möchten, müssen gebremst werden.

Für die folgenden Ausführungen wird gedanklich eine Besprechung mit einem Thema unterstellt. Bei einer Tagesordnung mit mehreren Themen zerfällt die gesamte Besprechung in mehrere Unterbesprechungen, auf welche die dargestellten Regeln jeweils anzuwenden sind.

Eröffnungsfragen vorbereiten: Eine erste Aufgabe des Besprechungsleiters besteht darin, die Diskussion in Gang zu bringen. Bereits die Eröffnungsfrage kann die Bereitschaft zur Mitarbeit und die Richtung der gesamten Diskussion wesentlich beeinflussen. Der erfahrene Konferenzleiter wird sich deshalb rechtzeitig Gedanken darüber machen, mit welcher Frage er die Aussprache einleitet.

Die Eröffnungsfrage soll so formuliert sein, dass alle Teilnehmer angesprochen werden. Schwierigkeiten kann es geben, wenn sich durch die Eröffnung niemand angesprochen fühlt oder wenn ein Teilnehmer durch eine gezielt an ihn gerichtete Frage überrumpelt wird.

Beispiele:

- *„Hiermit eröffne ich die Aussprache und bitte um Wortmeldungen"*. Bei dieser leider allzu häufig anzutreffenden Eröffnung weiß niemand, was er antworten soll, weil kein konkretes Problem genannt wurde.
- *„Herr Schock, was meinen Sie zu diesem Problem"*? Hier wird sich Herr Schock mit Recht fragen, warum gerade er herausgehoben und einseitig zur Aktivität gezwungen wurde.

Eine Alternative zu der an alle Teilnehmer gerichteten Eröffnungsfrage ist der Abruf von Statements. Der Besprechungsleiter fordert jeden Teilnehmer auf, zunächst eine kurze Stellungnahme (Statement) zum Problem abzugeben. Diese Vorgehensweise eignet sich bei einer begrenzten Teilnehmerzahl. Auf diese Weise wird jeder Teilnehmer gezwungen Position zu beziehen. Jeder Teilnehmer trägt sofort etwas zum Thema bei und der Besprechungsleiter erhält ein erstes Meinungsbild.

Teilnehmer zur Mitarbeit anregen: Auch im weiteren Besprechungsverlauf kommt darauf es an, die Teilnehmer aktiv zu beteiligen. Entscheidungen werden von den Betroffenen dann am ehesten mitgetragen, wenn diese sich in der Entscheidung wiederfinden. Dies kann nur der Fall sein, wenn sie auch gefragt wurden.

Wie gut das gelingt, hängt zu einem großen Teil davon ab, wie gut die Fragetechnik angewendet wird (vgl. die ausführliche Darstellung der Fragetechnik auf S. 20ff.). Folgende Regeln sollten dabei beachtet werden:

- Eindeutige und klare Fragestellung verwenden.
- Fragen so formulieren, dass sie von allen Teilnehmern verstanden werden.
- Mit einer Frage immer nur einen Problemkreis ansprechen.
- Offene Fragen verwenden, die den Teilnehmern Möglichkeiten für eine breite Antwort geben.
- Fragen, die auf Anhieb nicht verstanden werden, dürfen nicht unbeantwortet bleiben.
- Überlegen, warum die Frage nicht verstanden wurde.
- Frage in anderen Worten mit gleichem Sinn wiederholen.
- Frage enger formulieren.
- Frage in mehrere Teilfragen zerlegen und nacheinander stellen.
- Erläuternde Beispiele verwenden oder Hilfsmittel einsetzen.
- Fragen nicht durch unnötige Fremdwörter und Spezialbegriffe komplizieren.
- Unvermeidbare Fachausdrücke erläutern.

Nach der Fragestellung muss den Teilnehmern genügend Bedenkzeit eingeräumt werden. Es ist nicht Sinn der Besprechungsleitung, die Frage selbst zu beantworten, nur weil nicht schnell genug die Antwort kommt. Bei nicht beantworteten Fragen keine neue Frage nachschieben und damit das alte Problem offen lassen.

Korrekte Antwortbehandlung: Ebenso wichtig wie die Fragestellung ist die Behandlung der Antworten durch den Besprechungsleiter. Eine ungeschickte Reaktion auf die Anregungen und Beiträge der Besprechungsteilnehmer kann deren weitere Bereitschaft zur Mitarbeit beeinträchtigen.

Eine erste Forderung verlangt vom Besprechungsleiter ein konzentriertes Zuhören. Folgende Regeln sollten beachtet werden:

- Beim Zuhören Interesse zeigen.
- Das Wesentliche eines Diskussionsbeitrags zu erkennen versuchen.
- Durch Kontrollfragen Verständnis sicherstellen.
- Eventuell Kernpunkte wiederholen.
- Eindeutige Antworten verlangen; bei unklaren Formulierungen um Präzisierung bitten.
- Keine Abweichungen vom Thema zulassen.
- Durch geeignete Fragen wieder zum Thema zurückführen.
- Reaktion der übrigen Teilnehmer in Überlegungen einbeziehen (wenn ein Gesichtspunkt für alle von Interesse ist, kann ausnahmsweise eine begrenzte Zeitspanne dafür eingeräumt werden oder dieses Thema auf die Tagesordnung der nächsten Besprechung gesetzt werden).
- Auf Teilnehmer eingehen.
- Neue Gedanken aufgreifen.
- Jeden Beitrag ernst nehmen.
- Vertrauen vermitteln, dass auch ausgefallene Ideen gewürdigt werden.
- Niemanden bloßstellen.
- Sachlich und freundlich bleiben.
- Jeden Teilnehmer zu Wort kommen lassen.

Fassen Sie Zwischenergebnisse zusammen: Ein wichtiges Instrument, um Ordnung in den gesamten Diskussionsablauf zu bringen, ist die Zusammenfassung von Zwischenergebnissen. Nach einem längeren Diskussionsbeitrag, am Ende eines Tagesordnungspunktes oder auch nur am Ende eines größeren Abschnitts haben Sie als Besprechungsleiter durch Zusammenfassungen die Möglichkeit, das Wesentliche des bis dahin Besprochenen herauszuarbeiten und als Grundlage für die weitere Diskussion zu formulieren.

Durch die Zusammenfassung von Zwischenergebnissen behalten

Sie den roten Faden in der Hand. Sie vermeiden, dass die Besprechung in Nebenthemen verfließt und geben den Teilnehmern für den weiteren Fortgang eine Orientierungshilfe. Selbst ein Teilnehmer, der mit seinen Gedanken vorübergehend abwesend war, findet damit den Anschluss wieder. Außerdem wird ein Protokollführer für gelegentliche Zusammenfassungen besonders dankbar sein.

Äußere Besprechungsordnung: Durch eine korrekte Handhabung der vereinbarten Spielregeln wird der äußere Besprechungsrahmen sichergestellt. Für die Einhaltung dieser Regeln ist ebenfalls der Besprechungsleiter verantwortlich; die Besprechungsteilnehmer können ihm diese Aufgabe durch ein diszipliniertes Verhalten erleichtern. Negativbeispiele, wie es klingt, wenn alle durcheinander sprechen, können wir in den zahlreichen Talkshows am Fernsehen beobachten. Folgende Regeln sollten beachtet werden:

- Reihenfolge der Wortmeldungen festhalten.
  - Reihenfolge ggf. notieren (Rednerliste).
  - Falls erforderlich, Rednerliste von einem Konferenzteilnehmer führen lassen.
- Dem Meldenden zu erkennen geben, dass seine Wortmeldung notiert wurde (z. B. durch Kopfnicken).
- Bei gleichzeitiger Wortmeldung mehrerer Teilnehmer Reihenfolge festlegen (z. B. *„Bitte zuerst Frau A, dann Herr B, dann Frau C“*).
- Reihenfolge der Wortmeldungen grundsätzlich einhalten. Als Ausnahmen zu dieser Regel sind in manchen Konferenzen „Anträge zur Geschäftsordnung“ zugelassen.
- Allgemeine Ordnung einhalten.
  - Wer ohne Wortmeldung das Wort ergreift, wird sofort unterbrochen.
  - Keine Privatgespräche (auch Flüstern) zulassen; zur Aufmerksamkeit anhalten.
  - Persönliche Angriffe unterbinden.
  - Keine Beleidigungen Abwesender zulassen.
  - Zwischenrufe zunächst „überhören“, im Wiederholungsfall unterbinden.
- Diskussion darf nicht zum Zwiegespräch zwischen zwei Teilnehmern ausarten.

- Zeitplan einhalten.
- Konferenzplan einhalten.
  - Beim Thema bleiben (Konferenzziel vor Augen behalten).
  - Vorgesehene Reihenfolge für die Behandlung des Konferenzthemas einhalten.
  - Ordnung in die Diskussion bringen.
- Zwischenergebnisse zusammenfassen.

Beschlussfassung: Den Abschluss der Diskussionsphase bildet die Beschlussfassung. Das kann, muss aber nicht immer durch Abstimmung geschehen. Es kann bereits als Beschluss gelten und eine förmliche Abstimmung überflüssig machen, wenn das Einverständnis aller Teilnehmer mit einem Antrag erkennbar ist.

Bei formal gebundenen Besprechungen ist vor einer Beschlussfassung zu prüfen, ob die Besprechungsteilnehmer zur Fassung dieses Beschlusses legitimiert sind. Außerdem ist festzustellen, ob alle Anwesenden Stimmrecht haben (z. B. Gäste). Als Grundlage für eine Beschlussfassung ist ein Antrag zu stellen (z. B. *„Es wird der Antrag gestellt, dass Folgendes zu beschließen ist:...“*). Bei der Abstimmung sind die erforderlichen Mehrheiten zu beachten, die sich z. B. aus Satzungen oder Geschäftsordnungen ergeben. Das Abstimmungsergebnis wird ins Protokoll aufgenommen.

Auch wenn es nicht ganz so formalistisch zugeht, wird das Ergebnis der verschiedenen Tagesordnungspunkte in das Protokoll übernommen. Dabei sollte der Besprechungsleiter darauf achten, dass das angestrebte Ziel auch erreicht wurde und im Ergebnis (Beschluss) ausgedrückt wird. Das kann nach dem Muster geschehen, „Was, wird durch wen, bis zu welchem Termin erledigt?“. Auch ein vorab visualisierter Maßnahmenkatalog (vgl. S. 134), in den dann die Beschlüsse eingetragen werden, hilft, die Besprechungsziele zu erreichen.

3.4.3 Abschlussphase

Am Ende der Besprechung sollte der Besprechungsleiter noch einmal herausstellen, welches die Ziele der Besprechung waren und welche davon erreicht wurden. Die erzielten Ergebnisse werden in einer für alle Teilnehmer verständlichen Form zusammengefasst. Damit wird sichergestellt, dass die Beschlüsse und Resultate von allen Teilnehmern verstanden werden. Außerdem wird den Teilnehmern nochmals verdeutlicht, dass auf der Besprechung etwas erreicht wurde. Auch der Aktionsplan, auf den man sich geeinigt hat, sollte nochmals in groben Zügen wiederholt werden. Folgende Aspekte sind bei der Zusammenfassung der Ergebnisse zu berücksichtigen:

- Inhalt der Zusammenfassung
  - Teilergebnisse verdeutlichen.
  - Gesamtergebnis herausstellen.
  - Gefasste Beschlüsse und erteilte Aufträge nochmals wiederholen.
- Art der Zusammenfassung
  - Kurze und präzise Aussagen treffen (schlagwortartig).
  - Keine neuen Probleme aufwerfen.
  - Nicht nochmals sämtliche Argumente wiederholen und gegeneinander abwägen.
  - Niemanden kritisieren und isolieren durch die Zusammenfassung (*„Diesen Beschluss konnten auch Sie nicht verhindern, Herr Meyer!“*).
- Zweck der Zusammenfassung
  - Unsicherheiten über die Konferenzergebnisse vermeiden.
  - Teilnehmer für künftige Konferenzen motivieren.

Den letzten Schritt bilden die **Verabschiedung** und der Dank an die Teilnehmer für die Mitarbeit. Auch Gäste sowie Mitarbeiter im Hintergrund, die zum Gelingen beigetragen haben (z. B. eine Sekretärin bei der Vorbereitung), sollten nicht vergessen werden. Bei streng an formellen Vorgaben orientierten Besprechungen stellt der Besprechungsleiter den offiziellen Abschluss durch eine Schlussformel her *(„Hiermit beschließe ich unsere heutige Besprechung“)*.

3.5 Ergebnisse sichern – Protokollführung

Bei den meisten Beratungskonferenzen ist es üblich, die Besprechungsergebnisse und teilweise auch das Wesentliche des Besprechungsablaufs in einer Niederschrift festzuhalten.

Protokollzwecke: Ein Protokoll kann mehreren Zwecken dienen. Seine Form und sein Umfang werden von der jeweiligen Zwecksetzung mitbestimmt.

- Protokolle sind Rechenschaftsberichte und geben Auskunft, dass eine Besprechung zu einem bestimmten Termin stattgefunden hat, welche Themen besprochen wurden und was für ein Ergebnis erreicht wurde.
- Protokolle können als Beweis- und Dokumentationsmittel über die Rechtsgültigkeit von Beschlüssen, Wahlen, Satzungsänderungen oder Entlastungserteilungen dienen.
- Durch das Protokoll wird dokumentiert, welche Aufgaben an welche Mitarbeiter übertragen wurden. Damit kann kontrolliert werden, ob die Aufgaben erledigt wurden oder ggf. neu aufgegriffen werden müssen.
- Protokolle können die Grundlage für künftige Besprechungen sein, die an die Ergebnisse der protokollierten Besprechung anknüpfen und deren Themen fortführen.
- Protokolle sind wichtige Informationsinstrumente für berechtigte Interessierte, die an einer Besprechung nicht teilnehmen konnten. Eine Protokollabschrift oder ein Protokollauszug sind zuverlässiger, als die mündliche Weitergabe von Beschlüssen oder Besprechungsinhalten.
- Durch ein Protokoll wird außerdem sichergestellt, dass die Besprechungsergebnisse und Beschlüsse von den Teilnehmern richtig verstanden werden.

Protokollarten: Nach ihrem Inhalt werden Ergebnisprotokolle, Kurzprotokolle und Vollprotokolle unterschieden. Immer häufiger werden auch Fotoprotokolle (vgl. S. 134) erstellt. Für die Auswahl der geeigneten Protokollart muss der Besprechungsleiter deren Vor- und Nachteile kennen.

Das **Ergebnisprotokoll** (**Beschlussprotokoll**) ist die knappste Form einer Niederschrift. Es enthält neben einigen formalen Angaben (Datum, Unterschrift usw.) nur die Besprechungsergebnisse (Beschlüsse, Aufträge), aber nicht deren Zustandekommen (Anträge, Argumente). Das Ergebnisprotokoll ist schnell erstellt und kann rasch nach der Besprechung verteilt werden. Außerdem steigt wegen der Kürze der Darstellung die Chance, dass das Protokoll von den Empfängern auch gelesen wird. Verfälschungen sind bei eindeutig gefassten Beschlüssen ausgeschlossen.

Das **Kurzprotokoll** (zusammenfassendes Protokoll) enthält neben den Ergebnissen auch eine gedrängte Darstellung des Besprechungsverlaufs. Es beschränkt sich aber auf eine sinngemäße Wiedergabe der wesentlichen Konferenzausschnitte, die für das Zustandekommen der Besprechungsergebnisse bedeutsam waren. Damit erreicht das Kurzprotokoll eine größere Aussagekraft als das Ergebnisprotokoll.

Das **Vollprotokoll (Wortprotokoll, Verlaufsprotokoll)** kommt in Beratungsbesprechungen kaum vor. Es gibt eine Besprechung nahezu wörtlich wieder und ist demgemäß recht umfangreich und unübersichtlich. Um ein Vollprotokoll erstellen zu können, muss die Besprechung entweder auf Tonband aufgezeichnet werden oder es muss ein Protokollant vorhanden sein, der sich ausschließlich der Protokollierung widmet.

4. Moderation von Arbeitsgruppen

Die Begriffe Moderation und Moderator sind vom Rundfunk oder Fernsehen jedermann geläufig. Unterhaltungssendungen werden heutzutage ebenso moderiert wie wissenschaftliche oder politische Diskussionen. Moderatoren führen durch das Programm oder steuern Gespräche und sorgen dafür, dass die Veranstaltung in geordneten Bahnen verläuft. Auch aus dem betrieblichen Alltag ist der Begriff Moderation seit Jahren nicht mehr wegzudenken. Man verwendet den Begriff Moderation in Verbindung mit der Leitung von Arbeitsgruppen (Projektgruppen, Beratungen, Besprechungen, Meetings usw.). In diesem Kapitel geht es um die Moderation als eine Methode zur Steuerung der Kommunikation in Arbeitsgruppen.

4.1 Was bedeutet Moderation?

Die **Moderationsmethode** ist eine Form der Gruppenarbeit, mit der die Meinungsbildung und Entscheidungsfindung erleichtert werden. Arbeitsgruppen werden kooperativ zu einem bestimmten

Ergebnis geführt. Alle an der Gruppenarbeit beteiligten Personen nehmen aktiv an sämtlichen Phasen des Gruppenprozesses teil. Die Erfahrung, Kompetenz und Kreativität aller Beteiligten werden systematisch genutzt und gleichzeitig ein ergebnisorientiertes Arbeiten gefördert.

Die Vorgehensweise ist systematisch; die einzelnen Arbeitsschritte bauen logisch aufeinander auf und sind in sich gegliedert. Die gefundenen Lösungen weisen einen hohen Qualitätsstandard auf. Da alle Teilnehmer an der Problemlösung beteiligt werden, können sich auch alle mit den erarbeiteten Ergebnissen identifizieren, wodurch sich diese wiederum leichter in die Praxis umsetzen lassen.

Mit der Moderationsmethode werden konkrete Probleme bearbeitet. Die Methode kann immer dann eingesetzt werden, wenn Gruppen zusammentreten, um Erfahrungen auszutauschen und gemeinsam Problemlösungen zu erarbeiten. Auch im Bildungsbereich wird die Methode zunehmend verwendet.

4.1.1 Die Rolle des Moderators

Das Wort Moderation stammt aus dem Lateinischen und bedeutet im ursprünglichen Sinne Mäßigung, Ausgleichen. Damit ist bereits die Rolle des Moderators verdeutlicht. Der methodische Ablauf wird durch einen Moderator gesteuert, der auf die inhaltlichen Entscheidungen der Gruppe keinen Einfluss nehmen darf. Der Moderator ist eine Art Katalysator im Problemlösungsprozess, dessen Hauptaufgabe die methodische Optimierung des Ablaufs sein muss. Selbst wenn er über inhaltliche Kenntnisse verfügt, hält er diese, ebenso wie seine persönliche Meinung, bewusst zurück, um die Arbeit der Gruppe nicht zu beeinflussen. Der Moderator hat sich als eine Art „Primus inter Pares“ zu verstehen, der keinesfalls mit dem Besprechungsleiter im herkömmlichen Sinne zu vergleichen ist.

> Die Inhalte werden von der Gruppe eingebracht. Der Moderator ist der Methodenspezialist, der für die Struktur und den Ablauf der Sitzung sowie für die Dokumentation der erarbeiteten Inhalte verantwortlich ist.

Kenntnisse über den Inhalt der Moderation sind für den Moderator nur insoweit erforderlich, dass er ein eindeutiges Ziel formulieren oder die Gruppe bei der Zielformulierung unterstützen kann. Außerdem muss er fähig sein, eine dem Thema und der Gruppe angemessene Dramaturgie zu entwerfen. Die Moderatorenrolle kann grundsätzlich jeder Teilnehmer übernehmen, nicht nur der Ranghöhere oder der Fachmann (Spezialist), wenn er das erforderliche Methodenwissen besitzt.

Der Moderator hat folgende Aufgaben zu erfüllen:

- Klärung des Auftrags und der Ziele der Moderation.
- Erstellen einer Dramaturgie (Strukturierung) des Themas und Auswahl der jeweils geeigneten Methoden.
- Organisatorische Vorbereitung (Termin, Räume, Material).
- Eröffnen der Veranstaltung und Einführung in die Problematik.
- Teilnehmer vorstellen bzw. für deren Vorstellung sorgen.
- Vorschlagen und abstimmen der Regeln für den Ablauf der eigentlichen Besprechung.
- Einführung in das Thema (kann auch delegiert werden).
- Sitzung gemäß der vereinbarten Gliederung führen.
- Steuern des Gruppenprozesses durch Fragen.

Moderationsmethode aktiviert

- Förderung einer ausgewogenen Kommunikation.
- Einsatz des methodischen Instrumentariums.
- Entscheidungen herbeiführen in Abstimmung mit den Teilnehmern.
- Pointierung der Inhalte und Zusammenfassung der Arbeitsergebnisse.
- Sichern der Ergebnisse (Protokoll).
- Beenden der Sitzung; Verabschiedung.
- Demonstration des gewünschten Verhaltens im Modell.

Bei größeren Gruppen empfiehlt sich der gleichzeitige Einsatz von zwei Moderatoren. Eine Zweier-Moderation erlaubt zum Beispiel eine Aufgabenteilung, wobei sich einer auf die Kommunikation in der Gruppe konzentriert, während der andere für die technische Seite der Visualisierung zuständig ist. In festgefahrenen Situationen können die Rollen gewechselt werden, so dass sich für die Gruppe ein neuer Ansprechpartner ergibt.

4.1.2 Fragetechnik und Visualisierung

Die beiden Hauptinstrumente der Moderationsmethode sind die Fragetechnik und Visualisierung. Der Einsatz der Fragetechnik, insbesondere die Fähigkeit, die richtigen Fragen zu stellen, gehört zur Grundausstattung eines guten Moderators. Durch eine geschickte Fragestellung werden die Teilnehmer stimuliert, es werden Denkanstöße vermittelt, so dass sowohl das vorhandene Wissen und die bestehenden Erfahrungen sowie Meinungen und Stimmungen geäußert werden. Richtig gestellte Fragen ermöglichen es dem Moderator

- alle Teilnehmer einzubeziehen,
- das Wissen der Teilnehmer offenzulegen,
- notwendige Informationen abzurufen (z. B. am Beginn einer Arbeitssitzung),
- die Veranstaltung oder einzelne Teilprobleme zu strukturieren,
- Stimmungen deutlich zu machen,
- Entscheidungen herbeizuführen,
- Konsens herzustellen,
- schwierige Situationen zu meistern.

Besonders geeignet für den Einsatz in einer Moderationssitzung sind offene und weiterführende Fragen, durch die möglichst viele (im besten Fall alle) Teilnehmer angesprochen werden.

Beispiele:
- Welche Gründe sprechen für den Vorschlag?
- Wie sollen wir weiter vorgehen?
- Mit welchen Problemen ist zu rechnen?
- Was sind die Hauptvorteile?

Ungeeignet sind dagegen geschlossene Fragen, Suggestivfragen, rhetorische Fragen sowie komplizierte und unklare Frageformulierungen. Weitere Einzelheiten zur Fragetechnik, insbesondere die verschiedenen Fragearten, wurden schon an anderer Stelle ausführlich dargestellt (vgl. S. 20).

Der zweite wichtige Baustein der Moderationsmethode ist die Visualisierung. Eine maximale Informationsaufnahme mit hohem Erinnerungswert wird nur im Zusammenspiel zwischen gesprochenem und fixiertem Wort erreicht. Die Visualisierung wird systematisch eingesetzt, um alle wesentlichen Beiträge, Ideen, Ergebnisse optisch festzuhalten. Während bei der herkömmlichen Besprechung die Visualisierung das gesprochene Wort häufig nur unterstützt, wird bei der Moderationsmethode schriftlich diskutiert. Das hat folgende Vorteile:
- Informationen und Meinungen werden nicht vergessen oder überhört.
- Jeder Beitrag bleibt präsent und kann weiterbearbeitet werden.
- Hierarchiebestimmte Dominanzen werden verhindert.
- Persönliche Angriffe sind bei einer schriftlichen Diskussion mit Stichwörtern nur schwer möglich.
- Person und Aussage werden getrennt. Beiträge von Meinungsführern erhalten keinen höheren Stellenwert.
- Der Sachbezug dominiert.
- Die Anforderungen an das Gedächtnis werden verringert. Der Gesprächsverlauf wird nachvollziehbar.
- Schwerpunkte werden besser erkennbar.
- Der rote Faden, die Gliederung ist sichtbar.
- Erhöhte Aufnahmekapazität.

- Meinungsvielfalt und Wissensbreite wird sichtbar.
- Spontaneität der Äußerung steigt.
- Weniger Wiederholungen, weniger Erklärungen.
- Erhöhte Konzentration.
- Weniger Selbstdarstellung.
- Bessere Integration nur sporadisch Anwesender.

Als Medien werden Overheadprojektor, Tafel, Flipchart und Pinnwand verwendet. Pinnwände und die zugehörigen Materialien sind typische Merkmale der Moderationsmethode. Sie eignen sich besonders zur Gestaltung von Meinungs- und Willensbildungsprozessen in Gruppen. Die verschiedenen Visualisierungsmethoden sowie die wichtigsten Grundregeln werden an anderer Stelle ausführlich behandelt (vgl. S. 239 ff.).

4.2 Vorbereitung einer Moderationssitzung

Wesentliche Erfolgsvoraussetzung einer Moderation ist eine gründliche Vorbereitung.

4.2.1 Ziel

Jede Besprechung oder Gruppenarbeit benötigt ein eindeutig formuliertes und allen bekanntes Ziel. Mögliche Ziele können sein:

- Sammeln von Informationen oder Vorschlägen,
- Bearbeiten von Informationen oder Ideen,
- Definition und Analyse von Problemen oder Schwachstellen,
- Erarbeiten von Konflikt- oder Problemlösungen,
- Herbeiführen von Entscheidungen,
- Abgrenzung oder Klärung von Aufträgen,
- Koordination verschiedener Aufgaben.

Der Moderator klärt den Auftrag und das Ziel der Moderation und bereitet die weitere Vorgehensweise (Dramaturgie) vor. Ohne eindeutiges Ziel ist ein systematisches Vorgehen nicht möglich. Der Moderator soll sich zwar zu den Inhalten der Moderation neutral verhalten, dennoch muss er über ein Grundverständnis verfügen, um die geeigneten Methoden auswählen zu können.

Das Ziel wird am Beginn einer Moderationssitzung den Teilnehmern bekannt gegeben. Der Moderator hat sicherzustellen, dass das

Moderationsziel von allen Teilnehmern verstanden und akzeptiert wird. Falls das Ziel zu Beginn der Sitzung noch nicht eindeutig feststeht, muss es in einem ersten Arbeitsschritt von der Gruppe erarbeitet und eindeutig formuliert werden.

4.2.2 Teilnehmer

Die Teilnehmer einer Moderationssitzung müssen über die notwendige Sachkompetenz verfügen und willens sein, in der Gruppe aktiv zur Problemlösung beizutragen. Ein kooperatives Arbeitsklima und die vielfältigen Aktionsmöglichkeiten durch die Visualisierungstechnik stellen sicher, dass das Wissen, die Meinung und die Erfahrung aller in Verbindung mit der Spontaneität und Kreativität des Augenblicks genutzt werden. Führungskräfte oder hierarchisch höhergestellte Teilnehmer müssen bereit sein, sich mit den anderen Teilnehmern gleichzustellen.

Durch eine Analyse der Teilnehmer in der Vorbereitung erfährt der Moderator, über welche Moderationserfahrung die Gruppe verfügt, und welche Regeln für den Umgang miteinander zu formulieren sind. Er kann außerdem geeignete Techniken auswählen (vgl. S. 135ff.) und passende Rahmenbedingungen planen. Folgende Fragen sind durch den Moderator zu klären:

- Wer sind die Teilnehmer und welche Funktion üben sie aus?
- Welche Aufgaben bearbeiten sie?
- Welche Entscheidungskompetenz haben sie?
- In welcher Beziehung stehen die Teilnehmer zueinander?
- Welche Interessen vertreten die Teilnehmer?
- Welche Einstellungen zum Thema herrschen vor?
- Welche Konflikte können auftreten?
- Welche Moderationserfahrung bringen die Teilnehmer mit?

4.2.3 Dramaturgie

Die Adressatenanalyse hilft dem Moderator, den Ablauf (Dramaturgie) und die einzusetzenden Methoden festzulegen. Folgende Fragen sind zu klären:

- Wie soll die Sitzung eröffnet werden?
- Wie soll in das Problem eingeführt werden?
- Wie soll die Sitzung strukturiert werden?

- Welche Methoden/Techniken werden bei den einzelnen Arbeitsschritten eingesetzt (vgl. S. 135)?
- Welche Spielregeln werden der Gruppe angeboten?
- Wie viel Zeit ist für die Erreichung des Zieles erforderlich?
- Wie soll der Abschluss gestaltet werden?
- Wie sollen die Ergebnisse gesichert werden?

4.2.4 Rahmenbedingungen

Der Erfolg einer Moderation hängt auch von den geeigneten Rahmenbedingungen ab. Dazu zählen der Raum und die benötigten Hilfsmittel.

Voraussetzung für eine optimale Gruppenarbeit ist eine ausreichende Raumgröße, flexible Bestuhlung, Bewegungsfreiheit sowie rascher Wechsel zwischen Plenum und Kleingruppe. Der **Raum** muss die Möglichkeit bieten, die Gesamtgruppe so in Teilgruppen aufteilen zu können, dass auch diese ungestört arbeiten können. Eine Faustregel für die Raumgröße besagt mindestens 5 qm pro Teilnehmer. Die Bestuhlung wird zu Beginn einer Moderation zumeist im Halbkreis angeordnet und kann im weiteren Verlauf für die Arbeit in Kleingruppen umgestellt werden.

Im vorgesehenen Raum müssen ausreichend **Visualisierungsmöglichkeiten** verfügbar sein. Das sind neben Overheadprojektor, Tafel und Fliphart vor allem Pinnwände und die zugehörigen Arbeitsmaterialien. Eine vollständige Moderationsausrüstung umfasst:

- Ausreichend Pinnwände (Steckwände) und Pinnwandpapier (Packpapier). Die Pinnwände sind in ihrer Größe standardisiert (150 × 120 cm). Sie werden mit Packpapier bespannt, um eine versehentliche Beschriftung zu vermeiden. Nach einer Faustregel sollte für jeweils drei Teilnehmer mindestens eine Pinnwand verfügbar sein.
- Moderationskarten in unterschiedlichen Formen und Farben. Sie werden je nach Form und Größe für unterschiedliche Funktionen eingesetzt.
- Nadeln und Klebematerialien.
- Filzstifte unterschiedlicher Farbe und Stärke.

4.2.5 Einladung

Zu einer Moderation sollten nur diejenigen Personen eingeladen werden, die gebraucht werden und etwas zum Ergebnis beitragen können. Die Einladung soll alle Informationen enthalten, die erforderlich sind, damit sich die Teilnehmer gut auf die Sitzung vorbereiten können:
- Zeitpunkt und Zeitrahmen (Datum, Veranstaltungsbeginn, voraussichtliches Ende, Pausenzeiten)
- Veranstaltungsort (Anschrift, Raumnummer, eventuell Lageplan)
- Thema und Ziel der Veranstaltung
- Teilnehmer (Namen aller Teilnehmer, des Moderators sowie eventueller Gäste und Referenten)
- Initiator/Einladender
- Informationen zum Rahmen der Veranstaltungen (z. B. Kleidung, Freizeitaktivitäten).

4.3 Durchführung einer Moderation

Eine Moderation umfasst die vollständige Bearbeitung einer Aufgaben- oder Problemstellung vom Input der Daten und Fakten bis zur Maßnahmenplanung. Die Abfolge der einzelnen Schritte hängt vom jeweiligen Anlass ab und unterliegt keiner starren Regel. Wie andere Besprechungsarten gliedert sich auch eine Moderation in die drei typischen Teile:
- Einführungsphase
- Hauptteil/Diskussionsphase (in der Praxis zumeist als Arbeitsphase bezeichnet)
- Abschlussphase.

4.3.1 Einführungsphase

In der ersten Phase geht es im darum, die Veranstaltung zu eröffnen, die richtige Atmosphäre zu schaffen und die weitere Vorgehensweise und Methodik mit den Teilnehmern abzustimmen.

Die **Begrüßung** kann kurz und sachlich gehalten werden. Wenn der Moderator den Teilnehmern nicht bekannt ist, sollte er sich kurz vorstellen. Falls sich die Teilnehmer nicht kennen, sollten auch sie sich miteinander bekannt machen. Das kann in traditioneller Form

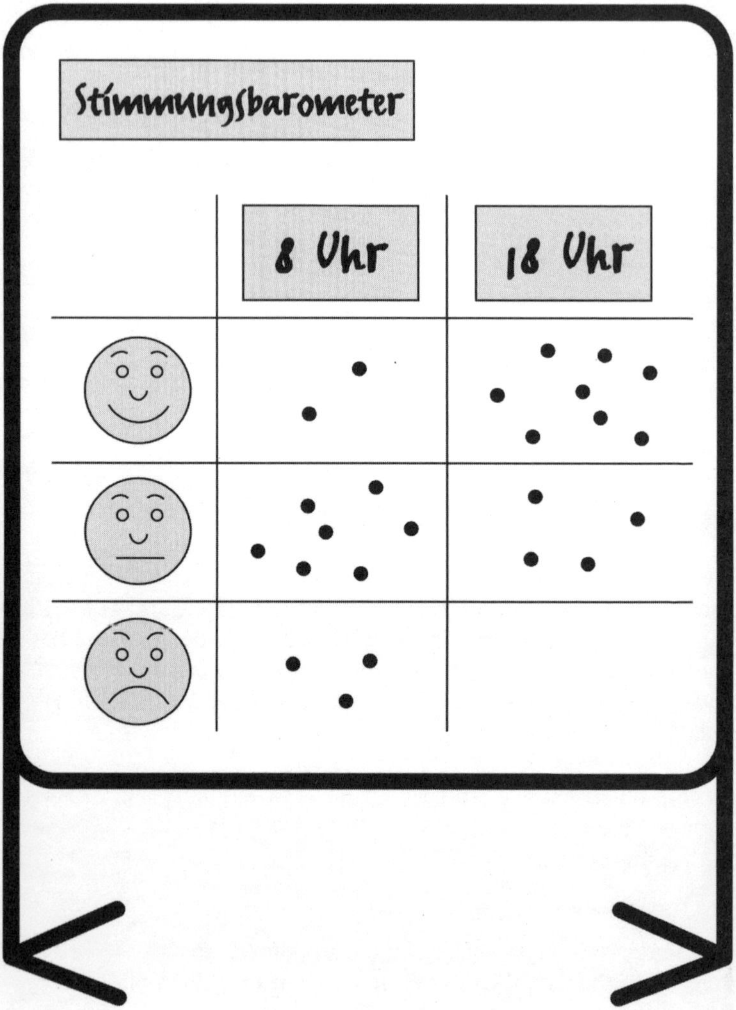
Stimmungsbarometer
8 Uhr
18 Uhr

geschehen, indem jeder Teilnehmer mit wenigen Worten erklärt, wer er ist und weshalb er an dieser Veranstaltung teilnimmt. Methodengerechter ist eine visualisierte Teilnehmer-Liste (Kennenlern-Pinnwand, vgl. S. 143), durch die von jedem Teilnehmer bereits eine erste Aktivität „erzwungen" wird. Eine andere beliebte Möglichkeit für ein erstes aktives Mittun der Teilnehmer ist ein Stimmungsbarometer (vgl. S. 137).

Falls die Moderationsmethode für einige Teilnehmer neu ist, muss der Moderator auch die **Methode kurz vorstellen** und die wichtigsten **Spielregeln** klären. Dabei kann er auch auf seine eigene Rolle (z. B. Neutralität in Sachfragen) eingehen. Spätere Missverständnisse können verhindert werden, wenn die Teilnehmer über die Aufgaben des Moderators Bescheid wissen. Soweit erforderlich, werden auch organisatorische Regeln (Zeitplan, Pausen, Ende der Veranstaltung) geklärt. In den meisten Fällen sind dem Moderator das Thema und die Ziele bereits bekannt und er konnte seine weitere Vorgehensweise vorbereiten. Durch Bekanntgabe der Dramaturgie erhalten die Teilnehmer die Möglichkeit, sich auf die verschiedenen Arbeitsschritte einzurichten.

Wenn das **Thema** (die Themen) und das **Ziel** (die Ziele) bereits feststehen, werden sie vom Moderator nochmals genannt, um die Gedanken der Teilnehmer darauf einzustimmen. Bei regelmäßig wiederkehrenden Sitzungen (z. B. die wöchentliche Abteilungsbesprechung) kann es notwendig werden, dass sich die Gruppe zunächst über die zu behandelnden Themen verständigt und eine Tagesordnung erstellt.

Erarbeiten einer Tagesordnung: In vielen Besprechungen sind die „heißen Eisen" unter dem nichtssagenden Tagesordnungspunkt „Verschiedenes" versteckt. Das hat den Nachteil, dass die Teilnehmer sich nicht auf diese Punkte vorbereiten können. Außerdem wird die vorgesehene Besprechungszeit zumeist überzogen.

Teilweise lassen sich diese Probleme durch eine umfassende, aussagekräftige Tagesordnung mit Zeitangaben für die einzelnen Punkte lösen. Es ist aber nicht auszuschließen, dass die Teilnehmer in die Sitzung „aktuelle Probleme" mitbringen. In solchen Fällen kann die Moderationsmethode auch zur gemeinsamen Erarbeitung einer Ta-

Tagesordnung

Themen	Reihenfolge	Ca. Zeit
Einführung der neuen Arbeitszeitregelung		
Fehlerquote in der Produktionslinie A		

gesordnung eingesetzt werden. Dafür bereitet der Moderator eine Pinnwand nach dem dargestellten Muster (vgl. Abbildung) vor.

Die schon feststehenden Tagesordnungspunkte sind bereits in die Liste aufgenommen. Die Teilnehmer machen zu Beginn der Sitzung Vorschläge für weitere Tagesordnungspunkte. Diese werden in die freien Zeilen eingetragen. In einer Kurzdiskussion verständigen sich die Teilnehmer auf die für die einzelnen Punkte voraussichtlich benötigte Zeit. Durch die Festlegung von Zeitvorgaben wird die spätere Bearbeitung beschleunigt. Die Behandlungsreihenfolge kann ebenfalls in mündlicher Abstimmung oder durch Punktbewertung (vgl. Seite 137) festgelegt werden. Die Pinnwand wird um die vereinbarten Zeiten und die Behandlungsreihenfolge ergänzt.

4.3.2 Arbeitsphase

In dieser Phase wird das Problem entsprechend dem zuvor vereinbarten Ablaufplan bearbeitet. Dabei können mehrere Arbeitsschritte unterschieden werden:

Problemaufriss: Die eigentliche Problembearbeitung beginnt mit einer vom Moderator vorbereiteten und an der Pinnwand visualisierten **Einstiegsfrage**. Diese wird von den Teilnehmern durch eine Kartenabfrage (vgl. Seite 137) beantwortet. Alle genannten Themen (Informationen, Problemfelder) werden an der Pinnwand gesammelt und nach zusammengehörenden Themengruppen geordnet (Clustern, vgl. Seite 140). Der Moderator achtet darauf, dass keine Karte verloren geht.

Themenspeicher: Jede Themengruppe erhält einen Oberbegriff und wird in eine Themenliste an der Pinnwand oder auf ein Flipchart übertragen (vgl. Seite 141). Durch eine **Punktbewertung** (vgl. Seite 137) wird die Reihenfolge festgelegt, in der die einzelnen Themengruppen behandelt werden.

Problembearbeitung: In einem weiteren Schritt werden die Themen (alle oder nur die am höchsten gewichteten) entsprechend dieser Rangordnung in der Gesamtgruppe oder in Kleingruppen weiter bearbeitet. Die Bearbeitung in Kleingruppen hat den Vorteil, dass mehrere Themen gleichzeitig bearbeitet werden können. Bei der Themenbearbeitung werden die unten genannten Techniken eingesetzt. Die Ergebnisse werden vor der Gesamtgruppe präsentiert und Empfehlungen für weitere Maßnahmen ausgesprochen.

4.3.3 Abschlussphase

Am Ende einer Moderation erstellt die Gesamtgruppe einen **Maßnahmenplan** (Aktionsplan). Er enthält die erarbeiteten Beschlüsse oder Aktivitäten sowie Hinweise, wer welche Aufgaben bis wann zu erledigen hat und wer ihn ggf. dabei unterstützt (vgl. Abbildung, S. 134). Der Moderator klärt mit dem Auftraggeber und der Arbeitsgruppe, ob und in welchem Umfang er an der Umsetzung beteiligt ist.

Manche Moderatoren lassen sich zum Abschluss einer Moderationssitzung ein **Feedback** von den Teilnehmern geben. Das kann durch ein Blitzlicht (vgl. S. 141) oder eine Punktabfrage geschehen. Die einfachste Möglichkeit ist das Punkten einer Skala, die sich von „sehr zufrieden“ bis „unzufrieden“ erstreckt. Wenn am Beginn der Veranstaltung ein Stimmungsbarometer eingesetzt wurde, kann das

Maßnahmenplan

Besprechung vom:	Teilnehmer:

Nr.	Beschluss/Ergebnis/Aktion	Wer	Mit wem	Termin	Kon-trolle

Plakat so vorbereitet werden, dass auch für eine Abschlussbewertung bereits Raum vorgesehen wird (vgl. S. 130). Die Veranstaltung wird mit einem Dank an die Teilnehmer und einer geeigneten Verabschiedung geschlossen.

Dokumentation: In Pausen, während die Gruppen selbstständig arbeiten, und am Ende der Veranstaltung hat der Moderator für eine dokumentationsfähige Form (Protokoll) der erarbeiteten Ergebnisse zu sorgen. Dabei werden die einzelnen Karten mit Klebestift dauerhaft auf dem Packpapier befestigt oder die verschiedenen Pinnwände werden laufend fotografiert, so dass der gesamte Sitzungsverlauf in einem Fotoprotokoll wiedergegeben werden kann.

4.3.4 Nachbereitung

Der perfekte Moderator wird ebenso wie der gute Besprechungsleiter nach Abschluss den Ablauf der Moderation reflektieren und zumindest folgende Fragen für sich beantworten:

- Bin ich mit dem Erreichten zufrieden?
- War das Ziel richtig formuliert und wurde es erreicht?
- Bin ich mit dem Ablauf zufrieden? Was könnte künftig geändert werden?
- War meine Vorbereitung ausreichend?
- Sind noch restliche Aufgaben zu erledigen?

Nachbereitung

4.3.5 Standardablauf

Der zuvor geschilderte Ablauf ist nachfolgend nochmals schematisch dargestellt. Er kann als Standardablauf angesehen werden und enthält einen dramaturgisch günstigen Spannungsbogen, wodurch das Interesse und die Aufmerksamkeit der Teilnehmer sichergestellt werden. Die einzelnen Arbeitsschritte werden in der Regel durch Leitfragen eingeleitet. Die Arbeitsschritte 2 (Problemorientierung) bis 7 (Maßnahmenplan) wiederholen sich, wenn nacheinander mehrere Themen bearbeitet werden (vgl. S. 136).

4.4 Moderationstechniken

Ein wesentliches Ziel der Visualisierung mit der Pinnwandtechnik besteht darin, die Teilnehmer in den verschiedenen Ablaufphasen zur aktiven Mitarbeit zu veranlassen. Das Wissen und die Kreativität aller Teilnehmer sollen aktiviert werden. Dafür stehen dem Moderator unterschiedliche Techniken zur Verfügung. Je nach Anlass und Problemstellung können die verschiedenen Techniken in unterschiedlicher Weise miteinander kombiniert werden.

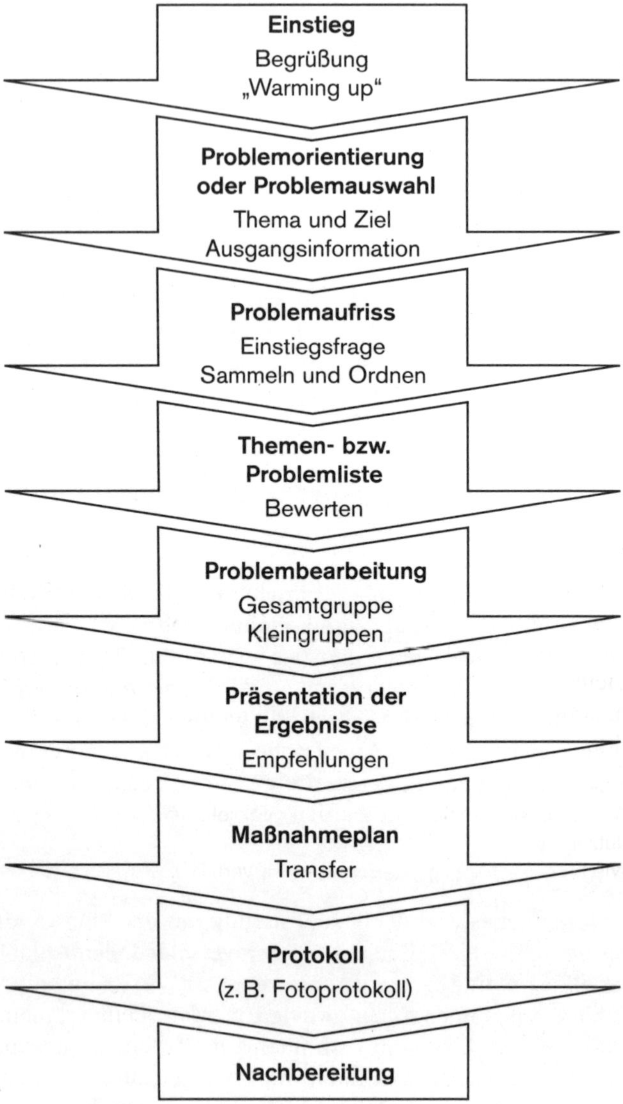

Ablauf einer Moderation

4.4.1 Punktabfrage

Punktabfragen (Punktbewertungen) werden eingesetzt,
- um Meinungstransparenz herzustellen,
- um Ergebnisse zu bewerten (z. B. bei einer Problemliste) oder
- um Entscheidungen zu treffen.

In der Aufwärmphase wird diese Technik eingesetzt,
- um allen Teilnehmern möglichst schnell zu einer Aktivität zu verhelfen,
- um einen ersten eher spielerischen Kontakt zum Thema herzustellen,
- um Stimmungen in der Gruppe zu verdeutlichen.

Bei der **einfachen Punktabfrage** verteilt jeder Teilnehmer einen oder mehrere Klebepunkte zu einer vorher formulierten Frage, Entscheidungstabelle oder Schätzskala. Wenn mehrere Punkte zu verteilen sind, können diese alle demselben Problem zugeordnet werden oder auf verschiedene Probleme verteilt werden (z. B. Problem B erhält einen Punkt; Problem D erhält zwei Punkte). Beispiele für einfache Punktabfragen sind das Stimmungsbarometer (vgl. S. 130) oder die Bearbeitung eines Themenspeichers (vgl. S. 141). Nachfolgend ist ein Beispiel für eine einfache Schätzskala abgebildet.

Bei der **doppelten Punktabfrage** werden durch einen Klebepunkt in einem Arbeitsgang zwei Fragen beantwortet, die allerdings in einem sinnvollen Zusammenhang miteinander stehen müssen (vgl. Abbildung, S. 138).

Beispiele:
- Wie groß ist Ihr Interesse an diesem Projekt und wie sehen Sie den Nutzen für Ihre Arbeit?
- Wie beurteilen Sie den Zeitaufwand im Verhältnis zum Nutzen?
- Wie beurteilen Sie die Kosten und wie den Nutzen dieser Aktion (vgl. Abbildung, S. 138)?

4.4.2 Kartenabfrage

Die Kartenabfrage eignet sich vor allem dann, wenn von den Teilnehmern eine große Anzahl von Antworten (Ideen, Lösungen, Fragen, Probleme) erwartet werden. Wegen der Anonymität der Antworten kann die Technik auch bei sensiblen Themen eingesetzt werden.

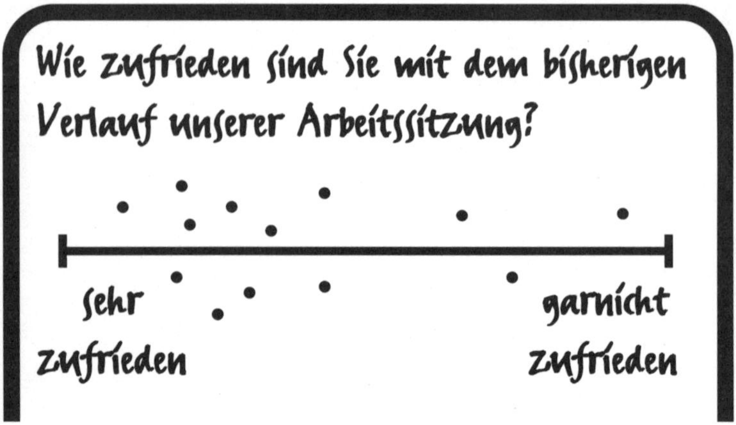
Wie zufrieden sind Sie mit dem bisherigen Verlauf unserer Arbeitssitzung?
sehr zufrieden
garnicht zufrieden

Wie beurteilen Sie die Kosten und wie den Nutzen dieser Aktion?
+
Kosten
–
–
+
Nutzen

Die Vorteile sind leicht erkennbar. Alle Teilnehmer werden einbezogen (Aktivierung!) und alle Antworten haben dasselbe Gewicht. Da nicht mehr erkennbar ist, wer welche Antwort gegeben hat, gibt es keine Hierarchieunterschiede oder andere Bevorzugungen. Da jede Lösung auf einer eigenen Karte notiert wird, können die Karten jederzeit neu geordnet werden. Auch die Zeitersparnis gegenüber gesprochenen Beiträgen ist ein Vorteil.

Regeln:

- Der Moderator schreibt die Frage (das Problem) für alle sichtbar auf eine Tafel/Flipchart oder Pinnwand.
- Jeder Teilnehmer notiert seine Antworten auf Kommunikationskarten. Dabei darf je Karte nur eine Idee aufgeschrieben werden.
- Die Karten werden eingesammelt und an die Pinnwand geheftet (vgl. Abbildung).

Eine Variante ist die **doppelte Kartenabfrage**, bei der jeder Teilnehmer sowohl zum Pro als auch zum Kontra eines Problems Stellung nimmt oder Positives wie auch Negatives zu einem Ereignis äußert. Auf diese Weise soll sich jeder mit beiden Seiten eines Problems auseinandersetzen.

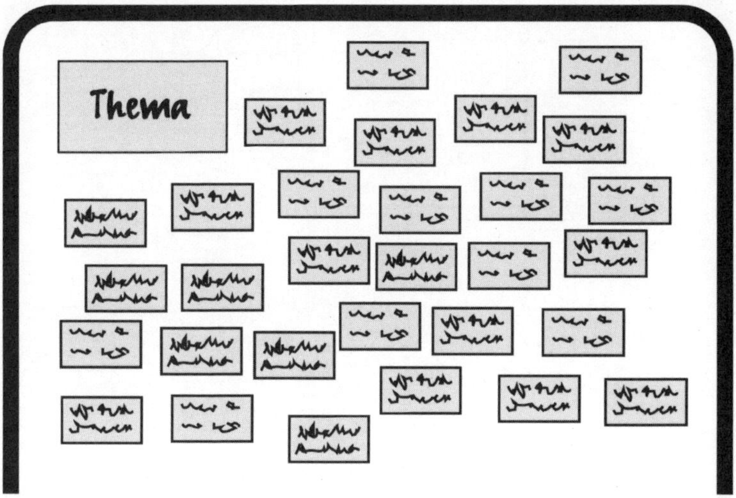

Kartenabfrage

Eine weitere Variante ist die Kartenspinne. Dabei werden auf einer vorbereiteten Pinnwand bereits mehrere mögliche Antwortrichtungen vorgegeben. Diese Spielart hat zum Ziel, zu bestimmten Problembereichen bereits relativ konkrete Aussagen zu erhalten.

4.4.3 Clustern (Klumpenbildung)

Eine Klumpenbildung wird erforderlich, wenn zu einem bestimmten Thema viele Lösungen vorliegen, z. B. nach einer Kartenabfrage. Der Moderator liest jede einzelne Karte laut vor und lässt sie von den Teilnehmern so ordnen, dass Aussagen ähnlichen Inhalts zusammengesteckt werden (vgl. Abbildung). Während des Ordnens können ggf. weitere Karten geschrieben werden. Die so entstandenen Klumpen werden nach Beendigung der Zuordnung dick umrandet.

Dieser Schritt ist erforderlich, damit alle Teilnehmer über die vorliegenden Lösungen informiert werden. Keine Karte wird weggeworfen; falls sie zu keinem der entstehenden Klumpen passt, wird sie als Einzelkarte weitergeführt. Karten, die völlig aus dem Thema

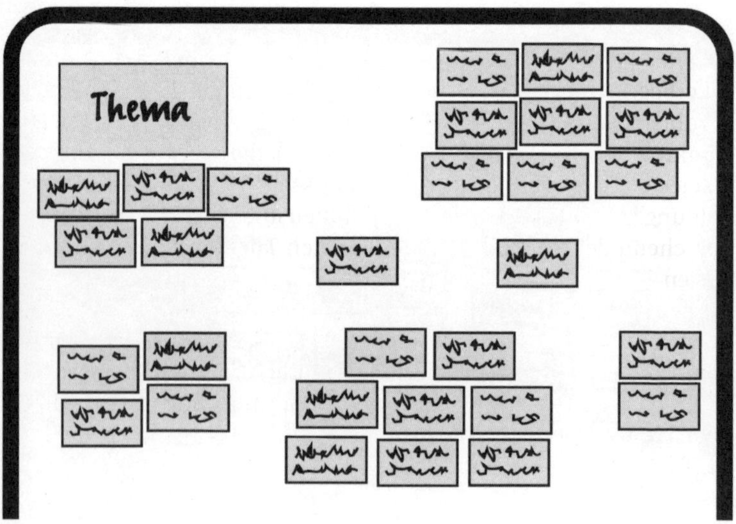

Klumpenbildung

herausfallen, können auf einer separaten Pinnwand, die als „Ideenspeicher“ geführt wird, gesammelt werden.

Nach Abschluss der Klumpenbildung sucht der Moderator gemeinsam mit der Gruppe nach einem passenden Oberbegriff für jeden Klumpen. Dieser wird auf eine ovale Karte notiert und über den entsprechenden Klumpen gesteckt.

4.4.4 Zuruffrage (offene Stichwortabfrage)

Auch hier wird die Fragestellung als Überschrift an die Pinnwand geheftet. Danach rufen die Teilnehmer dem Moderator ihren Beitrag zu und dieser schreibt ihn auf Karten und heftet diese ebenfalls an die Pinnwand. Diese Spielart kann bei kleinen Gruppen eingesetzt werden. Ein Problem kann sich ergeben, wenn nicht alle Teilnehmer den Mut aufbringen, ihre Ideen offen auszusprechen. Ziel der offenen Stichwortabfrage ist es, durch die spontane, unsystematische Sammlung von Beiträgen einen Vorschlagsspeicher zu erhalten. Es hat sich bewährt, wenn eine Person (der Moderator) den Abruf der Beiträge leitet und diese durch eine oder zwei weitere Personen an die Pinnwand geheftet werden.

4.4.5 Themenspeicher/Problemliste

Nach der Klumpenbildung werden für die weitere Bearbeitung die Oberbegriffe auf einer neuen Pinnwand zu einem Themenspeicher (Problemliste) aufgelistet (vgl. Abbildung, S. 142). Durch eine Punktbewertung wird die Reihenfolge für die weitere Bearbeitung festgestellt. Es ist auch möglich die Punktbewertung bereits nach der Bildung von Oberbegriffen vorzunehmen und diese dann schon entsprechend der erzielten Rangfolge in den Themenspeicher zu übertragen.

Die Themen mit den höchsten Bewertungen können in Kleingruppen weiterbearbeitet werden. Ausgefallene Ideen erhalten nur wenige (oder gar keine) Bewertungspunkte und fallen auf diese Weise durch den demokratischen Prozess heraus, ohne dass sie direkt abgelehnt werden müssen.

Problemliste

Themen/Probleme	Bewertung
1.	
2.	
3.	
4.	
5.	

Themenspeicher/Problemliste

4.4.6 Blitzlicht

Ein Blitzlicht vermittelt ein Bild über die augenblickliche Stimmung in der Gruppe, über das Gruppenklima oder über die erzielten Arbeitsergebnisse Durch ein Blitzlicht nimmt jeder Teilnehmer zu einer bestimmten Frage kurz Stellung. Er spricht nur für sich und sagt

- wie er sich momentan fühlt,
- wie zufrieden er mit dem Ergebnis ist oder
- wie er die Zusammenarbeit in der Gruppe erlebt hat.

Alle Äußerungen einer solchen Momentaufnahme werden kommentarlos zur Kenntnis genommen; es wird nicht darüber diskutiert.

4.4.7 Arbeit in Kleingruppen

Auch für die Arbeit in Kleingruppen gibt es einige Spielregeln, deren Einhaltung den Erfolg fördert. Es hat sich bewährt, wenn möglichst viele Gruppen im Raum bleiben, so dass sie sich gegenseitig stimulieren und der Kontakt untereinander nicht abreißt. Nachfolgend ist der idealtypische Ablauf der Kleingruppenarbeit dargestellt.

Ablaufschritte	Methoden/Medien/Absicht
Arbeitsplatz einrichten	2–3 Pinwände Visualisierungsmaterial
Thema klären und aufschreiben	Akzeptanz herstellen
Ziel/Bedingungen festlegen	Adressat, Zeit Wer macht was?
Ideen sammeln auf Karten	Einzelarbeit (ohne Gespräch)
Klumpen bilden, gewichten	Konflikte kennzeichnen
Lösungen entwickeln (z. B. 3 oder 5 Top-Klumpen werden bearbeitet)	Lösungen in präsentationsfähiger Form entwickeln
Präsentation vorbereiten	Wer trägt vor? Wer assistiert? Wie wird präsentiert?
Lösung im Plenum präsentieren	Wand kann vollständig vorbereitet sein oder wird bei Präsentation entwickelt

4.4.8 Kennenlern-Pinnwand

Die Kennenlern-Pinnwand (Teilnehmerliste) wird am Anfang einer Sitzung eingesetzt. Sie bietet über das Kennenlernen hinaus jedem Teilnehmer die Möglichkeit, sich sofort aktiv am Gruppengeschehen zu beteiligen. Die Pinnwand ist vom Moderator bereits vorbereitet (vgl. Abbildung, S. 144); zur Erklärung der Methode trägt er sich selbst als Erster ein. Je nach Teilnehmerkreis kann in der letzten Spalte statt nach Hobbys auch nach dem Grund für die Teilnahme („Warum bin ich hier?“), nach persönlichen Eigenschaften („Stärken/Schwächen) oder ganz sachlich nach den Erwartungen an die Veranstaltung („Meine Erwartungen“) gefragt werden.

4.4.9 Kreativitätstechniken

Durch **Mindmapping** wird das bildlich-räumlich Denken aktiviert. Ausgehend von einem zentralen Begriff werden komplexe Themen vorstrukturiert. Mindmapping eignet sich zur Vertiefung eines Themas, um Aufbaustrukturen und Beziehungen zu verdeutlichen sowie zur Sammlung von Ideen. Mindmapping ist gut geeignet, um bereits am Beginn eines Projektes einen ersten Überblick zu erhalten, an welche Teilaspekte gedacht werden muss.

Teilnehmerliste

Name	Firma	Funktion	Hobbys
Ysabell Berner	Seminar AG	Trainerin	Sport
Christl Büchel	Fresh-Catering	Verkauf	Patchwork
Willy Moosberg	Spindel AG	Produktmangement	Gärtnerei
Wolfgang Mentzel	C.H. Beck Verlag	Autor	Kochen
Ed Baga	CMUK	Werbegrafik	Oldtimer-KFZ
Reni Horninger	FeWo-Verband	Buchhaltung	Wandern

Kennenlern-Pinnwand

Das Grundmuster des Mindmapping ist einfach. Ausgangspunkt ist ein Kreis in der Mitte eines großen Plakates, der das Thema enthält.

Von diesem Kreis gehen Verzweigungen (sog. Äste) ab, die das Thema in einzelne Bereiche untergliedern. Von diesen Ästen gehen wiederum Zweige und von diesen Nebenzweige ab.

So gehen Sie vor:

- Malen Sie in die Mitte eines Plakats einen Kreis, in dem stichwortartig das Thema bzw. die Ausgangsfrage steht.
- Bitten Sie die Gruppe, das Schema durch Zuruf zu ergänzen und visualisieren Sie die Zurufe auf dem Plakat.
- Achten Sie darauf, dass zunächst einige Hauptpunkte gesucht und auf den Ästen angeschrieben werden.
- Wenn die wichtigsten Hauptpunkte gefunden sind, werden für jeden von Ihnen Teilaspekte und für diese weitere Teilaspekte auf Zweigen und Nebenzweigen gesammelt.
- Auf diese Weise entwickeln Sie das Bild von innen nach außen.

Die extreme Verkürzung der Mindmapping-Methode führt schnell zu einer übersichtlichen und anschaulichen Gliederung. Das Den-

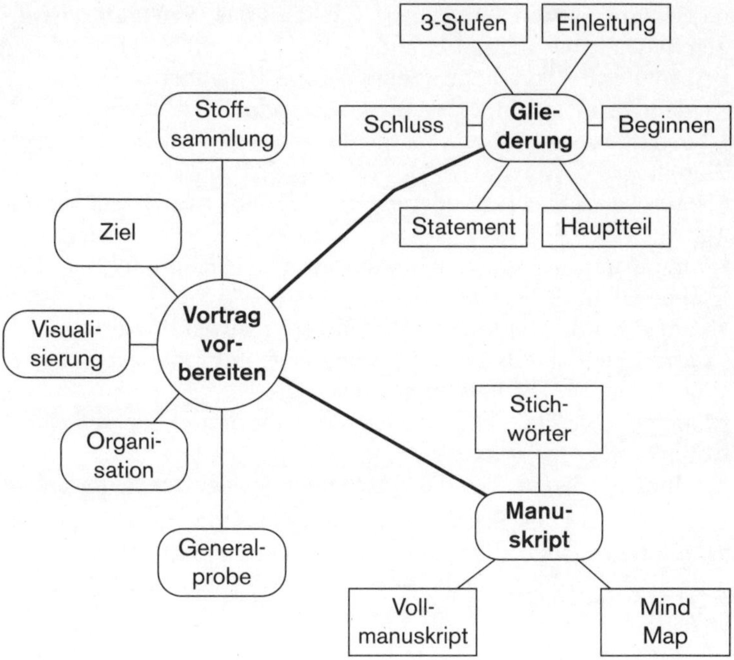

Mindmapping

ken in Zusammenhängen wird gefördert. Die Methode ist bei der Themenbearbeitung im Rahmen einer Moderation vielseitig einsetzbar. Sie wirkt als eine Art Initialzündung und liefert Denkanstöße.

Brainstorming ist eine Methode, um die Kreativität einer Arbeitsgruppe bei der Suche nach Ideen anzuregen. Es läuft in zwei Schritten ab. Im ersten Schritt (kreative Phase) wird innerhalb einer Gruppe zu einer vorgegebenen Fragestellung oder einem bestimmten Problem die Äußerung von Gedanken, Ideen oder Assoziationen durch die Gruppenmitglieder erwartet. Dabei kommt es in erster Linie auf eine möglichst große Anzahl von Lösungsvorschlägen an. Die Qualität dieser Vorschläge wird zunächst nicht beachtet. In dieser Phase geht Quantität vor Qualität. Jede Kritik an einem geäußerten Vorschlag ist während der kreativen Phase verboten.

Erläutern Sie den Teilnehmern zunächst das Verfahren. Visualisieren Sie die wichtigsten Grundregeln:

- Absolutes Kritikverbot während der kreativen Phase.
- Jede Idee, mag sie noch so ausgefallen sein, ist willkommen.
- Aufgreifen der Idee eines anderen und weiterentwickeln ist erlaubt.
- Formulieren Sie allein oder mit der Gruppe das Problem als Frage
- Vereinbaren Sie einen Zeitraum für die Ideenproduktion zwischen 10 und 20 Minuten.
- Vermeiden Sie Zeitdruck während der kreativen Phase.
- Lassen Sie sich die Ideen der Teilnehmer entweder zurufen oder von jedem auf Karten schreiben.
- Sammeln Sie sämtliche Ideen an einer Pinnwand oder auf einem Flipchart.
- Achten Sie darauf, dass die Regeln unbedingt eingehalten werden.

In einem zweiten Schritt (Bewertungsphase) werden die gesammelten Ideen strukturiert und bewertet. Die Bewertungsphase sollte deutlich von der ersten Phase abgesetzt sein, denn die Teilnehmer müssen „geistig umschalten“ können.

Brainstorming – alle Ideen dürfen ausgesprochen werden

Das Brainstorming liefert in kurzer Zeit eine große Zahl von Ideen, manchmal recht ausgefallene Gedanken, die zu völlig neuen Lösungsansätzen führen können. Teilnehmern, die mit der Methode nicht vertraut sind, fällt es oft schwer, sich an die Regeln zu halten. Insbesondere die konsequente Einhaltung des Kritikverbots fällt schwer.

Im Rahmen einer Moderation wird das Brainstorming als Gruppenmethode eingesetzt. In anderen Situationen des assoziativen Denkens kann es auch als Einzel-Brainstorming genutzt werden (z. B. beim Sammeln von Argumenten für eine Verhandlung oder bei der Stoffsammlung für einen Vortrag). Das Einzel-Brainstorming läuft wie folgt ab:

- Formulieren Sie eine eindeutige Frage (z. B. *„Was weiß ich alles über den Mitarbeiter Schneider?"*).
- Legen Sie eine begrenzte Zeitspanne zum Nachdenken (schöpferische Phase) fest.
- Notieren Sie sofort sämtliche Ideen, die Ihnen einfallen.
- Denken Sie nicht über die Verwendbarkeit der gefundenen Ideen nach.
- Schreiben Sie auch die verrücktesten Gedanken auf.
- Beginnen Sie mit der Auswertung (prüfen, werten, auswählen) erst nach Ablauf der schöpferischen Phase.

5. Smalltalk

Smalltalk bedeutet Plaudern über unverfängliche Themen. Der Duden spricht von beiläufiger Konversation, andere von Unterhaltung ohne Tiefgang. Mit Smalltalk ist unmittelbar keine Absicht, kein messbares Ziel verbunden, das durch das Gespräch erreicht werden soll. Smalltalk ist vielmehr eine Unterhaltung in lockerer, zwangloser Form über allgemeine, unverfängliche Themen oder Nachrichten, die nicht kontrovers diskutiert werden. Smalltalk kommt überall vor, wo Menschen sich in der Öffentlichkeit begegnen.

5.1 Smalltalk ist mehr als ein oberflächliches Geschwätz

Oft wird das Wort Smalltalk mit einem negativen Unterton belegt. Solche kritischen oder abwertenden Äußerungen zum Smalltalk beziehen sich immer auf den Inhalt des Gesprächs. Das trifft sicherlich auch für manches Gespräch zu, wenn lediglich Banalitäten ausgetauscht werden. Aber dabei muss es nicht bleiben. Smalltalk kann wesentlich mehr sein als oberflächliches oder gar sinnloses Geplauder. Der nachstehende Themenkatalog zeigt, dass ein guter Smalltalk geistige Anregung bieten kann, wodurch der eigene Horizont erweitert wird.

Außerdem sorgt ein gelungener Smalltalk für eine angenehme Atmosphäre und ermöglicht Gesprächspartnern, die einander unbekannt sind, sich gegenseitig kennen zu lernen. Menschen die einander fremd sind, gewinnen Vertrauen zueinander. Einige Minuten Smalltalk können in manchen Situationen darüber entscheiden, ob ein Gespräch weitergeführt werden soll. Ein typisches Beispiel ist das oft belächelte Partygespräch. Kann nicht das zunächst nur so dahinplätschernde Gespräch über den schon seit Wochen anhaltenden Regen der Einstieg sein für einen wichtigen beruflichen Kontakt oder eine private Beziehung?

Führungspositionen können nur erreicht und gehalten werden, wenn eine rhetorische Grundausstattung vorhanden ist. Und dazu zählt auch der Smalltalk. So verstanden ist die Fähigkeit zum Smalltalk eine Karrierevoraussetzung. Wer vorwärtskommen möchte, muss etwas zu sagen haben, auch wenn er damit eigentlich nichts sagt. Wer Smalltalk beherrscht, beweist soziale Kompetenz.

Es gibt Situationen, bei denen ein kleiner Smalltalk unumgänglich ist. Bei manchem betrieblichen Meeting, aber auch bei Familienfeiern kommen Menschen zusammen, die sich sonst lieber aus dem Weg gehen. Smalltalk ist in solchen Situationen die einzige Möglichkeit, miteinander zu kommunizieren, ohne zu persönlich zu werden oder unhöflich zu erscheinen. Das Gespräch an der Oberfläche schafft Akzeptanz und zeigt, ob sich tiefer gehende Gespräche lohnen. Am Beginn vieler Veranstaltungen ist der Smalltalk das ideale Instrument, um die offizielle oder inoffizielle Aufwärmphase zu gestalten. Wie anders soll die Wartezeit für die bereits Anwesenden vor einer Besprechung, einer Verhandlung oder einem Seminar überbrückt werden als mit einem kleinen Smalltalk? Auch beim Mitarbeitergespräch dient der Smalltalk als Vorspann für das Sachgespräch, in dem es dann um mehr geht als nur locker miteinander zu plaudern.

Aus dem vorher Gesagten ergibt sich, dass als Rahmen für den Smalltalk zwei Situationen zu unterscheiden sind. Der **freie Smalltalk** wird um seiner selbst geführt. Menschen kommen zusammen und es geht um nichts anderes, als sich in angenehmer Weise miteinander zu unterhalten. Dazu zählen z. B. die täglichen Begegnungen mit den Nachbarn auf der Straße, Gespräche in öffentlichen Verkehrsmitteln, Wartezimmergespräche, Stammtischgespräche, Pausengespräche, kurz gesagt alle Situationen in denen man lediglich miteinander spricht, um sich zu unterhalten. Auch vor Gruppenveranstaltungen (z. B. Konferenzen, Seminare) wird die Wartezeit bis zum Beginn im Allgemeinen mit unverfänglichen Themen überbrückt. Der **institutionalisierte Smalltalk** wird als Einstieg verstanden, um Kontakte zu knüpfen oder zu pflegen. Er wird geführt, um Beziehungen aufzubauen und aufrechtzuerhalten. Smalltalk ist bei der Kontaktpflege am Arbeitsplatz ebenso notwendig, wie als Türöffner für erfolgreiche Geschäftsbeziehungen.

Bei der Themenwahl gibt es beim freien und institutionalisierten Smalltalk keine Unterschiede. Man unterhält sich miteinander über ein unverfängliches, aber für beide Seiten interessantes Thema.

Zusammenfassend können wir festhalten, dass Smalltalk überall geführt werden kann, wo Menschen zusammentreffen. Mit einem Smalltalk wird unmittelbar kein Gesprächsziel verfolgt. Dennoch hat er seine Bedeutung als Kontaktbrücke oder Türöffner und um die Atmosphäre zu lockern. Ob gewollt oder nicht ist der Smalltalk bei vielen beruflichen und geschäftlichen Gesprächen ein notwendiges Vorspiel, um trotz aller Dringlichkeit eines Themas nicht mit der Türe ins Haus zu fallen. Die Gesprächspartner lernen sich gegenseitig kennen und stimmen sich für die anschließenden „ernsthaften" Gesprächsinhalte aufeinander ein.

Beginnen und beenden Sie Ihre Sach- und Fachgespräche mit einem Smalltalk. Mit dem Smalltalk erreichen Sie die Beziehungsebene. Sie zeigen Interesse an Ihrem Gesprächspartner. Sie zeigen, dass Sie neben dem rein Fachlichen auch an dem Menschen interessiert sind.

5.2 Themen im Smalltalk

Fehlende Themen sind eines der meistgenannten Argumente derjenigen, die sich beim Smalltalk schwertun. Setzen Sie sich nicht unter Druck. Nicht jeder Satz muss einen gedanklichen Höhenflug darstellen oder besonders geistreich und schlagfertig sein. Wer danach strebt, läuft Gefahr zu verkrampfen. Auch mit Alltagsthemen können gute Gespräche bestritten werden.

5.2.1 Ein gutes Smalltalk-Thema muss von allgemeinem Interesse sein

Im Gegensatz zum Sachgespräch oder der Verhandlung gibt es beim Smalltalk nach dem Inhalt, der Struktur oder der Verwendung bestimmter Instrumente keine Vorgaben. Im Gegenteil: Das entscheidende Merkmal beim Smalltalk ist ja gerade das lockere, spontane Plaudern. Sehen Sie Smalltalk wie ein Dominospiel: Stein folgt auf Stein – und das Muster entsteht von selbst (Bredemeier 2000, S. 288). Ein gutes Smalltalk-Thema sollte folgende Voraussetzungen erfüllen:

- Es muss von allgemeinem Interesse sein.
- Alle Gesprächsteilnehmer müssen etwas dazu sagen können, also kein Spezialistenthema, an dem sich nur Einzelne beteiligen
- Wegen einfacher Schulbildung darf niemand ausgeschlossen sein.
- Das Thema soll keinen Konfliktstoff enthalten.
- Ein gutes Smalltalk-Thema muss außerdem einen menschlichen Bezug haben. Theoretische oder abstrakte Themen verleiten dazu, Belehrungen zu erteilen, als Experte aufzutreten und Selbstdarstellung zu betreiben. Sie verhindern, dass Gemeinsamkeiten betont werden.
- Das Thema sollte vorrangig zu positiven Äußerungen Anlass geben.
- Keine Höhenflüge.

> Ein gutes Smalltalk-Thema muss so beschaffen sein, dass ein Gespräch auch mit Personen geführt werden kann, zu denen (noch) keine besondere Vertrauensbasis besteht. Das sind Themen aus dem Bereich der menschlichen Alltagserfahrungen, an denen jeder interessiert ist.

5.2.2 Darüber kann gesprochen werden

Beim Smalltalk hängt die Themenwahl davon ab, wie gut sich die Gesprächspartner kennen. Ein Thema ist schnell gefunden, wenn Sie über Ihre Gesprächspartner Bescheid wissen. Sie kennen Vorlieben, Interessen, oder Gemeinsamkeiten, die Sie ansprechen können. Auch auf frühere Themen können Sie zurückgreifen.

Aber worüber redet man mit jemandem den man bisher noch nicht kannte? Eine erste Möglichkeit, ein passendes Thema zu finden, ist das Zuhören. Gute Zuhörer werden als gute Gesprächspartner empfunden (vgl. S. 28). Durch Zuhören erfahren Sie, was Ihre Partner interessiert oder bewegt und können dann darauf eingehen. Stellen Sie das eigene Mitteilungsbedürfnis zurück und greifen Sie den Ball auf, den andere Ihnen zuwerfen. Der folgende Themenkatalog zeigt, dass man bei vielen Themen mitsprechen kann, ohne Experte zu sein. Auch wer Harry Potter weder aus Büchern noch aus Filmen kennt, kann doch sein Interesse an diesem Thema zeigen und sich erklären lassen, was er versäumt hat oder warum dieses Thema sehens- oder lesenswert ist.

Auch das gegenwärtige **Umfeld** oder die Situation, in der das Gespräch stattfindet bietet viele Aufhänger. Der gerade gehörte Vortrag, das eben eingenommene Essen, aber auch die Örtlichkeit oder die Umgebung und selbst das Wetter an diesem Tag sind geeignet. Der schlechte Ruf des Themas **Wetter** ist vielfach nicht berechtigt. Handelt es sich doch um ein Thema, das allen Gesprächspartnern gemeinsam ist. Wenn es persönlich gestaltet wird, ist das Wetter ein idealer Gesprächseinstieg. Auch der Umstieg vom Thema Wetter zu anderen Themen ist relativ einfach.

Auch beim Thema **Speisen und Getränke** gibt es viele Gemeinsamkeiten. Empfehlenswerte Gaststätten, bestimmte Einkaufsmöglichkeiten (z. B. Biobauern oder Schnäppchenläden), Lieblingsgerichte, bestimmte Rezepte, persönliche Hobbys und Vorlieben,

Wein und Weinlieferanten sind Themen, zu denen die meisten etwas sagen können.

Beim Thema **Haustiere** und den damit verbundenen Freuden und Einschränkungen fühlte sich kaum jemand ausgeschlossen. Jeder Hundebesitzer kann bestätigen, dass über das mitgeführte Tier wesentlich mehr Gespräche zustande kommen als ohne einen solchen Begleiter. Das Thema **Garten und Pflanzen** ist besonders ergiebig. Von den ersten Krokussen bis zum letzten Umgraben, um den Garten winterfest zu machen, liefert es genügend Gesprächsstoff. Auch wer keine Freude an der Gartenarbeit oder am Haustier hat kann über diese Einstellung berichten und elegant zu anderen Themen überführen, die ihm mehr liegen.

Besonders vielfältig und ergiebig ist der Themenkomplex **Musik, Kunst, Kultur**. Dabei ist es nicht erforderlich ein Wagner-Fan zu sein oder genau zu wissen, wann Picasso sein Guernica-Bild gemalt hat. Gerade die Vielfalt des kulturellen Themenbereichs bietet jedem eine Chance, sich ins Gespräch einzubringen. Die unterschiedlichen Interessen der Menschen bilden den Ausgangspunkt für ein abwechslungsreiches Gespräch, das Anregung für künftige Aktivitäten geben kann.

Der eigene **Wohnort,** der frühere Wohnort, der Wohnort des Gesprächspartners und die dort vorhandenen kulturellen Möglichkeiten, Einkaufsgelegenheiten, Verkehrsanbindung oder lokale und regionale Besonderheiten, sind nur einige Ansatzpunkt aus diesem umfassenden Themenkomplex. Viele Möglichkeiten bietet auch der Themenkomplex **Vereine und öffentliches Engagement.** Wer über sein politisches, gesellschaftliches oder soziales Engagement berichtet, ohne damit zu protzen, macht Pluspunkte und gewinnt vielleicht sogar Gleichgesinnte.

Der erlernte **Beruf,** die **gegenwärtige Tätigkeit, Studium und Ausbildung** sind ein weites Feld. Es kann auch für andere interessant sein, zu erfahren, warum aus dem gelernten Maschinenbau-Ingenieur ein Berufsschullehrer wurde. Auch die Hausfrau, die sich, als die Kinder aus dem Haus waren, entschlossen hat, nochmals etwas völlig Neues anzufangen und schließlich mit 48 Jahren die Prüfung zur Hauswirtschaftsmeisterin abgelegt hat, kann eine ergiebige Gesprächspartnerin sein.

Bei vielen Gelegenheiten kann auch über die **Familie** gesprochen werden. Bis zu einem bestimmten Alter sind es die Kinder, danach wird über die Enkel berichtet. Bei manchem Mitarbeitergespräch wird der Einstieg Familie gewählt, bevor der eigentliche Anlass (z. B. die jährliche Beurteilung) angesprochen wird.

Weitere beliebte Themenbereiche, die hier nicht weiter vertieft werden, können sein:
- Hobbys,
- besondere Fähigkeiten jenseits des Berufs,
- Freizeitbeschäftigung,
- Sport,
- Urlaub,
- private und berufliche Reisen, Währung Zoll,
- gemeinsame Bekannte und Freunde,
- besondere Ereignisse (Wahlen, lokale Großereignisse, sportliche Großveranstaltungen). Als diese Zeilen geschrieben wurden fand die Fußball-Weltmeisterschaft in Deutschland statt. Auch wer sich nicht für Fußball interessiert, blieb von diesem Thema nicht völlig verschont.

Wer seine Zeitung vollständig liest und sich nicht nur auf die erste Seite oder den Wirtschafts- oder Sportteil konzentriert, der findet genügend Anregungen. Die Zeitungslektüre hilft Ihnen, **aktuelle Themen** ins Gespräch einzubringen *(„Haben Sie gestern im Schwarzwälder Boten des Bericht über… gelesen?")*. Die regelmäßige Zeitungslektüre ermöglicht es Ihnen auch mitzusprechen, wenn andere ein aktuelles Thema anschneiden.

5.2.3 Diese Themen sind weniger geeignet

Aus den vorherigen Ausführungen wird deutlich, dass nahezu alle Themen möglich sind. Entscheidend ist nicht so sehr die Wahl der Themen als die Art, wie diese behandelt werden. Smalltalk ist ein unverbindliches Gespräch, deshalb sollte man vermeiden, zu streiten, zu jammern und mit Spezialwissen zu glänzen. Rechthaberei, Profilierungsstreben, überzogene Selbstdarstellungen, Auffallenwollen um jeden Preis und permanenter Negativismus sind nicht gefragt. Bringen Sie Lob und Anerkennung ein und halten Sie sich mit Kritik und Meckerei zurück.

Im Smalltalk geht es im Gegensatz zu vielen Fachgesprächen nicht darum, Gegensätze zu polarisieren, sondern das Gemeinsame zu betonen. Im Zweifelsfall lohnt sich der Verzicht auf Frust- und Angstthemen zu Gunsten von Themen, die den anderen zum Lächeln bringen oder ihm Freude bereiten.

Durch Smalltalk soll die Konversation in lockerer, zwangloser Form gepflegt werden – es sollen keine Streitigkeiten ausgelöst werden. Deshalb sind streitbare Themen und Pauschalurteile über bestimmte gesellschaftliche Gruppen zu meiden. Insbesondere für die ersten Kontakte mit neuen Gesprächspartnern sind folgende Themengruppen wenig geeignet oder sogar völlig tabu:

- Geld (Vermögen, Wertapiere) und Geschäfte,
- Körper (Gewicht, Aussehen, Krankheiten, Tod),
- Politik,
- Religion, Moralvorstellungen, Persönliche Ansichten, Wertesystem,
- Rassenfragen,
- Ehe- oder Partnerschaftsprobleme,
- Witze.

Diese Themen sind oft zu speziell, zu persönlich oder zu brisant. Auch Kritik am Essen oder den Gastgebern oder anderen anwesenden Personen sind nicht gefragt. Halten Sie sich auch zurück bei Klatsch und Tratsch. Die neuesten Skandalgeschichten über Abwesende zeugen zwar von Verbundenheit, Informiertheit und reger Anteilnahme am Leben anderer. Das Lästern macht Spaß und nach wenigen Minuten können sich zwei vorher Fremde wie halbe Verschwörer vorkommen. Aber gehen Sie nicht zu weit. Irgendwann fragt sich Ihre neue Bekanntschaft vielleicht, wann und bei welcher Gelegenheit sie von Ihnen durchgehechelt wird. Hören Sie zu, wenn über Abwesende getratscht wird, aber halten Sie sich selbst mit eigenen Informationen zurück.

Fast alle Tabus kennen Ausnahmen. Passen Sie Ihre Themen dem Umfeld oder der Begebenheit an. Es hängt von der Situation und dem Gesprächspartner ab, welche Themen geeignet sind. Jedes sog. Tabu-Thema kann angesprochen werden, wenn die Gesprächspartner mitziehen. Auf einem Parteitreffen wird natürlich über Politik

Nicht alle Themen sind beim Smalltalk geeignet

gesprochen, allerdings sollten Sie mit abweichenden Ansichten vorsichtig sein. Eheprobleme und Geschäfte können ein Gesprächsthema werden, wenn Ihr Gegenüber ein Fachmann oder eine Fachfrau ist, für deren Erfahrung Sie sich interessieren. Ihr Fingerspitzengefühl entscheidet, wie weit Sie ins Detail gehen. Sie sollten beispielsweise niemals einem Arzt auf einer Party Ihre Krankengeschichte schildern. Nicht so im Wartezimmer des Arztes. Es ist nur natürlich, dass hier gegenseitig über die Ursache des Arztbesuchs informiert wird.

> Vorsicht, wenn Sie ein Tabu-Thema anschneiden. Beobachten Sie, ob die Gruppe auf das Thema eingeht oder nur aus Höflichkeit zuhört.

5.3 So läuft's im Smalltalk

In diesem Kapitel finden Sie die wichtigsten Smalltalk-Techniken. Das mag zunächst wie ein Widerspruch erscheinen. Einerseits geht es beim Smalltalk um das lockere Gespräch ohne konkretes Ziel, andererseits werden spezielle Techniken empfohlen, um es zu führen. Aber wie bei jedem anderen Gespräch gilt auch für den Smalltalk: Sie benötigen nicht nur ein geeignetes Thema, sondern Sie müssen auch wissen, wie Sie darüber sprechen.

5.3.1 Einstieg in einen Smalltalk

Neben der Suche nach einem geeigneten Thema ist die Angst, ein Gespräch zu beginnen das zweite große Problem für viele Smalltalk-Skeptiker. Beruflich wie privat zählt der erste Eindruck, den Sie auf Ihren Gesprächspartner machen. Die ersten 30 bis 45 Sekunden einer Unterhaltung entscheiden darüber, ob diese fortgesetzt wird oder nicht. Freundlichkeit und Verbindlichkeit sollten selbstverständlich sein, gleichgültig, ob Sie mit Freunden oder Fremden sprechen. Im Berufsleben zählt außerdem, wie professionell eine Vorstellung ausfällt.

Beim Einstieg in einen Smalltalk folgen mehrere Schritte aufeinander. Wie bei jedem anderen Gespräch steht am Anfang ein **Gruß**. Ob sich zwei Nachbarn auf der Straße begegnen oder Kollegen im Betrieb, man wird sich zunächst begrüßen. Ein einfaches *„Guten Tag“* oder *„Guten Abend“* oder die jeweils regional übliche Grußformel (*„hallo“, „grüß Gott“, „grüß dich“* usw.) reichen aus.

Das gilt auch dann, wenn Sie sich in völlig fremder Umgebung befinden und niemanden kennen. Wenn Sie den Gruß mit einem kurzen **Aufmerksamkeitssignal** verbinden (*„Ich glaube wir kennen uns noch nicht“*), dann werden Sie bestimmt nicht als aufdringlich empfunden. Als Nächstes folgt eine kurze **Vorstellung** (*„Mein Name ist…“*). Der letzte Schritt ist ein Hinweis auf den **Anlass**, warum Sie an der Veranstaltung teilnehmen (*„Ich bin eine Arbeitskollegin von Herrn Schneider“*). Falls ein solcher Hinweis nicht ausreicht, um einen erstes Gesprächsthema zu finden, dann fügen Sie noch etwas Weiteres von sich selbst hinzu, das zum Anlass passt.

Gruß und Vorstellung dürften kein Problem sein. Aber wie sieht es mit dem dritten Schritt aus? Wie sprechen Sie mit einer Person, von der Sie allenfalls den Namen wissen, nachdem sie sich ebenfalls vorgestellt hat? Was Sie jetzt brauchen, sind Interesse am Mitmenschen, Aufgeschlossenheit und positive Neugierde. Machen Sie Ihr Thema „persönlich“. Gehen Sie in Vorleistung; berichten Sie etwas von sich selbst (Ich-Botschaft, vgl. S. 57) oder betonen Sie eine Gemeinsamkeit.

Nehmen Sie an, ein Freund, der Sie zu einer Party mitgenommen hat, wurde dort schnell in ein Gespräch verwickelt und hat Sie allein stehen lassen. Was tun? Suchen Sie sich ein „Opfer" aus, dem es ebenso geht. Begrüßen Sie diese Person, nennen Sie Ihren Namen und sprechen Sie dann genau das Problem an, das Sie im Augenblick haben. Fragen Sie, ob es dem anderen ebenso gehe wie Ihnen, ob er ebenfalls völlig fremd wäre. Entweder Ihr neuer Partner kommt sich ebenfalls verlassen vor und Sie werden auf dieser Schiene weitersprechen oder aber, er ist ein Insider und wird Ihnen antworten, warum er sich auf dieser Party befindet. Zumeist enthält die erste Auskunft schon Anknüpfungspunkte *(„Ach Sie haben zusammen studiert?" „An welcher Uni?" „Wenn Sie schon öfter hier waren, können Sie mir sicher sagen, ...)*

5.3.2 Mit Fragen das Gespräch führen

Fragen sind wie bei anderen Gesprächen auch das wichtigste Instrument beim Smalltalk. Wer viel fragt, verhindert, dass das Gespräch stockt oder Langweile aufkommt. Auch hier gilt, dass es die richtigen Fragen sein müssen, nämlich offene. Geschlossene Fragen führen zu einer Antwort, die nur aus einem Wort besteht. Offene Fragen geben dem Gesprächspartner dagegen die Möglichkeit, mit ganzen Sätzen zu reagieren und sich damit ins Gespräch einzubringen. (Einzelheiten zur Fragetechnik, vgl. S. 20ff.).

Völlig anders ist die Situation, wenn jemand etwas Falsches sagt, und Sie korrigierend eingreifen möchten. Statt zu widersprechen (und damit unnötig Spannung ins Gespräch zu bringen), können Sie die Behauptung hinterfragen.

Beispiel: Wenn Ihr Gesprächspartner behauptet, dass alle ausländischen Arbeitskräfte faul sind, dann geben Sie die Behauptung einfach als Frage zurück: *„Sie glauben also, dass Ausländer alle faul sind?" „Natürlich!" „Woher haben Sie diese Kenntnisse?" „Aber das hört man doch allgemein." „Wer sagt das?"* Falls der Gesprächspartner überhaupt ein Einzelbeispiel nennen kann, dann können Sie mit der „Ja, aber-Methode" (vgl. S. 39) darauf hinweisen, dass zwar der Einzelfall zutreffen mag, Sie jedoch die Behauptung „alle Ausländer wären faul" für eine unzulässige Verallgemeinerung hielten.

Das Beispiel lässt erkennen, dass die ursprüngliche Behauptung mit jeder weiteren Frage weiter abgeschwächt wird. Die Methode funktioniert nur, wenn Sie sachliche Fragen stellen. Vermeiden Sie jegliche Ironie und Kritik, sonst schüren Sie den Konflikt weiter.

Fragen im Smalltalk sind immer geeignet, wenn es nicht zu einem einseitigen Abfragen kommt. Smalltalk ist ein Gespräch auf Gegenseitigkeit. Jeder soll zu Wort kommen, jeder erzählt etwas von sich und erfährt etwas von seinem Gegenüber. Das darf aber nicht zum Verhör werden. Das ist dann der Fall wenn eine Seite nur fragt und die andere nur Antwort gibt. Fragen sind gut, um ein Gespräch weiterzuführen, aber es darf nicht dazu kommen, dass ganze Fragesalven abgeschossen werden.

Wenn Ihr Partner Fragen stellt, dann geben Sie eine vollständige Antwort (auch bei geschlossenen Fragen). Vermeiden Sie einsilbige Ja/Nein-Antworten. Wenn das Gespräch einmal ins Stocken gerät, dann warten Sie einige Sekunden. Falls Ihr Partner nicht von sich aus weiterspricht, dann stellen Sie nochmals eine Frage.

Im Smalltalk können (im Gegensatz zu den Empfehlungen der Fragetechnik, vgl. S. 27) auch **Doppelfragen** gestellt werden, denn es kommt nicht unbedingt darauf an, dass beide beantwortet werden.

Beispiele:
„Wann haben Sie Urlaub und was haben Sie dann vor?"
„Ziehen Sie Sommer- oder Winterurlaub vor und was machen Sie dann?"

Achten Sie darauf, dass beide Seiten zu Wort kommen. Wer Spaß hat am Smalltalk oder wer gerade an einem Thema beteiligt ist, über das er viel weiß, läuft Gefahr, zu redselig zu werden. Achten Sie auf Ihren Gesprächspartner, ob er wirklich noch zuhört und an der Unterhaltung teilnimmt oder ob er sich gelangweilt im Raum umschaut. Geben Sie Ihrem Partner die Chance, sich am Gespräch zu beteiligen oder ziehen Sie ihn durch eine Frage bewusst in das Gespräch ein. Prüfen Sie, ob ein Themenwechsel angebracht ist.

Erweisen Sie sich selbst als guter **Zuhörer**. Stellen Sie Fragen und lassen Sie sich Dinge und Erlebnisse erzählen statt selbst zu argumentieren oder gar Überzeugungsreden zu halten. Verschaffen Sie Ihren Gesprächspartnern Gelegenheit, sich selbst darzustellen. Zeigen Sie Ihrem Gesprächspartner Ihr Interesse an seinen Ausführungen, indem Sie die wichtigsten Zuhörsignale einsetzen: regelmäßiger Blickkontakt, sichtbare Gestik und Mimik (z. B. Nicken) und verbale Rückmeldungen.

5.3.3 Gesprächspartner mit dem Namen ansprechen

Zu einem guten Smalltalk gehört die Verwendung des Namens Ihres Gesprächspartners. Jeder Mensch hört gerne seinen Namen (vgl. S. 84). Es ist ein Zeichen von Wertschätzung, wenn Sie den Namen Ihres Partners bei der zweiten Begegnung verwenden können. Machen Sie von dieser Erkenntnis Gebrauch.

Fragen Sie nach, wenn Sie bei einer Vorstellung den Namen Ihres Partners nicht richtig verstanden haben. *(„Entschuldigen Sie, ich habe Ihren Namen nicht richtig verstanden“).* Ihr Interesse wird positiv gewertet, denn jeder weiß aus eigener Erfahrung, wie schwer es ist, neue Namen mitzubekommen und zu behalten. Auch wenn Sie den Namen im Verlauf eines Gesprächs vergessen haben, und wieder mit demselben Partner zusammentreffen oder wenn Sie den Namen aus früheren Begegnungen kennen sollten und vergessen haben, dann nimmt Ihnen niemand übel, wenn Sie sich nochmals nach dem Namen erkundigen. *(„Leider habe ich Ihren Namen vergessen. Würden Sie ihn mir bitte nochmals sagen“.)*

Sprechen Sie während des Gespräches Ihren Partner immer wieder mit seinem Namen an. Dadurch bringen Sie ein persönliches Element ins Gespräch und schaffen ein vertrautes Klima. Je häufiger Sie den Namen verwenden, umso geringer ist die Gefahr, ihn gleich wieder zu vergessen.

Negativ wird es empfunden, wenn Sie sich auch beim fünften Zusammentreffen den Namen immer noch nicht gemerkt haben. In einem solchen Fall sollten Sie Ihr Namensgedächtnis etwas trainieren. Verbildlichen Sie den Namen.

5.3.4 Beenden und überleiten zum Sachgespräch

Wie jedes Sachgespräch sollte auch der Smalltalk positiv beendet werden. Freundlichkeit und Höflichkeit sind auch dann angebracht, wenn Sie sich zuletzt gelangweilt haben oder an einen Gesprächspartner geraten sind, der nicht auf Ihrer Wellenlänge liegt.

Die Ausgangssituationen zum Beenden eines Smalltalks können unterschiedlich sein. Vielleicht erkennen Sie an der Körpersprache oder einer längeren Gesprächspause Ihres Gesprächspartners, dass dieser das Gespräch beenden möchte. Oder Sie selbst möchten noch mit anderen Anwesenden sprechen oder haben noch dringende Aufgaben zu erledigen. Auch wenn ein Smalltalk nur der Vorspann zu einem Sachgespräch ist (z. B. bei einem Mitarbeitergespräch), sollte diese Gesprächsphase so abgeschlossen werden, dass der Partner erkennt, dass Sie nicht nur eine Pflichtübungen absolviert habe.

Wenn Sie ein interessantes Gespräch geführt haben, dann lassen Sie das den Partner wissen. Stellen Sie Ihr Interesse an dem Thema nochmals deutlich heraus (*„Ihr Bericht über Ihre Wandertour in der Schweiz hat mich wirklich interessiert. Ich überlege mir, ob wir nicht auch einmal einen ähnlichen Urlaub machen möchten.“)*. Auch wenn Sie Ihre Dankbarkeit und Wertschätzung Ihrem Partner gegenüber ausdrücken, wird das nicht als aufdringlich empfunden. *(„Das war ein angenehmes Gespräch mit Ihnen. Ich habe mich ausgezeichnet unterhalten und werde einige Anregungen mitnehmen.)“* Je nach Situation, kann auch ein Blick nach vorn angebracht sein (*„Wir sollten unser Gespräch unbedingt zu einem anderen Zeitpunkt fortsetzen“* oder *„dieses Thema sollten wir gelegentlich noch etwas vertiefen“*).

Der Abschluss kann knapper ausfallen, wenn der Smalltalk nur zur Überbrückung bis zum Beginn eines anderen Teils einer Veranstaltung dient; z. B. bei einem Vortrag, einem Seminar oder einer Konferenz. *(„Ich glaube wir sollten unsere Plätze einnehmen, es scheint loszugehen“)*. Wenn der Smalltalk als Einleitung zu einem Gespräch dient, dann liegt es im Interesse beider Partner, dass rechtzeitig ein Wechsel zum eigentlichen Thema stattfindet (*„Dazu ließe sich noch einiges sagen, aber ich schlage vor, dass wir uns zunächst unserem Thema zuwenden“.)*

> Scheuen Sie sich nicht, einen Smalltalk rechtzeitig zu beenden. Lassen Sie den Partner aber immer erkennen, dass das Gespräch Ihnen etwas gebracht hat.

Teil C: Vor anderen sprechen – Sachvortrag, Präsentation, Gelegenheitsrede

Sprechen vor Publikum ist das gemeinsame Merkmal zahlreicher Kommunikationsformen. Anders als beim Gespräch steht der Redner im Zentrum der Aufmerksamkeit. In der Kommunikationswissenschaft wird diese Situation als Einwegkommunikation bezeichnet.

1. Es gibt zahlreiche Redeformen

Die Bandbreite möglicher Redeanlässe erstreckt sich von ein paar freundlichen Worten anlässlich einer Familienfeier über die zahlreichen Lehrvorträge im Studium oder in der Ausbildung bis zu großen Fachvorträgen oder Kundenpräsentationen, bei denen es um Millionenbeträge gehen kann. Entsprechend groß ist die Zahl der verwendeten Begriffe. Rede, Vortrag, Ansprache, Präsentation, Referat oder Vorlesung sind nur eine kleine Auswahl. Auch die Predigt im Gottesdienst oder das Plädoyer des Anwalts sind zwei Formen des Redens vor Publikum.

Es bringt wenig, darüber zu streiten, ob Sie in einer bestimmten Situation eine Ansprache, eine Rede oder einen Vortrag halten. Viel wichtiger ist, was Sie mit Ihrem Auftritt erreichen wollen. Unter diesem Aspekt lassen sich alle Sprechsituationen vor Publikum in drei Grundformen zusammenfassen:

- Überzeugungsreden
- Informationsreden
- Gelegenheitsreden

Überzeugungsreden werden gehalten, wenn der Redner sich zu einer kontroversen Frage äußert. Er vertritt seinen eigenen Standpunkt und versucht, andere davon zu überzeugen oder zu einem bestimmten Tun zu veranlassen. Die Überzeugungsrede endet in aller Regel mit einem Appell an die Zuhörer. Einige Beispiele für Überzeugungsreden sind:

- Politische Reden,
- Spendenaufrufe,
- Verkaufsvorträge,
- Sicherheitsbelehrung,
- Predigt,
- Plädoyer.

Informationsreden dienen der Darstellung und Klärung von Sachverhalten sowie der Informations- oder Wissensvermittlung. Die Inhalte werden (weitgehend) wertfrei dargeboten. Informationsreden richten sich vorwiegend an den Verstand der Zuhörer. Typische Beispiele sind:

- Lehrvorträge,
- Fachvorträge,
- wissenschaftliche Referate,
- Geschäftsberichte,
- Berichte in Gremien,
- Reiseberichte.

Angeborenes Redetalent

Gelegenheitsreden werden wegen eines persönlichen Anlasses gehalten. Eine Person oder ein Ereignis werden gewürdigt, zusätzlich soll das Publikum in den meisten Fällen auch unterhalten werden. Die Gelegenheitsrede befasst sich mit der augenblicklichen Situation, in der sie gehalten wird. Als Beispiele seien genannt:

- Begrüßung oder Verabschiedung von Mitarbeitern,
- Ehrungen bei Jubiläen,
- Glückwünsche bei Geburtstagen, Hochzeiten usw.,
- Gästebegrüßung,
- Eröffnung und Abschluss von Veranstaltungen,
- Trauerrede.

Informations- und Überzeugungsreden haben einen Sachinhalt; sie werden deshalb auch als **Sachvortrag** bezeichnet. Einzelheiten zur Vorbereitung und Durchführung von Sachvorträgen finden Sie in den folgenden Kapiteln C.2 bis C.4 Die verschiedenen Formen der Gelegenheitsrede werden in Kapitel C.5 dargestellt.

Bei Vorträgen kann nach der Dauer nochmals in den normalen Vortrag und den Kurzbeitrag unterschieden werden. Letzterer wird auch als **Statement** bezeichnet. Einige Empfehlungen zur Gestaltung eines Statements finden Sie ab Seite 181.

Für Informations- und Überzeugungsvorträge hat sich in den letzten Jahren immer stärker der Begriff Präsentation durchgesetzt. Eine **Präsentation** setzt sich aus einem Vortragsteil und einem Diskussionsteil zusammen und kann von einer oder mehreren Personen durchgeführt werden. Die Präsentationsinhalte werden mithilfe von Sprache und Medien dargestellt. In einer Kurzdefinition zusammengefasst, kann die Präsentation als ein Vortrag mit Medienunterstützung bezeichnet werden, an den sich eine Diskussion anschließt. Der Übergang vom Vortrag zur Präsentation ist fließend. Je umfangreicher der Anteil der Medien wird, umso stärker geht der Vortrag in eine Präsentation über. Die Regeln zur Vorbereitung und Durchführung von Sachvorträgen gelten auch für Präsentationen.

Von einer **Stegreifrede** wird gesprochen, wenn jemand aus der bestehenden Situation heraus, also ohne Vorbereitung, eine Rede hält. Die Stegreifrede ist keine eigene Redeform im bisher besprochenen Sinne, denn die drei Grundformen (Überzeugungs-, Informations-

und Gelegenheitsrede) können immer auch Stegreifreden sein. Auch die Wortbeiträge in Diskussionen sind zumeist kleine Stegreifreden. Hinweise zur erfolgreichen Gestaltung von Stegreifreden finden Sie bei den beiden wichtigsten Anwendungssituationen, dem Statement (vgl. S. 181) und der Gelegenheitsrede (vgl. S. 232).

2. Vorbereitung von Sachvorträgen und Präsentationen

Der erste Schritt zum Erfolg ist eine gute Vorbereitung. Folgende Fragen müssen geklärt werden:

- Was soll erreicht werden (Ziel)?
- Wer soll angesprochen werden (Zielgruppe)?
- Was soll vermittelt werden (Inhalt/Dauer)?
- Wie soll der Stoff strukturiert werden (Gliederung)?
- Wie läuft das Ganze ab (Organisation)?

2.1 Vortragsziel und Zuhörer

Wer einen Vortrag hält, muss wissen was er damit erreichen möchte. Er muss sein **Vortrags- oder Präsentationsziel** kennen. Nicht immer liefert das Thema eine eindeutige Auskunft. Wenn Sie einen Vortrag oder eine Präsentation im Auftrag eines anderen durchführen (z. B. Sie vertreten Ihren erkrankten Vorgesetzten), dann klären Sie mit dem Auftraggeber die Zielsetzung.

Beispiel: Bei der Firma Phantasia AG ist Herr Meier für die Ausbildung der gewerblichen Auszubildenden zuständig. Der Personalleiter Müller überrascht ihn mit folgendem Auftrag: *„Herr Meier, Sie müssen mich in der übernächsten Woche im Arbeitskreis Personalentwicklung vertreten. Ich soll dort zum Thema ‚Ausbildung im Verbund‘ referieren und bin verhindert. Sie waren ja von Anfang an bei der Entwicklung und Umsetzung des Konzepts dabei und kennen sich bestens mit diesem Thema aus.“*

Hier stellt sich für Herrn Meier die Frage nach dem Vortragsziel. Sollen z. B. lediglich die eigenen Erfahrungen dargestellt werden (Informationsvortrag), sollen die Zuhörer für eine Teilnahme am Verbund gewonnen werden (Überzeugungsvortrag) oder welches andere Ziel wird verfolgt?

Formulieren Sie Ihre Vortragsziele eindeutig. Die beiden Hauptziele „Informieren“ oder „Überzeugen“ geben zwar die grobe Richtung vor, aber sie müssen noch konkretisiert werden. Nur anhand eindeutig definierter Ziele können Sie beurteilen, ob Sie mit Ihrem Vortrag die beabsichtigte Wirkung erreicht haben. Überlegen Sie sich deshalb schon bei der Vorbereitung Kriterien, mit deren Hilfe Sie Ihr Vortragsziel messen können.

Das Vortragsziel ist bestimmend für die weitere Planung und Vorgehensweise. Die Stoffsammlung und Stoffauswahl werden nicht ohne genaue Kenntnis des Vortragsziels möglich sein. Aber auch für die Gliederung Ihres Vortrags, für die Wahl der rhetorischen Mittel oder die Entscheidung, welche Vortragsteile visuell unterstützt werden sollen, müssen Sie Ihr Redeziel kennen.

Das vorstehende Beispiel zeigt, dass bei der Festlegung des Redeziels immer auch die **Zielgruppe** zu beachten ist. Mit Zielgruppe ist der Teilnehmerkreis gemeint, vor dem Sie Ihren Vortrag halten. Versetzen Sie sich gedanklich in die Situation Ihrer Zuhörer, damit Sie Ihre Ausführungen zuhörerorientiert darstellen können.

Nur wer die Erwartungen und Wünsche seiner Zuhörer kennt, wird in der Lage sein, diesen auch den Nutzen und die Vorteile seiner Vorschläge aufzuzeigen oder vorhandene Informationslücken zu schließen. Eine überzeugende Metapher entwirft Weidenmann, der empfiehlt, einen Vortrag als „Geschenk“ an das Publikum zu sehen (Weidenmann 2002, S. 64). Wer ein Geschenk für jemanden aussucht, den er schätzt oder der ihm sympathisch ist, der überlegt sich, was der andere bereits hat, was er brauchen kann, worüber er sich freut. Für den Vortrag bedeutet dies, vorher genau zu überlegen, was die Zuhörer schon wissen, was sie noch wissen möchten, was sie interessiert, worüber sie sich freuen. Die Stoffauswahl unter diesen Aspekten wird nur möglich sein, wenn Sie genau wissen, wer Ihre Zuhörer sind.

Folgende Fragen können Ihnen bei der Einschätzung Ihres Publikums hilfreich sein:

- Wer sind die Zuhörer (Alter, Bildungsniveau, Zugehörigkeit zu einer bestimmten Gruppe usw.)?
- Wie groß wird die Gruppe etwa sein?

- Wie homogen ist die Gruppe?
- Wer wird (soll) anwesend sein?
- Haben einzelne Zuhörer einen Sonderstatus (z. B. unmittelbar Betroffene, Entscheidungsträger, Außenstehende)?
- Warum besuchen die Teilnehmer den Vortrag?
- Welche Erwartungen haben die Zuhörer an das Thema?
- Welchen Nutzen hat das Publikum von meinen Ausführungen?
- Welche Erfahrungen sind vorhanden?
- Über welche Fachkenntnisse verfügen die Zuhörer?
- Auf welchen Vorkenntnissen kann ich aufbauen?
- Welche Sprache versteht das Publikum (z. B. Fachsprache oder nicht)?
- Mit welchen Einwänden oder Vorurteilen ist zu rechnen?
- Welche Begriffe müssen geklärt (definiert) werden?

Beispiel: Herr Meier in unserem Beispiel sollte unbedingt wissen, ob die Teilnehmer schon Erfahrung mit der Verbundausbildung haben oder erstmals mit diesem Thema konfrontiert werden. Auch Kenntnisse über die Funktion der Anwesenden (z. B. Ausbilder, Personalleiter, Geschäftsleitung) könnten hilfreich sein.

Wichtig ist auch, wie Sie selbst zu Ihrem Thema stehen. Erinnern Sie sich an die Schule, die Ausbildung, das Studium oder auch manches Seminar, an dem Sie teilgenommen haben. Manchem Lehrenden war die Lustlosigkeit oder das fehlende Interesse ins Gesicht geschrieben. Das Thema wurde heruntergespult, ohne dass bei den Zuhörern die geringste Begeisterung entstanden ist. Der Lernerfolg war mangelhaft.

Vielleicht fallen Ihnen auch Gegenbeispiele ein und Sie erinnern sich an Lehrveranstaltungen, zu denen Sie gerne gegangen sind. Sie haben gespürt, dass der Lehrende Spaß hat an seinem Thema, dass er sich engagiert, dass er von dem was er vortrug, auch selbst überzeugt war. In der empirischen Lehr-Lern-Forschung wurde der Enthusiasmus-Faktor als ein Merkmal erfolgreicher Lehrer nachgewiesen (Weidenmann, 2002, S. 62). Prüfen Sie sich selbst vor jedem Vortrag,

- ob Sie über die notwendige Kompetenz für Ihr Thema verfügen,
- ob Sie hinter Ihrem Thema stehen und

- ob es Ihnen Freude bereitet, Ihre Gedanken gerade diesem Publikum vortragen zu können.

Nur wenn Sie zu Ihrem Thema „etwas zu sagen haben“ und mit einer positiven Einstellung zum Thema und Auditorium antreten, können Sie hoffen, dass der Begeisterungsfunke überspringt. Wenn Sie Ihr Thema gern vortragen, wird dies auch durch Ihre Körpersprache (vgl. S. 259) ausgedrückt. Es wird Ihnen nicht schwerfallen, Blickkontakt zu halten und mit entspannter Mimik und lockerer Gestik vor Ihr Publikum zu treten.

2.2 Stoffsammlung

Auf die Klärung des Redeziels folgen die Stoffsammlung und Stoffauswahl. Wer über die erforderliche Fach- und Sachkompetenz verfügt, dem bereitet die Stoffsammlung in der Regel keine Probleme. In diesem Schritt dominieren die quantitativen Aspekte, d. h. es wird zunächst einmal möglicht viel Stoff zusammengetragen. Folgende Fragen helfen weiter:

- Was gehört alles zum Thema?
- Welche Kenntnisse habe ich selbst?
- Wo finde ich Material?
- Was liegt bereits vor?
- Wer kann mir behilflich sein?

Nutzen Sie möglichst viele Quellen: Die wichtigste Quelle für fachliche Themen ist die Fachliteratur. Die dort gefundenen Fachinformationen sollten aber unbedingt ergänzt werden durch „aktuelle“ Aussagen, die Sie aus eigener Erfahrung, aus Gesprächen oder Rundfunk, Fernseh- und Zeitungsnachrichten erhalten. Nur so bringen Sie in Ihren Vortrag die notwendige Würze und langweilen Ihr Publikum nicht.

Stoffsammlung auf Stichwortzetteln: Halten Sie bei der Materialsuche zunächst alle Gedanken fest, die Ihnen einfallen. Zu diesem frühen Zeitpunkt können Sie noch nicht entscheiden, was Sie endgültig vortragen werden. Denken Sie nicht zu früh darüber nach, wie Sie gliedern werden. Gliedern können Sie erst, wenn Sie Ihr Material zusammengetragen haben. Eine zu frühe Sortierung des Materials würde dazu führen, dass der weitere Ideenfluss blockiert wird. Auch ein zum gegenwärtigen Zeitpunkt abwegiger oder unfertiger Gedanke, kann sich weiterentwickeln oder erst später verwertbar erscheinen.

Für die Materialsuche hat sich folgende Vorgehensweise bewährt:

- Schreiben Sie als Erstes das Thema und Redeziel auf ein Kärtchen und legen Sie dieses vor sich, so dass Sie es immer vor Augen haben. Damit können Sie ständig überprüfen, ob Sie noch zielorientiert arbeiten.
- Sammeln Sie zunächst den gesamten Stoff, der zu Ihrem Thema passt und von dem Sie glauben, dass Sie ihn aufnehmen möchten.
- Halten Sie neben dem systematisch gesuchten Material auch alle Spontanideen fest, auch wenn diese noch nicht ganz durchdacht sind.
- Notieren Sie alle Gedanken zunächst auf Stichwortzettel (vgl. S. 185).
- Wählen Sie erst danach aus, welche Informationen Sie endgültig aufnehmen und mit welchem Gewicht Sie diese vortragen möchten.
- Schreiben Sie je Zettel jeweils nur einen Gedanken auf. Damit können Sie später durch Umsortieren die notwendige Ordnung entsprechend Ihrer Gliederung herstellen.
- Halten Sie Platz frei für Ergänzungen.
- Schreiben Sie groß und deutlich, damit Sie einige Karten direkt in Ihr Stichwortmanuskript übernehmen können.
- Nehmen Sie genaue Quellenangaben auf, um bei entsprechenden Fragen Auskunft geben zu können.

Stoffauswahl und Gewichtung: In dieser Vorbereitungsstufe kommen qualitative Aspekte hinzu. Aus der Fülle des Materials muss ausgewählt werden, was in der begrenzten Zeit vorgetragen werden soll und kann. Als Orientierung für die Stoffauswahl dient die Zielsetzung. Anhand der Zielsetzung und Zielgruppe wird auch überprüft, welches Gewicht die einzelnen Teile in der Gesamtdarstellung haben sollen. Folgende Fragen können bei dieser Entscheidung helfen:

- Was muss unbedingt vorgetragen werden, weil es zum Verständnis beiträgt und/oder meine Argumentation stützt?

- Was kann (bei knapper Zeit) am ehesten wegbleiben?
- Welchen Nutzen haben die einzelnen Aussagen für die Zuhörer?
- Gibt es aus Sicht der Zuhörer negative Auswirkungen zu beachten?
- Welche Aussagen sind zum Erreichen des Präsentations- oder Vortragziels am wichtigsten?
- Wo und in welchem Umfang muss die Vorgeschichte dargestellt werden? Welche Konsequenzen ergeben sich aus der Vorgeschichte für den Vortrag?
- Was kann zu Kernaussagen zusammengefasst werden?
- Dürfen bestimmte Dinge nicht gesagt werden (Fettnäpfchen vermeiden)?
- Welche Möglichkeiten zur Auflockerung habe ich?
- Müssen die Ausführungen von Vorrednern beachtet werden?
- Ist eine anschließende Diskussion vorgesehen?
- Was kann in die Diskussion verschoben werden?

Wählen Sie Ihr Vortragsmaterial auch danach aus, ob Sie

- Neues vermitteln,
- Ungewöhnliches darstellen oder
- Gefühle ansprechen.

Haben Sie Mut, Wissen, über das Sie verfügen oder Material, das Sie gesammelt haben, wegzulassen. Sie benötigen von der Gesamtzeit auch noch einige Minuten für Orientierungshilfen und andere von den Zuhörern geschätzte Informationen (Beispiele, anschauliche Formulierungen, aktuelle Bezüge, rhetorische Fragen, Medieneinsatz).

Beispiel: Wenn die Teilnehmer an Herrn Meiers Präsentation erstmals etwas über Verbundausbildung erfahren, dann muss er vorwiegend Inhalte aufnehmen, die dem Verständnis des Verfahrens dienen. Sollen die Anwesenden dagegen für eine Teilnahme gewonnen werden, dann sollte Herr Meier auf jeden Fall auch Kosten-Nutzen-Aspekte darstellen.

Bereiten Sie sich auch auf die Menschen vor, denen Sie Ihre Gedanken vortragen. Berücksichtigen Sie auch die emotionale Seite. Wählen Sie nicht nur nach Ihren eigenen Interessen, sondern nach den Interessen Ihrer Zuhörer aus.

Neben der richtigen Stoffauswahl kommt es auch auf die Reihenfolge der vorgetragenen Gedanken an. Platzieren Sie Ihre Kernaussagen und die wichtigsten Argumente so, dass Sie größtmögliche Aufmerksamkeit erzielen. Einzelheiten zur Gliederung von Vorträgen und Präsentationen sind im folgenden Kapitel ausführlich dargestellt.

2.3 Kein Vortrag ohne Gliederung

Eine wesentliche Voraussetzung für die Verständlichkeit eines Vortrags oder einer Präsentation ist eine klare und logische Gliederung. Für das Publikum ist das Zuhören bei einem Vortrag wesentlich schwieriger als das Lesen eines Buches. Wenn Sie ein (Fach)-Buch lesen, dann überfliegen Sie zuerst den Klappentext oder das Inhaltsverzeichnis. Sie lesen vielleicht auch zunächst ein Kapitel, das Sie besonders interessiert. Als Zuhörer bei einem Vortrag sind Sie dagegen dem Redner ausgeliefert. Er bestimmt die Abfolge der Gedanken, er setzt die Gewichte.

Mit der Gliederung geben Sie dem Publikum Hilfen, die ihm das Zuhören und Verständnis erleichtern. Gliederung und Ordnung wurden schon an anderer Stelle als einer der vier Verständlichmacher (vgl. S. 15) genannt. Auch durch die Wahrnehmungspsychologie wird bestätigt, dass ein Sachverhalt, der nach einem bestimmten Ordnungsprinzip vorgetragen wird, wesentlich besser verstanden und behalten wird, als wenn lediglich Einzelgedanken aneinandergereiht werden.

Außerdem profitiert nicht nur das Publikum von einer klaren Gliederung, sondern auch Sie selbst. Sie können sich daran orientieren, um Ihre Gedanken zu ordnen und in eine logische Abfolge zu bringen. Eine Gliederung nützt Ihnen auch bei der endgültigen Stoffauswahl und unterstützt Sie bei der Auswahl von Hilfsmitteln.

2.3.1 Drei-Stufen-Schema

Das schon im Schulaufsatz bewährte Drei-Stufen-Schema Einleitung – Hauptteil – Schluss gilt auch bei Sachvorträgen und Präsentationen. Als grobe Orientierung für die zeitliche Relation zwischen den drei Gliederungsteilen dient eine Faustregel. Sie nennt folgende Werte:

Einleitung	10–15 %
Hauptteil	75–85 %
Schluss	5–10 %

Die Einleitung und der Schluss beanspruchen zwar nur etwa ein Zehntel der Vortragszeit, sie sind aber in der Wirkung auf das Publikum genauso wichtig wie der Hauptteil. Der Redner muss sich deshalb genau überlegen, welche Aussagen er in die Einleitung und den Schluss aufnimmt und wie er sie formuliert.

Die Unterteilung in Einleitung, Hauptteil und Schluss ist eine erste Grobstruktur, die aber für die meisten Themen nicht ausreicht. Jeder der drei Hauptpunkte muss weiter untergliedert werden. Beachten Sie beim Entscheid, wie stark Sie einen Vortrag strukturieren wollen, auch den Zuhörerkreis und den Redeanlass.

> Gliedern Sie Ihre Ausführungen nach der Dreiergliederung (Einleitung – Hauptteil – Schluss), aber verwenden Sie die drei Begriffe nicht wörtlich. Ihr Vortrag wirkt weniger „schulmäßig" und wesentlich origineller, wenn Sie die verschiedenen Abschnitte mit themenbezogenen Sachbegriffen überschreiben.

2.3.2 Neugier wecken durch eine mitreißende Einleitung

Das bekannte Sprichwort, „der erste Eindruck ist entscheidend und der letzte bleibt" gilt auch für Vorträge und Präsentationen. Von der Wirkung Ihrer Einleitung hängt zu einem großen Teil ab, ob das Publikum an Ihren weiteren Ausführungen interessiert ist. Nutzen Sie die Anfangsaufmerksamkeit der Zuhörer. Betonen Sie gleich am Anfang, um was es in Ihrem Vortrag oder Ihrer Präsentation geht, wovon die Zuhörer profitieren werden und wie Sie das erreichen wollen. Machen Sie Ihre Zuhörer neugierig. Sorgen Sie dafür, dass diese nicht nur körperlich anwesend sind, sondern auch geistig dabeibleiben.

Die Einleitung erfüllt mehrere Aufgaben:

- Sie soll Kontakt zu den Zuhörern herstellen und – falls erforderlich – auch über Sie selbst informieren.
- Sie soll einen Bezug zu den Erfahrungen und Erwartungen der Zuhörer herstellen.

- Sie soll einen Überblick über das Thema und den Aufbau des Vortrags vermitteln.
- Sie kann über den weiteren Ablauf der Veranstaltung orientieren.
- Sie soll die erforderliche Aufmerksamkeit für die weiteren Ausführungen wecken.

In vielen Fällen entsteht durch eine informelle Kontaktaufnahme in Vorgesprächen, durch eine frühzeitige Ankunft im Vortragsraum oder durch einen kleinen Smalltalk ein erster Eindruck. Auch Ihr Auftreten und Ihr Äußeres (vgl. S. 277) prägen schon einen Ersteindruck, bevor Sie die ersten Worte gesprochen haben. Diesen positiven ersten Eindruck können Sie durch die ersten Sätze verstärken und festigen.

Was gehört zu einer vollständigen Einleitung?

Eine gelungene Einleitung enthält folgende Bestandteile:

- Begrüßung und Anrede der Zuhörer,
- persönliche Vorstellung,
- ein Anfangssatz, der Interesse weckt und „Lust auf mehr" macht,
- thematische Hinführung der Zuhörer zum Thema und Information über den weiteren Ablauf.

Ein Pflichtbestandteil der Eröffnung ist eine **freundliche Begrüßung** der Zuhörer. Zeigen Sie Ihre Verbundenheit mit den Zuhörern auch durch Ihre Mimik und Körperhaltung und sehen Sie die Zuhörer an. Wenn möglich, sollte die **Anrede** auf den Teilnehmerkreis zugeschnitten sein (*„Liebe Mitglieder des Skiclubs 05, ich begrüße Sie...*"). Im Zweifelsfall reicht die Standardformulierung *„Meine Damen und Herren, ich begrüße Sie zu unserem heutigen Vortrag"*.

Allzu häufig erleben Sie die Negativvariante, dass der Redner aufgeregt in seinen Unterlagen wühlt und die Anrede vergisst oder unverständlich ins Manuskript hineinbrummelt. Dieses Fehlverhalten können Sie vermeiden, wenn Sie folgenden Ablauf einhalten:

- langsam zum Redeplatz gehen,
- falls erforderlich Manuskript (Stichwortzettel) ablegen,
- die Zuhörer ruhig ansehen (Blick schweifen lassen),
- dabei noch einmal tief durchatmen,

- die vorher überlegte Anrede mit Blick zum Publikum aussprechen.

Wenn Sie sämtlichen Zuhörern bekannt sind oder von einem Moderator bereits ausreichend vorgestellt wurden, dann kann eine eigene Vorstellung unterbleiben. Falls nicht, dann nennen Sie zumindest Ihren **Namen.** Ob Sie weitere **Angaben zu Ihrer Person** machen (berufliche Qualifikation, Herkunft, Erfahrung, Bezug zum Thema usw.) hängt vom Thema und Ziel der Veranstaltung und von Ihrem Bekanntheitsgrad in diesem Kreis ab.

Besonders wichtig für den weiteren Verlauf ist **der erste Satz**. Versuchen Sie durch eine gelungene Formulierung die Aufmerksamkeit des Publikums für die weiteren Ausführungen zu gewinnen. Das gelingt am ehesten, wenn Sie die Zuhörer emotional ansprechen. Im folgenden Kapitel finden Sie einige besonders häufig vorkommende Möglichkeiten.

Den Abschluss der Einleitungsphase bildet die **Einstimmung der Teilnehmer auf das Thema**. Das sollte zwar allen Teilnehmern bekannt sein, aber die Erfahrung lehrt anderes. Deshalb sollten Sie das **Thema** der Veranstaltung nochmals nennen. Nennen Sie das **Ziel** Ihrer Präsentation oder Ihres Vortrags in einer Form, dass die Zuhörer neugierig werden. Falls dies nicht ausreicht, dann können Sie auch aufzeigen, welchen Nutzen die Zuhörer davon haben, wenn sie sich mit diesem Thema befassen. Oder umgekehrt, welcher Schaden entstehen könnte, wenn die Zuhörer sich nicht mit diesem Problem auseinandersetzen.

Weiterhin sollten Sie das Publikum über den **Ablauf der Veranstaltung** informieren. Dazu gehört unbedingt die Gliederung Ihres Vortrags. Bei größeren Veranstaltungen kann auch der Zeitplan genannt werden. Das Thema und die Gliederung können auf einem (vorbereiteten) Flipchartblatt visualisiert werden, das für die gesamte Veranstaltung sichtbar aufgehängt wird. Auch auf eine an den Vortragsteil anschließende Diskussion kann an dieser Stelle hingewiesen werden.

> Die Einleitung beansprucht zwar nur 10 bis 15 % der Vortragszeit, aber sie macht ein Drittel in der Wirkung auf das Publikum aus.

2.3.3 Es gibt viele Möglichkeiten einen Vortrag zu beginnen

Die formalen Aufgaben sind erledigt. Sie haben Ihr Publikum begrüßt, jeder weiß, wer Sie sind und das Thema und die Gliederung sind bekannt. Das war die Pflicht, jetzt folgt die Kür: Im letzten und wichtigsten Schritt müssen Sie mit einer gelungenen Einstiegsformulierung die Aufmerksamkeit des Publikums auf die weiteren Ausführungen lenken.

Gemeinsamkeit mit den Zuhörern herstellen: Gemeinsamkeiten können z. B. gemeinsame Erlebnisse, die Zugehörigkeit zu einer bestimmten Gruppe (Verein, Steuerzahler usw.), ähnliche Probleme oder Interessen oder die gleiche Herkunft (z. B. aus einer bestimmten Region) sein. Wenn Zuhörer mit sehr unterschiedlichen Auffassungen zusammenkommen, kann durch die Betonung einer Gemeinsamkeit ein Wir-Gefühl" erzeugt werden. Verbal wird die Gemeinsamkeit durch die Formulierungen „wir" oder „uns" ausgedrückt.

Beispiel: *„Meine Damen und Herren, wir alle erinnern uns noch an den langen und kalten Winter in den Jahren ..."*

Sachlich, ernster Anfang: Dies ist die seriöse Einstiegsvariante. Sie weisen auf ein Gegenwartsproblem hin, das alle Anwesenden bewegt, oder Sie zitieren aktuelle Daten oder Statistiken, die natürlich einen Bezug zum Thema haben müssen. Die schlechte Konjunkturlage, die leeren öffentlichen Kassen, die rückläufigen Auftragseingänge, die hohe Arbeitslosenzahl kämen bei entsprechenden Fachthemen in Frage.

Beispiel: *„Liebe Mitarbeiterinnen und Mitarbeiter, der durch den Schnee verursachte Dacheinsturz unserer Halle 4 hat zu einem Produktionseinbruch von knapp 30 % geführt."*

Vergleiche herstellen: Auch dies ist eine sehr sachliche Variante. So kann z. B. die heutige Situation mit früher verglichen werden. Oder wir (z. B. unser Betrieb, unser Land usw.) vergleichen uns mit anderen. Auch unterschiedliche Problemlösungen sind als Vergleichsgegenstand denkbar.

Beispiel: *„Liebe Gemeinderatsmitglieder, der letzte Winter hat unsere Gemeinde mehr gekostet, als die drei vorhergegangenen Winter zusammen".*

Persönliche Erlebnisse oder eine kleine Geschichte erzählen: Bei dieser Möglichkeit ist es wichtig, dass Sie den Bezug zum Thema nicht verloren gehen lassen. Die Zuhörer dürfen nicht mit persönlichen Problemen gelangweilt werden.

Beispiel: *„Meine Damen und Herren, im Gegensatz zu vielen anderen kann ich über den letzten Winter auch etwas Erfreuliches berichten...*

Zuhörerkompliment: Diese schon im Altertum beliebte Variante sollte nur verwendet werden, wenn Sie sicher sind, dass das Kompliment auch als „ehrlich" empfunden wird und sich nicht in einer stereotypen Floskel erschöpft. Die besonders häufig zu hörende Formulierung, dass der Redner sich freut, gerade zu diesem Thema vor diesem Kreis sprechen zu dürfen, ist abgedroschen.

Beispiel: *„Meine Damen und Herren, ich freue mich, dass Sie trotz Neuschnee und Glatteisgefahr zu unserer Veranstaltung gekommen sind".*

Hilfsmittel und Anschauungsmaterial einsetzen: Hierher gehören alle Möglichkeiten, bei denen am Anfang eine Aktion steht, z. B. das Einspielen eines Films, eine technische Demonstration, aber auch das Vorzeigen von Mustern, Modellen oder Katalogen. Besonders erfolgreich sind Situationen, bei denen die Zuhörer aktiv mitwirken können.

Beispiel: *„Liebe Mitarbeiterinnen und Mitarbeiter, mit diesen Bildern will ich Ihnen nochmals in Erinnerung rufen, wie es im Katastrophenwinter 2006 auf unserem Werksgelände ausgesehen hat".*

Historische Einleitung: Historisch muss nicht zwangsläufig bedeuten, dass Sie mit Adam und Eva beginnen. Aber ein Rückgriff auf Geschehnisse von früher ist auch nicht ausgeschlossen.

Beispiel: *„Liebe Gemeinderatsmitglieder, in den letzten 25 Jahren ist es uns gelungen, einen ausgeglichenen Haushalt vorzulegen. Dieses Jahr..."*

Rhetorische Frage: Die rhetorische Frage ist eine bewährte Lösung, die bei jedem Informations- oder Überzeugungsvortrag eingesetzt werden kann. Durch die Frageform werden die Gedanken der Zuhörer sofort in das Thema hineingezogen.

Beispiel: *„Meine Damen und Herren, wer hat nicht noch die Schneeberge und verschneiten Straßen des letzten Winters vor Augen?"*

Einstieg mit Humor: Mit Humor sind keine schlechten Witze gemeint. Eine passende Anekdote oder ein guter Anfangsgag schaden dagegen nicht. Ein Zuhörer, der zunächst einmal schmunzelt, kann sich dennoch intensiv mit der nachfolgenden sachlich-fachlichen Thematik auseinandersetzen. Wie für die anderen Einleitungsvarianten gilt auch beim Humor das Gebot der Kürze. Auch die witzigste Geschichte verliert ihre Wirkung, wenn sie zu lange ausfällt und das Publikum daran zweifelt, im richtigen Vortrag zu sitzen.

Beispiel: *„Liebe Mitarbeiterinnen und Mitarbeiter, ein Bauherr fragt, warum bauen Sie eigentlich nicht im Winter weiter? Na hören Sie mal, bekommt er zu hören, bei der Kälte würden uns ja alle Bierflaschen platzen. Wir haben dieses Problem nicht, ..."*

Ein Zitat als Einleitung: Das Zitat ist ein bewährtes Mittel, das sowohl beim Einstieg als auch im weiteren Verlauf eines Vortrags für Abwechslung sorgt.

Beispiel: *„Liebe Gemeinderatsmitglieder, eine alte Bauernregel lautet: Wenn Vogelbeeren und Tannenzapfen im Sommer besonders sprießen, wird im Winter viel Wasser fließen. Wenn dies zutrifft bedeutet das für unsere Gemeinde...*

Aktuelle Nachrichten, neuere Erkenntnisse: Aktuelle Meldungen aus den Nachrichten oder die Schlagzeile der Tageszeitung sind als Einstieg geeignet, wenn sie zum Thema passen. Bei Fachvorträgen wird gerne auf neuere Untersuchungen verwiesen.

Beispiel: *„Liebe Mitarbeiterinnen und Mitarbeiter, vielleicht haben Sie heute Morgen auch in den Nachrichten gehört, dass der kommende Winter warm aber auch sehr feucht werden soll".*

Eine Problemlösung wird versprochen: Kommen Sie direkt zur Sache. Sichern Sie sich die Aufmerksamkeit Ihres Publikums, indem

Sie die Lösung eines echten Problems versprechen. Verwenden Sie diese Möglichkeit aber nur, wenn Sie Ihr Versprechen auch einhalten können.

Beispiel: *„Liebe Mitarbeiterinnen und Mitarbeiter, mit unserem Werksparkplatz hat es im letzten Winter viel Ärger gegeben. Damit ist es nun vorbei. Für die Zukunft haben wir folgende Lösung gefunden:...“*

Keine Entschuldigung – keine direkten Fragen: Beginnen Sie Ihren Vortrag auf keinen Fall mit einer Entschuldigung (z. B. *„Ich hatte zu wenig Zeit“* oder *„Ich bin erkältet“*). Das nützt jetzt nichts mehr, dafür interessiert sich das Publikum nicht. Die Entschuldigung führt allenfalls zu einer negativen Erwartungshaltung. Sagen Sie deshalb nicht, was nicht möglich ist, sondern beginnen Sie sofort mit Ihren wirklichen Informationen.

Die rhetorische Frage wurde als bewährter Einstieg schon erwähnt. Sie zieht die Gedanken der Zuhörer sofort in das Thema hinein. Im Gegensatz dazu ist die direkte Frage an die Zuhörer mit Risiko verbunden. Es kann sein, dass die Frage unbeantwortet bleibt oder dass die falsche Antwort gegeben wird, die nicht in Ihre Dramaturgie passt. Manche Redner sichern sich gegen diese beiden Gefahren dadurch ab, dass sie vorher mit einem Teilnehmer die erwünschte Antwort absprechen.

2.3.4 Das Kernproblem gehört in den Hauptteil

Die Kerngedanken gehören in den Hauptteil, der ebenfalls nochmals untergliedert wird. Im Hauptteil werden Informationen, Meinungen und Gegenmeinungen, Beweise, Beispiele, Vergleiche dargelegt. Dabei soll die mit der Einleitung geweckte Aufmerksamkeit aufrechterhalten werden. Das Anliegen wird klar und deutlich entwickelt und auf das Redeziel hingeführt.

Achten Sie beim Entscheid für ein Gliederungsschema darauf, dass Sie Ihr Thema und Ihr Ziel damit umsetzen können und dass das Publikum die gewählte Struktur erkennen und nachvollziehen kann.

Bekannte Gliederungsmodelle: Die weitere Untergliederung des Hauptteils kann nach logischen oder psychologischen Gesichtspunkten erfolgen. Die logische Gliederung stellt mehr auf die sachlichen Aspekte ab, während die psychologische Gliederung mehr auf Spannung und Steigerung ausgerichtet ist.

Die folgenden Beispiele werden in der Redepraxis besonders häufig verwendet:

- Gestern – heute – morgen (Vergangenheit – Gegenwart – Zukunft)
- Zielsetzung – Planung – Durchführung – Kontrolle
- Vom Einzelnen zum Ganzen (oder umgekehrt)
- Vom Einfachen zum Schwierigen
- Vom Allgemeinen zum Besonderen
- Ursache – Wirkung – Lösung
- Ist – Soll – Analyse
- Pro – Contra – Fazit
- Problem – Ursachen – Lösungsmöglichkeiten – Entscheid
- Vom Beginn bis heute

Gliederung nach dem Fünf-Satz-Konzept: Etwas anspruchsvoller ist das schon bei der Argumentationstechnik dargestellte Fünf-Satz-Modell (vgl. S. 45). Das Fünf-Satz-Modell folgt einer Erkenntnis aus der Wahrnehmungspsychologie, wonach sich Menschen bis zu fünf Gedankenschritte (Gegenstände, Ereignisse, Personen) wahrnehmen können, ohne bewusst zu zählen. Bei einer größeren Zahl steigt die Wahrscheinlichkeit, dass die Übersicht verloren geht und einzelne Schritte vergessen werden.

Die Bezeichnung Fünf-Satz-Modell trifft nur bei Kurzvorträgen zu. Bei größeren Vorträgen müsste von Fünf-Abschnitts-Modell gesprochen werden, denn alle Gliederungsteile umfassen jeweils mehr als einen Satz. Dennoch hat sich die Bezeichnung Fünf-Satz-Modell durchgesetzt. Die wichtigsten Fünf-Satz-Strukturen seien hier nochmals genannt:

- Bei der **Kette** bauen die einzelnen Argumente aufeinander auf. Diese Vorgehensweise eignet sich besonders, wenn Sie Ihre Zuhörer Schritt für Schritt in einen Gedankengang einführen möchten.
- Bei der **Raute** wird in der Einleitung das Problem genannt, das durch drei etwa gleichwertige Argumente unterstützt wird. Die drei Argumente führen zu einem schlüssigen Gesamtergebnis.
- Bei der **dialektischen Vorgehensweise** werden gegensätzliche Ar-

gumente miteinander verglichen, um daraus eine Lösung (den eigenen Standpunkt) abzuleiten.
- Bei der Argumentationsfigur „**Vom Allgemeinen zum Besonderen**" wird von allgemeinen Erfahrungen ausgegangen, denen die eigene Position gegenübergestellt wird. Dies wird mit Argumenten gestützt und daraus eine Lösung abgeleitet.
- Beim **Vergleich** werden zwei gegensätzliche Positionen mit ihren jeweiligen Begründungen miteinander verglichen, um schließlich eine von beiden Sichtweisen unabhängige Lösung vorzuschlagen.
- Beim **Kompromiss** stehen ein Pro- und ein Kontra-Argument einander gegenüber. Beide Argumente werden gewürdigt und aus den Gemeinsamkeiten wird ein Kompromiss abgeleitet.
- Bei der **Ausklammerung** wird ein bisher diskutiertes Problem ausgeklammert, weil ein neuer Aspekt hinzukommt, der im Weiteren betrachtet wird.

Redeformeln: In der rhetorischen Praxis sind unter der Bezeichnung Redeformeln einige Gliederungsmuster besonders verbreitet, die aus den vorstehenden Fünf-Satz-Konzepten abgeleitet wurden. Sie umfassen zusätzlich auch Teilschritte aus der Einleitung. Besonders bekannt sind
- die Fünf-Punkte-Formel
- die Problemlösungsformel und
- die Pro-und-Kontra-Formel.

Fünf-Punkte-Formel: Dies ist die bekannteste Redeformel. Sie wurde ursprünglich für den einfachen Überzeugungsvortrag entwickelt, kann aber auch beim Informationsvortrag eingesetzt werden. Wegen ihrer Kürze eignet sie sich besonders dann, wenn Sie spontan sprechen müssen (z. B. bei einem Diskussionsbeitrag):
- Interesse wecken
- Sagen, worum es geht
- Begründen und Beispiele bringen
- Fazit
- Auffordern zum Handeln

Problemlösungsformel: Die Problemlösungsformel eignet sich, wenn es für ein Problem unterschiedliche Lösungsalternativen gibt.
- Interesse wecken

- Problem darlegen
- Ziel, um das Problem zu lösen
- Lösungsvorschläge und deren Bewertung
- Entscheid für eine Lösungsvariante
- Aufforderung zum Handeln

Pro-und-Kontra-Formel: In der Pro-und-Kontra-Formel erkennen Sie die etwas erweiterte dialektische Gliederung. Zunächst wird die Gegenmeinung dargestellt und entkräftet. Danach folgt die eigene Meinung, die überzeugend begründet wird. Das Fazit fällt zugunsten der eigenen Meinung aus.

- Interesse wecken
- Problem definieren
- Gegenposition darstellen
- Hauptargumente der Gegenseite entkräften
- Eigene Position formulieren
- Eigene Position überzeugend begründen
- Fazit (Folgerungen ziehen)
- Aufforderung zum Handeln

Verraten Sie Ihre Gliederung: Die Gliederung ist eine Hilfe, um dem Publikum das Verständnis zu erleichtern. Dieses Ziel erreichen Sie nur, wenn Sie Ihre Gliederung dem Publikum auch mitteilen. Das geschieht durch die Anfangsinformation über den Vortragsverlauf. Diese sollte für die Zuhörer durch Visualisierung über der gesamten Vortragsdauer sichtbar bleiben. Verweise während des Vortrags helfen den Zuhörern, die jeweiligen Ausführungen richtig zuzuordnen.

2.3.5 Ein starker Schluss beeindruckt

Der Schluss ist ganz besonders wichtig, denn was zuletzt gesagt wird, wirkt am längsten. Durch einen starken Schluss stellen Sie sicher, dass die Zuhörer aus der Veranstaltung etwas mitnehmen. Der Schluss hat folgende Aufgaben:

- Das Ergebnis wird noch einmal verdeutlicht (z. B. durch ein Fazit),
- es werden mögliche Konsequenzen aufgezeigt,
- die Zuhörer werden zum Handeln aktiviert.

Mit dem Schlussappell ist der Vortrag beendet. Neue Argumente oder Erkenntnisse dürfen nun nicht mehr aufgegriffen werden. Falls Sie einen wesentlichen Gedanken vergessen haben, dann kann dieser in einer anschließenden Diskussion eingebracht werden oder er entfällt ganz.

Auch Belanglosigkeiten sollten einen markanten Schluss-Satz nicht entwerten. Vermeiden Sie

- unnötige oder übertriebene Dankesfloskeln *(„Besonderen Dank für die große Geduld…")*,
- belanglose Feststellungen (*„Das war's…"* oder *„Soweit meine Gedanken zum Thema…")*,
- weihevoller Schluss *(„Dieser Vortrag möge der Beginn gewesen sein, für…")*,
- nichts sagende Wünsche *(„Ich hoffe, dass ich mit meinen Ausführungen Ihr Interesse für… wecken konnte")*,
- Entschuldigungen (z. B. weil Sie überzogen haben oder weil Sie das Publikum mit so vielen Zahlen belästigen mussten).

Formulieren Sie Ihre Schlussbemerkung kurz und prägnant, ohne Einschiebungen, Einschränkungen oder Nebensätze. Lassen Sie Ihre Zuhörer durch einen Hinweis oder zumindest eine Variation Ihrer Stimmlage erkennen, dass Sie zum Schluss kommen. Folgende Schlussformulierungen sind denkbar:

- Ein Fazit wird gezogen
- Zusammenfassung der Kernaussagen in Thesen
- Denkanstöße werden gegeben
- Ausblick auf das weitere Vorgehen
- Eine kleine Geschichte oder ein gelungenes Zitat werden vorgetragen
- Aufgaben werden verteilt
- Die Einstiegsthese wird nochmals wiederholt und bestätigt
- Wünsche oder Hoffnungen
- Ein Appell wird ausgesprochen.

2.2.6 Statement/Kurzbeiträge

Für Kurzvorträge, Stellungnahmen oder Diskussionsbeiträge, die nur eine Hauptaussage beinhalten, hat sich die Bezeichnung **Statement** durchgesetzt. Weil Statements sehr häufig spontan abgegeben werden müssen, werden sie auch als die Stegreifrede für Sachthemen bezeichnet.

Auch bei einer Besprechung ist es nicht ausgeschlossen, dass Sie trotz anders lautender Tagesordnung plötzlich aufgefordert werden, sich zu einem bestimmten Sachverhalt zu äußern. Was tun, wenn der Vorgesetzte Sie um einen kurzen Bericht über das von Ihnen betreute Projekt X bittet?

Gehen Sie selbstbewusst an die Aufgabe heran und bringen Sie das Unvermeidliche in knapper Form hinter sich. Beginnen Sie nicht sofort mit dem Sprechen, sondern verschaffen Sie sich zumindest einige Minuten zur Vorbereitung („*Bitte lassen Sie mich einen Moment nachdenken*"). Schaffen Sie Ordnung in Ihren Gedanken und halten Sie diese als Stichwörter auf einem Zettelchen fest.

Kurz und bündig: Beim Statement ist es noch wichtiger als beim normalen Vortrag, dass Sie sich an den Grundsatz „So wenig wie möglich, so viel wie nötig" halten.

- Konzentrieren Sie sich auf die wesentlichen Aussagen zum Thema.
- Verzichten Sie auf alle Füller oder Ausschmückungen.
- Bleiben Sie beim Thema.
- Verlieren Sie nicht durch Spontanideen den „roten Faden".

Gliederungsmöglichkeiten: Überlegen Sie sich auch beim Statement zunächst eine Gliederung Ihrer Gedanken. Mancher Redner möchte die Aufgabe schnell hinter sich bringen und vergisst dabei, dass eine Gliederung für die Zuhörer wie für ihn selbst nur Nutzen bringt. Durch eine Gliederung stellen Sie sicher, dass nichts Wesentliches vergessen wird und das Publikum nicht mit Nebensächlichkeiten traktiert wird. Ohne Gliederung leidet nicht nur die Verständlichkeit, sondern auch die Überzeugungskraft.

Auch beim Statement gilt die klassische Dreiergliederung in Einleitung, Hauptteil und Schluss. Allerdings kommt es wegen der Kürze beim Statement darauf an, dass Sie sofort zur Sache kommen. Für einen weitschweifigen Vorspann bleibt in der Regel kein Platz. Vielmehr geht es darum, schon mit der Einleitung den eigenen Standpunkt, die Kernaussage auszusprechen. Dieser Standpunkt wird im anschließenden Hauptteil begründet und abgesichert.

Dabei sollten maximal drei Argumente eingesetzt werden. Wählen Sie von Ihren Argumenten diejenigen aus, die Ihnen für den jeweiligen Zuhörerkreis besonders geeignet erscheinen. Durch ein Beispiel kann die Argumentation zusätzlich untermauert werden. Argumente und Beispiele werden zum Abschluss durch ein Fazit nochmals bekräftigt. Das Fazit kann auch als Appell formuliert werden.

Orientieren Sie sich auch beim Statement an einer der schon beim Vortrag dargestellten Gliederungshilfen. Ein brauchbares Gerüst für den Gedankenaufbau ist die Fünf-Punkte-Formel. Wer die fünf Gliederungspunkte auswendig weiß, kann seine Meinungsäußerungen wirksam und übersichtlich aufbauen.

Drei-Fragen-Konzept: Wenn Ihnen spontan keine Gliederung einfallen sollte, dann nutzen Sie die „Drei-Frage-Methode". Bei Überzeugungsreden und Sachvorträgen genügt es zumeist, wenn Sie auf ein, zwei Aspekte aus der vorherigen Situation eingehen, Ihr eigenes Fazit ziehen und mit einem Appell schließen. Wenn Sie für ein Projekt verantwortlich sind oder sich zumindest mit dem Problem befassen, dann dürfte es Ihnen nicht schwerfallen, spontan einige Fragen zu diesem Thema zu formulieren. Durch diese Frage regen Sie das eigene Denken an und geben gleichzeitig dem Publikum eine grobe Gliederung vor.

Beispiel: Für ein nicht näher definiertes Projekt X könnten die Fragen lauten:

- *Wie ist der derzeitige Stand des Projekts?*
- *Welche Schwierigkeiten hat es bisher gegeben?*
- *Wie sehen die nächsten Schritte aus?*

Sie beginnen also damit, dass Sie zunächst die drei Fragen an das Publikum richten und anschließend eine Frage nach der anderen aufgreifen und beantworten. Ihr Kurzvortrag endet mit einer Zusammenfassung der wichtigsten Aussagen oder einer nochmaligen Wiederholung des Themas.

2.4 Sicherheit durch das richtige Manuskript

Völlig frei vortragen ohne jegliches Hilfsmittel oder vortragen nach einem voll ausgearbeiteten Manuskript, das sind die beiden

Extreme, die Ihnen zur Verfügung stehen. Von beiden rate ich ab. Die beste Lösung liegt in der Mitte, d. h. das Reden anhand eines Stichwortmanuskripts. Das Stichwortreden wird auch in den meisten Rhetorikbüchern und Rhetorik-Seminaren empfohlen.

2.4.1 Frei sprechen anhand eines Stichwortmanuskripts

Frei sprechen darf nicht mit auswendig sprechen verwechselt werden. Es bedeutet vielmehr, dass der Redner seine Gedanken anhand wohl überlegter und gegliederter Stichworte frei und spontan formuliert. Anders ausgedrückt: Das, was Sie sagen möchten, haben Sie sich bei der Vorbereitung genau überlegt und festgehalten. Aber von wenigen Ausnahmen abgesehen nur in Form von Stichworten und nicht als voll ausgearbeitetes Manuskript. Falls Sie zweifeln, ob Sie ausschließlich nach Stichworten sprechen können, dann beweisen Sie es sich mit Hilfe der beim Kapitel Schlagfertigkeit genannten Übungen (vgl. S. 71).

Vorteile des Stichwortredens

- Sie vergessen nichts, denn alle Gedanken, die Sie vortragen wollen, stehen richtig gegliedert auf dem Stichwortzettel.
- Die endgültige Formulierung erfolgt spontan und wirkt damit wesentlich überzeugender als ein voll ausgearbeitetes Manuskript, das heruntergelesen wird.
- Das Reden nach Stichworten führt zu einfacheren Formulierungen, die vom Publikum besser verstanden werden als die bei einem voll ausgearbeiteten Manuskript häufig vorkommenden komplizierten Sätze.
- Stichwortzettel helfen Ihnen auch, dass Sie sich beim Sprechen auf die geplanten Gedanken konzentrieren, und nicht durch spontane Assoziationen ablenken lassen. Wenn Sie alle Ideen, die Ihnen beim Sprechen kommen, breit darlegen, laufen Sie Gefahr, dass Sie sich auf Nebenschauplätzen austoben.
- Die Gefahr, dass Sie die Redezeit überschreiten oder nicht mehr alle notwendigen Ausführungen unterbringen verringert sich, denn die vorbereiteten Stichworte sind auf die vorgesehene Redezeit abgestimmt.
- Die Formulierungen können im Gegensatz zum Vollmanuskript leichter an die aktuelle Situation angepasst werden (z. B. können

Sie die Gewichte aufgrund der Reaktionen der Zuhörer anders setzen).

- Fragen oder Zwischenbemerkungen der Zuhörer können leichter beantwortet werden, ohne aus dem Konzept zu kommen.
- Die Redezeit kann bei Bedarf problemlos verkürzt werden (z. B. können Sie leichter etwas weglassen, wenn Sie merken, dass dies nicht interessiert oder schon bekannt ist oder wenn wegen eines verspäteten Beginns die Redezeit plötzlich verkürzt wird).

Wie sieht der perfekte Stichwortzettel aus? Die folgenden Empfehlungen haben sich in der Praxis bewährt. Sie stellen sicher, dass Sie alle genannten Vorteile des Stichwortredens nützen können und lassen dennoch genügend Spielraum für eigene Gestaltungsvarianten:

- Größe: Bewährt haben sich Stichwortzettel in Postkartengröße (DIN-A6) oder ähnlichem Format (z. B. Pinnwandkarten). Diese werden im Querformat verwendet (vgl. Beispiel) und bieten damit genügend Platz, um auch mehrere Spalten nebeneinander unterzubringen. Ist der Zettel kleiner, passt zu wenig darauf oder die Stichworte werden teilweise von der Hand verdeckt. Zu große Stichwortzettel wirken zu plakativ und bergen die Gefahr, dass zuviel aufgeschrieben wird oder sogar ein voll ausgearbeitetes Manuskript daraus wird.
- Nicht zu viel aufschreiben: Schreiben Sie je Zettel nur ein oder zwei Hauptgedanken und die zugehörigen Unterpunkte auf.
- Groß und deutlich schreiben: Gegen diese Empfehlung wird besonders häufig verstoßen. Wenn Sie während des Vortrags den Blickkontakt zu ihrem Publikum halten möchten, dann bleibt Ihnen immer nur eine kurze Zeitspanne, um ins Manuskript zu blicken und das nächste Stichwort zu erfassen. Scheuen Sie sich nicht, bei der Vorbereitung einen missglückten Stichwortzettel ein zweites Mal zu schreiben; diese Arbeit zahlt sich beim späteren Vortrag wieder aus.
- Nur einseitig beschriften und nummerieren: Der Umgang mit den Stichwortzetteln wird erleichtert, wenn Sie diese nicht umzudrehen brauchen. Durch Nummerierung sorgen Sie für die notwendige Ordnung.

- Regieanweisungen aufnehmen: Während des Vortrags sind Sie stark auf den Inhalt konzentriert. Durch Regieanweisungen stellen Sie sicher, dass Sie nichts von dem vergessen, woran Sie neben dem eigentlichen Vortragstext denken müssen. Einige Regieanweisungen ergeben sich aus dem Inhalt Ihres Vortrags und helfen, die „dramaturgischen" Effekte sicherzustellen. Das können Fragen an die Zuhörer sein, Unterlagen, die Sie vorbereitet haben, oder Hinweise auf die Medien, die Sie einsetzen möchten (z. B. Folie 7 auflegen). Vor allem bei Präsentationen ist es wichtig, dass parallel mit den Stichworten auch die Reihenfolge der einzusetzenden Hilfsmittel notiert wird. Regieanweisungen können sich auch an die eigene Person richten, um eigene Schwächen zu vermeiden und die rhetorischen Mittel richtig einzusetzen. Wer z. B. weiß, dass er sich mit dem Blickkontakt schwer tut, notiert sich in bestimmten Abständen das Wort „Blick". Oder ein Schnellsprecher erinnert sich durch das Wort „langsam" an dieses Problem. Durch Hinweise auf die bis dahin geplante Redezeit (z. B. 10, 20, ... Minuten) können Sie ständig überprüfen, ob Sie noch in der Zeit liegen.

In meinen Rhetorik-Seminaren konnten die meisten Teilnehmer durch die konsequente Anwendung dieser Methode bei wenigen Redeauftritten deutliche Verbesserungen erzielen (z. B. bei anfangs fehlendem Blickkontakt, bei einem hartnäckigen „äh" oder einem unruhigen Stand). Nehmen Sie aber nicht zu viele Regieanweisungen auf, damit Sie sich nicht einengen.

		Seitenzahl
1. Hauptstichwort	Unterstichwort	Zeit
	Unterstichwort	
	Unterstichwort	
2. Hauptstichwort	Unterstichwort	Zeit
	(Regieanweisung)	
	Unterstichwort	

Stichwortzettel

Was sollte wörtlich aufgeschrieben werden? Die Empfehlung, nur Stichworte aufzunehmen, kennt wenige Ausnahmen. Namen, Zahlen und Zitate sollten vollständig aufgeschrieben werden, um die Gefahr zu verringern, sich zu versprechen. Bei Zitaten kommt es auf die exakte Formulierung an. Beim Zitat im Fachvortrag verlangt dies die wissenschaftliche oder fachliche Korrektheit. Eine weitere Ausnahme ist der wichtige Anfangssatz Ihres Vortrags. Wenn sie diesen wörtlich aufschreiben, muss dies nicht bedeuten, dass Sie ihn auch wörtlich vorlesen. Gerade am Beginn eines Vortrags ist die Spannung besonders groß. Allein das Wissen darüber, dass der Anfangssatz wörtlich im Manuskript steht, reicht in der Regel aus, ihn auch frei aussprechen zu können.

2.4.2 Stichwortmanuskript als Mindmap

Eine Alternative zum oben beschriebenen Stichwortzettel ist die schon beschriebene Mindmap. Sie kann bei der Vortragsvorbereitung und als Redemanuskript eingesetzt werden. Die Mindmap eignet sich vor allem für Redner, die ihr Thema sehr gut beherrschen und lediglich sicherstellen wollen, dass sie nichts vergessen und eine bestimmte Reihenfolge einhalten. In solchen Fällen werden die einzelnen Äste gemäß der geplanten Reihenfolge nummeriert. Das Beispiel auf S. 145 zeigt die Gliederung dieses Kapitels als Mindmap.

2.4.3 Manuskriptreden sollten die Ausnahme bleiben

Vor allem ungeübte Redner glauben, durch eine voll ausgearbeitete Manuskriptrede mehr Sicherheit zu gewinnen. Diesem vermeintlichen Vorteil stehen mehrere Nachteile gegenüber. Ein voll ausgearbeitetes Manuskript ist zumeist sehr unübersichtlich, so dass die Redner beim Suchen nach der richtigen Zeile viel Zeit brauchen. Außerdem bindet das Manuskript an die vorgegebenen Formulierungen und lässt wenig Raum für situationsbezogene Reaktionen. Es ist kaum möglich, vom Manuskript abzuweichen, ohne den Gedankenfluss der Rede zu zerstören. Schließlich besteht die Gefahr, dass der Vortrag abgelesen und nicht vorgetragen wird.

Für manchen Redner ist es hilfreich, eine Rede auch dann voll auszuarbeiten, wenn er später nur ein Stichwortmanuskript verwenden möchte. Das wird damit begründet, dass die schriftliche Form dazu zwingt, die Rede gedanklich genau vorzubereiten. Außerdem erleichtert die intensive Beschäftigung mit dem Text den späteren Vortrag. Wer sich erst nachträglich für die Verwendung eines Stichwortmanuskriptes entscheidet, wird keine Schwierigkeiten haben, aus dem vollständigen Text die treffenden Stichworte abzuleiten. Einen Kompromiss zwischen Vollmanuskript und Stichwortmanuskript erhalten Sie, wenn Sie im vollständig ausgearbeiteten Manuskript nur die Kernbegriffe durch Markierung hervorheben und daraus im Vortrag die Sätze frei formulieren.

Es gibt einige Situationen, in denen es nicht ohne ein voll ausgearbeitetes Manuskript geht. Das kann notwendig sein, wenn es auf besonders exakte Formulierungen ankommt (z. B. bei einem wissenschaftlichen Vortrag). Auch wenn jemand den Vortrag eines anderen hält (z. B. wegen Krankheit des Redners) oder wenn ein Manuskript schon vorher eingereicht wurde und der Wortlaut eingehalten werden muss. Auch wer es sich leisten kann, Ghostwriter für sich arbeiten zu lassen, verfügt über ein Vollmanuskript.

Regeln für die Manuskriptgestaltung: Wenn Manuskriptreden ausnahmsweise sein müssen, dann können folgende Empfehlungen für die Manuskriptgestaltung hilfreich sein:

- Papier in DIN-A4-Format
- Großen Zeilenabstand wählen, damit Sie trotz Blickkontakt die jeweilige Manuskriptstelle wiederfinden.
- Für Übersichtlichkeit sorgen durch Blockbildung, deutliche Abstände sowie Zwischenüberschriften.
- Zeilenlänge nach Sinneinheiten wählen, die zusammenhängend als Einheit ausgesprochen werden.
- Manuskriptseiten nicht zusammenheften.

Die folgenden Regeln wurden bereits beim Stichwortmanuskript genannt und gelten auch für Vollmanuskripte:

- Seiten nur einseitig beschreiben.
- Groß und deutlich schreiben.
- Blätter nummerieren.
- Regieanweisungen aufnehmen.

2.5 Visualisierung

Bei einer Präsentation ist die **Visualisierung** ein unerlässlicher Bestandteil. Viele andere Vortragsarten werden in zunehmendem

Maße visuell unterstützt. Deshalb müssen Sie sich parallel mit der Stoffauswahl und Strukturierung auch überlegen, welche Vortragteile Sie visualisieren möchten. Ggf. ist auch zu klären, ob Sie ergänzende Arbeitsunterlagen ausgeben wollen. Folgende Fragen helfen weiter:

- Welche Aussagen müssen zur besseren Verständlichkeit oder wegen ihrer Bedeutung visuell unterstützt werden?
- Welche Medien stehen zur Verfügung?
- Welche bildhaften Mittel (Abbildungen, Grafiken usw.) können eingesetzt werden?
- Welche Medien eignen sich für diesen Zuhörerkreis?
- Sollen Arbeitsunterlagen (Handouts) ausgegeben werden und wenn ja, für welche Teile?

Bei der Vorbereitung Ihres Vortrags haben Sie sich bei der Auswahl des Vortragsstoffs die Frage gestellt, was Sie mit dem Vortrag erreichen wollen. Diese Frage hilft Ihnen auch bei der Entscheidung, welche Aussagen visualisiert werden sollen. Sie muss allerdings noch um die Zusatzfrage ergänzt werden, was sich beim Publikum besonders einprägen soll.

Beschränken Sie die Visualisierung auf das Wesentliche. Dazu gehören

- das Thema
- die Gliederung
- Kernsätze
- Grafiken
- Schlüsselbegriffe
- evtl. die Einleitung und der Schluss.

Visualisieren Sie auf keinen Fall den gesamten Vortrag, so dass nur noch Flipchartblätter aufgeklappt oder der Projektor eingeschaltet wird und der auftauchende Text vorgelesen wird. Das ist überflüssig, denn lesen können die Zuhörer auch selbst. Manche Redner vergessen, dass die Visualisierung einen Vortrag unterstützen und nicht ersetzen soll.

Tipps zur Medienauswahl und Mediengestaltung sind in einem eigenen Hauptkapitel dargestellt (vgl. S. 239 ff.).

2.6 Organisation und Umfeld

Zur Organisation gehören die Zeitplanung sowie alle Überlegungen über die Art und Einrichtung des Vortragsraums und des Umfelds. Die wichtigsten Fragen sind nachfolgend zusammengefasst:

Veranstaltungsort und -raum

- Wo findet die Veranstaltung statt?
- Steht genügend Platz zur Verfügung?
- Können alle Teilnehmer ausreichend sehen?
- Wann findet der Vortrag statt?
- Wie sieht der Vortragsraum aus (Größe, Lichtverhältnisse)?
- Wer ist Ihre Kontaktperson?

Medieneinsatz und Hilfsmittel

- Sind die benötigten Medien in ausreichender Zahl vorhanden (Overheadprojektor, Leinwand, Tafel oder Flipchart, ausreichend Pinnwände, Beamer)?
- Werden fehlende Medien (z. B. ein Beamer) besorgt oder müssen Sie diese selbst mitbringen?

Umfeld

- Gibt es ein Rahmenprogramm?
- Treten mehrere Redner auf?
- Müssen Sie sich mit anderen Rednern absprechen?
- Wird die Presse anwesend sein?
- Müssen Sie bestimmte Gepflogenheiten beachten (z. B. Ihr Äußeres)?

Zeitplanung: Ein weiterer wichtiger Aspekt ist die Zeitplanung. Ein auch bei geübten Rednern häufiger Fehler ist die mangelhafte Zeiteinteilung. Die Erfahrung zeigt, dass eine objektive Zeitüberwachung ohne Uhrenkontrolle durch den Redner selbst kaum möglich ist. Das haben auch die zahlreichen Übungen im Seminar bestätigt. Bei den vorbereiteten Übungsvorträgen habe ich den Teilnehmern jeweils vorgegeben, dass ein Vortrag z. B. zwei oder drei Minuten dauern sollte. Die mitgestoppten Redezeiten haben sich von etwa 30 Sekunden bis zu acht Minuten erstreckt. Die meisten Teilnehmer glaubten allerdings, die Vorgabezeit einigermaßen eingehalten zu haben. Wer stark überzogen hatte, wäre ohne Videobeweis kaum davon zu überzeugen gewesen.

> Achten Sie schon bei der Vorbereitung darauf, die Vorgabezeit einzuhalten. Überschreiten Sie die Redezeit nicht, denn auch die Zuhörer richten sich auf diese Zeit ein und werden ungeduldig, wenn der Redner überzieht. Überprüfen Sie Ihre Zeitplanung durch eine Generalprobe.

Es wird immer wieder vorkommen, dass Sie Ihren Vortrag abkürzen müssen. Vorredner, welche die Redezeit überschreiten, diskussionsfreudige Zuhörer oder technische Probleme sind nur einige mögliche Anlässe. Überlegen Sie schon in der Vorbereitung, welche Passagen (Text, Folien, Beispiele) ggf. weggelassen oder welche Teile verkürzt dargestellt werden können. Kennzeichnen Sie solche Pufferzonen im Manuskript. Wählen Sie solche Teile im Hauptteil ihres Vortrags aus. Einleitung und Schluss sollten auch bei Zeitknappheit unbedingt erhalten bleiben.

Wenn Sie einer von mehreren Redner sind, die nacheinander referieren, dann versuchen Sie, so früh wie möglich dranzukommen:

- Teilnehmer ermüden und werden umso unaufmerksamer, je länger die Veranstaltung dauert.
- Die Erwartungshaltung der Teilnehmer sinkt.

- Andere Redner könnten Ihnen schon einiges weggenommen haben.

2.7 Generalprobe

Die letzte Stufe Ihrer Vorbereitung ist die Generalprobe. Prüfen Sie, ob Ihre Gedanken beim Vortragen tatsächlich so verstanden werden, wie Sie sich das bei der Ausarbeitung vorgestellt haben. Das gesprochene Wort wirkt manchmal völlig anders als das geschriebene. Sie erhalten außerdem Hinweise auf die tatsächliche Redezeit und stellen sicher, dass Sie die eingesetzten Hilfsmittel beherrschen.

Wenn Sie über wenig Redeerfahrung verfügen, dann halten Sie Ihren Vortrag zunächst einmal im stillen Kämmerlein mit Video- oder Tonbandkontrolle. Überprüfen Sie dabei auch Ihre Zeitplanung und den Umgang mit den Medien. Bei wichtigen Vorträgen sollten Sie zusätzlich eine Generalprobe vor Publikum abhalten. Versuchen Sie, dem Ernstfall so nahe wie möglich zu kommen. Als Publikum werden sich unter Kollegen, Freunden oder in der Familie sicherlich einige interessierte Personen finden. Die Zuhörer eines Probevortrags brauchen keine Fachleute zu sein. Neutrale Außenseiter, die keine „Fachbrille" tragen, können vielfach bessere Hinweise geben als diejenigen, die sich täglich mit der Materie befassen.

Bitten Sie einen solchen Zuhörerkreis um ein ehrliches Feedback, das den Inhalt, die sprachliche Gestaltung (Wortwahl und Satzbau), Ihre Sprechtechnik und das körpersprachliche Verhalten umfasst. Eine Generalprobe nützt Ihnen in mehrfacher Weise:

- Sie können überprüfen, ob Sie die Redezeit einhalten.
- Sie können überprüfen, ob Ihre Gliederung folgerichtig aufgebaut und der rote Faden für die Zuhörer erkennbar ist.
- Sie können schwierige Formulierungen oder Übergänge trainieren.
- Sie erfahren, ob Ihre Ausführungen verständlich sind und ob die gewählten Beispiele und Vergleiche ankommen.
- Sie erfahren, ob Sie bestimmte Aussagen weglassen können oder ob noch Lücken zu schließen sind.

- Sie können die Wirkung bestimmter Formulierungen (z. B. Anfang und Schluss) überprüfen lassen.
- Sie können den Umgang mit visuellen Hilfsmitteln trainieren und deren Wirkung und Verständlichkeit überprüfen lassen.
- Sie erhalten Informationen über Ihre Vortragsweise (Aussprache, Betonung, Sprechtempo, Pausensetzung).
- Sie erfahren, ob Sie die „richtige Sprache" sprechen.
- Sie erfahren, ob das Thema ausreichend behandelt wurde oder noch wesentliche Fragen offen geblieben sind.
- Sie gewinnen an zusätzlicher Sicherheit.

Analysebogen

				Bemerkungen
Auftreten				
Blickkontakt	intensiv	O O O O O	wenig	
Gestik	locker	O O O O O	sparsam	
Haltung	sicher	O O O O O	unsicher	
Engagement	hoch	O O O O O	gering	
Sprechtechnik				
Tempo	schnell	O O O O O	langsam	
Lautstärke	laut	O O O O O	leise	
Dynamik	lebendig	O O O O O	monoton	
Pausen	erkennbar	O O O O O	zu wenig	
Inhalt				
Ziel	eindeutig	O O O O O	unklar	
Gliederung	klar	O O O O O	unklar	
Einstieg	mitreißend	O O O O O	langweilig	
Schluss	appellierend	O O O O O	lahm	
Durchführung				
Sprache	angemessen	O O O O O	kompliziert	
Beispiele	anschaulich	O O O O O	zu wenig	
Rhetor. Fragen	ausreichend	O O O O O	zu wenig	
Hilfsmittel	anschaulich	O O O O O	verwirrend	

Sonstige Beobachtungen:

Wenn Sie über große Redeerfahrung verfügen, mag der letzte Aspekt vielleicht keine Rolle spielen. Anderseits ist auch ein erfahrener Redner dankbar, wenn durch eine solche Überprüfung kleinere inhaltliche oder sprachliche Nachlässigkeiten aufgedeckt und korrigiert werden können. Durch Regieanweisungen im Manuskript (vgl. S. 186) können Sie dafür sorgen, dass sich solche Fehler später nicht wiederholen. Wenn Sie über wenig Redeerfahrung verfügen, dann hilft es Ihnen, wenn Sie sich im Ernstfall daran erinnern können, dass Sie den Vortrag doch schon einmal vor Publikum gehalten haben. Ihr Unterbewusstsein bedankt sich bei Ihnen mit mehr Sicherheit.

Akzeptieren Sie die Anregungen und Kritik Ihrer Testhörer. Das Feedback auf einer Generalprobe, die nur zu diesem Zweck veranstaltet wird, ist wesentlich objektiver als beim späteren Ernstfall. Wenn die Zuhörer Ihres Probevortrags über wenig Redeerfahrung verfügen oder sich nicht trauen ihre Kritik auszusprechen, dann unterstützen Sie diese durch einen Beurteilungsbogen (vgl. Abbildung, S. 193). Der Bogen, enthält Fragen zum Inhalt und zur rhetorischen Darbietung.

3. Überzeugend auftreten

Neben dem Inhalt hängt der Erfolg eines Vortrags auch davon ab, wie gut er dargeboten wird. Sprache und Sprechtechnik sind zwei weitere Erfolgskomponenten. Bereits an anderer Stelle haben wir darauf hingewiesen, dass es für das Zustandekommen von Kommunikation entscheidend ist, was der Zuhörer versteht (vgl. S. 11). Weil vieles beim Zuhörer anders ankommt als es der Redner meint, kann es zu Missverständnissen kommen. Auch wenn wir uns beim Reden um verständliche Aussagen bemühen, können die sprachliche Gestaltung, aber auch die Stimme und körpersprachliche Äußerungen zu ganz anderen Interpretationen führen, als wir es beabsichtigen.

> Sind Sie sich ständig der Gefahr von Missverständnissen bewusst. Denken Sie daran, dass die Zuhörer nicht unbedingt das verstehen, was Sie mit Ihren Worten ausdrücken möchten.

3.1 Auf die richtige Sprache kommt es an

Wenn wir als Redner auch nicht genau wissen, was die Zuhörer verstehen, so können wir doch zumindest versuchen, durch Beachtung bestimmter sprachlicher und sprechtechnischer Regeln für eine gute Verständlichkeit zu sorgen. In diesem Kapitel geht es um die sprachliche Gestaltung (auch Sprechstil genannt), d. h. die Art und Weise, wie wir unsere Gedanken in Wörter und Sätze formulieren.

3.1.1 Fürs Hören sprechen

„Nicht reden wie gedruckt, sondern schreiben wie gesprochen" (Schneider, Andrea 2001: S. 45). Ein gesprochener Text unterscheidet sich deutlich von einem geschriebenen Text. Was sich gut liest, hört sich nicht zwangsläufig auch gut an. Für Redetexte gelten andere Regeln als für geschriebene Texte. Das ist ein Grund, warum viele Politiker ihre wichtigen Reden von Ghostwritern schreiben lassen. Der Ghostwriter ist der Redeprofi, der die Formulierungen des Textes in einer Form liefert, die der „gesprochenen" Sprache entspricht.

Ein geschriebener Text wird vom Gehirn anders wahrgenommen, als wenn er uns über die Ohren erreicht. Geschriebene Texte sind längerfristig nachvollziehbar; der Leser kann bei einem Gedanken verharren oder zurückblättern, wenn er etwas nicht verstanden (oder vergessen) hat.

Ein gesprochener Text ist dagegen flüchtig. Es wäre vergebliche Mühe, wenn Sie ein wörtliches Manuskript ausarbeiten und dabei an einzelnen Formulierungen herumtüfteln, bis sie richtig vollgepackt sind. So entstehen schwer verständliche Schachtelsätze, eine Überhäufung mit Substantiven oder konkurrierende Bilder und Betonungen. Sie erreichen wesentlich mehr mit einfachen Sätzen, die jeweils nur einen Gedanken enthalten. Durch Betonung des Kerngedankens beim Vortrag helfen Sie den Zuhörern, das Richtige zu verstehen. Ein geschriebener Text meidet Wiederholungen, bei einem Redetext werden Wiederholungen bewusst als Stilmittel eingesetzt.

In der Rundfunkarbeit gibt es den sog. „ersten Hörer", eine

Art Redakteur, der den Text auf seine Hörertauglichkeit überprüft. Schaffen Sie sich einen solchen ersten Hörer, indem Sie einen Kollegen oder guten Freund bitten, Ihre Ausführungen wohlwollend kritisch zu überprüfen. Ideal für diese Rolle ist eine Person, die nicht unmittelbar vom Fach ist, und sich deshalb gut in die Zuhörersituation versetzen kann. Fragen Sie bei Ihrem Testhörer ausdrücklich nach, ob alles verstanden wurde, wie sich bestimmte Aussagen anhören, ob etwas noch anschaulicher ausgedrückt werden könnte.

Berücksichtigen Sie die vier Verständlichmacher (vgl. S. 15) und finden Sie „hörertaugliche" und verständliche Formulierungen. Achten Sie

- auf die Wortwahl (einschl. Füllwörter und Floskeln),
- auf den Satzbau und
- den Einsatz von Redefiguren und Bildern.

3.1.2 Wortwahl an den Zuhörern orientieren

Bei Präsentationen und Vorträgen findet eine Art „innerer Dialog" statt. Auch wenn nur der Redner spricht, von Beifalls- oder Missfallenskundgebungen des Publikums einmal abgesehen, muss er seine Ausführungen doch so formulieren, dass er seine Zuhörer daran beteiligt. Das wird Ihnen gelingen, wenn Sie die Forderung nach „Einfachheit" und „Kürze" (vgl. S. 17) beachten. Auf die rhetorische Praxis übertragen bedeutet das, kurze Sätze und einfache, allgemein verständliche Wörter.

Handlungen werden mit Verben ausgedrückt: Trotz der Forderung nach Einfachheit soll ein Vortrag „lebendig" sein und die Zuhörer ansprechen. Das erreichen Sie, wenn sie der weit verbreiteten „Hauptwörteritis" widerstehen und Substantive durch Verben ersetzen. Verben machen etwa ein Viertel unseres Wortschatzes aus. Ein Text mit vielen Verben ist wesentlich lebendiger, konkreter und anschaulicher. Das gilt für geschriebene wie gesprochene Texte. Verben drücken nicht nur Bewegung aus, sondern bewegen auch Ihre Zuhörer.

Die Problematik der Substantivierung wurde recht anschaulich von Ludwig Reiners dargestellt, der den bekannten Ausspruch Cäsars *„Ich kam, sah und siegte"* wie folgt übersetzte: *„Nach Erreichung der hiesigen Örtlichkeiten und Besichtigung derselben war* *mir die Erringung des Sieges möglich"*. Franck (2004, S. 55) nennt folgendes Beispiel: *„Erst kommt der Wald zu Tode, dann scheidet der Mensch aus dem Leben"* statt *„Erst stirbt der Wald, dann stirbt der Mensch"*.

Besonders beliebt sind die Umwandlung von Verben in Hauptwörter mit der Endsilbe *„-ung"* (Erreichung, Findung, Erteilung) und die sogenannten Streck- oder Funktionsverben, bei denen echte Verben durch eine Kombination aus einem Hauptwort mit einem Zeitwort ersetzt werden:

„zum Vorwurf machen" statt *„vorwerfen"*
„unter Beweis stellen" statt *„beweisen"*
„in Verlust geraten" statt *„verlieren"*
„in Vorschlag bringen" statt *„vorschlagen"*
„in Augenschein nehmen" statt *„betrachten, prüfen, ansehen, untersuchen"*
„Beachtung schenken" statt *„beachten"* oder *„kümmern"*.

Fremdwörter sparsam einsetzen: Ein Vortrag wird durch eine Anhäufung von Fremdwörtern nicht besser, sondern er ist nur schwerer verständlich. Das bedeutet nicht, dass Fremdwörter um jeden Preis zu vermeiden sind. Gegen Fremdwörter ist nichts einzuwenden,

- wenn ein treffendes deutsches Wort fehlt (Job, Team, Trend),
- wenn sie sich in die Umgangssprache eingebürgert haben (Computer, Baby, Mountainbike),
- oder wenn es keine angemessene Übersetzung gibt.

Setzen Sie Fremdwörter sparsam und dem Bildungsstand der Zuhörer angemessen ein. Vergewissern Sie sich, dass Sie selbst und Ihre Zuhörer unter einem bestimmten Begriff dasselbe verstehen.

Keine Insider-Sprache: Bei Fachthemen werden sich Fachbegriffe manchmal nicht vermeiden lassen. Das ist vor Fachleuten kein Problem. Wenn jedoch Laien dabei sind, dann muss der Fachbegriff erklärt werden. Versetzen Sie sich in die Rolle der Zuhörer und prüfen Sie, ob die verwendeten Begriffe zusätzlich erläutert werden müssen.

Manche Zuhörer werden nicht zugeben, dass sie Fremdwörter und Fachbegriffe nicht verstehen. Einige sind vielleicht sogar be-

Fremdwörter

eindruckt, denn das Vorgetragene klingt doch ganz anspruchsvoll. Aber ist ein solcher Redeerfolg nicht zu dürftig? Sie wollen Ihren Zuhörern doch etwas mitteilen und das wird nur gelingen, wenn Sie verstanden werden. Demonstrieren Sie Ihr Fachwissen auch dadurch, dass Sie es nutzen, um es in einfachen Worten an Ihre Zuhörer weiterzugeben.

Vorsicht vor Modewörtern: Obwohl es Modewörter zu jeder Zeit geben wird, sollten sie im Vortrag grundsätzlich vermieden werden, denn sie werden vom kritischen Zuhörer als einfallslos empfunden. Wenn Sie Modewörter einsetzen, dann lassen Sie durch Betonung und Körpersprache erkennen, dass Sie diese Wörter bewusst (ironisch!) verwendet haben. Ähnliches gilt auch für Schlagwörter aus der Politik oder Werbung.

Füllwörter vermeiden: Die beiden bekanntesten Füllwörter sind „äh" und „nh". Lassen Sie sich von Freunden oder der Familie überprüfen, ob Sie zu solchen Füllern neigen. Wenn ja, dann können Sie sich durch Regieanweisungen (vgl. S. 186) auf jedem Stichwortkärtchen daran erinnern. Es ist dann nur eine Zeitfrage, bis Sie ohne diese Störer sprechen können.

Eine zweite Gruppe von Füllwörtern sind Wörter ohne eigene Aussage. Die bekanntesten Vertreter dieser Gruppe sind: also, eigentlich, sozusagen, an und für sich, wohl, selbstredend, vielleicht, eventuell, lediglich, quasi, nichtsdestoweniger, mitnichten, insbesondere, mehr oder weniger, schließlich, halt. Solche Wörter sind überflüssig und schwächen die Wirkungskraft Ihres Vortrags. Auch hier sollten Sie sich überprüfen lassen und durch Training für Abhilfe sorgen.

Eindeutige Aussagen: Die Formulierungen *„Ich würde sagen"* und *„Ich würde meinen"* werden auch von profilierten Rednern häufig verwendet. Aber damit wird die Aussage nicht besser.

Es gibt zwei Erklärungen für diesen überflüssigen Konjunktiv. Zum einen wird er wegen des häufigen Gebrauchs von vielen Rednern gedankenlos übernommen. Zum andern handelt es sich um Unsicherheit oder eine unbewusste Scheu vor einer uneingeschränkten Aussage. Der Redner möchte doch überzeugen und seine Zuhörer zu einem bestimmten Verhalten veranlassen. Dann muss er auch dazu stehen und das deutlich äußern. Also nicht *„Ich würde vorschlagen,…"* sondern *„Ich schlage vor,…"*. Oder, stellen Sie sich den Politiker auf Wahlreise vor, der seine Ausführungen mit der Formulierung beendet *„Ich würde meinen, Sie sollten die XY-Partei wählen"*.

Vermeiden Sie auch die folgenden abgegriffenen Redewendungen:

- *Ich möchte sagen…*
- *Darf ich mir erlauben…*
- *Ich habe das Vergnügen…*
- *Lassen Sie mich kurz…*
- *Ich komme nicht umhin…*
- *Gestatten Sie mir…*
- *Wenn Sie so wollen…*
- *Bevor ich zum Schluss komme…*

3.1.3 Kurze Sätze werden besser verstanden

Kurze Sätze sind das Geheimnis des guten Redners. Diese Feststellung klingt banal, ist aber für viele Redner eine große Herausforderung. Drücken Sie sich klar und einfach aus. Bandwurmsätze sind für die Zuhörer schwer zu erfassen, sodass zumindest Teilinhalte verloren gehen. Entscheidend ist nicht, wie sich ein Satz liest, sondern wie er gesprochen klingt. Die Forderung nach kurzen Sätzen ist ein wichtiger Grund für das Reden nach Stichworten und gegen das voll ausgearbeitete Manuskript. Ein in langer Vorbereitung entstandener Gedanke muss von den Zuhörern in dem Augenblick verstanden werden, in dem er ausgesprochen wird. Das Stichwortmanuskript bietet die Chance für kurze Sätze.

Es sind nur wenige Regeln, die für einen verständlichen Satzbau beachtet werden sollten:

- Jeder Hauptgedanke gehört in einen neuen Satz. Sätze, die zu viele Informationen enthalten, verwirren.
- Kein Satz mit mehr als 15 Wörtern.
- Damit es nicht langweilig wird, sollten kurze Hauptsätze mit einfachen Gliedsätzen abwechseln.
- Verzichten Sie auf Einschiebungen (Schachtelsätze). Schachtelsätze können Sie vermeiden, wenn Sie die beiden getrennten Hälften eines Streckverbums zusammenziehen.
- Nebensätze können zum Stolperstein werden. Vermeiden Sie eine Reihung von Nebensätzen hinter einem Hauptsatz.
- Steuern Sie so oft wie möglich auf den Punkt und nicht auf das Komma hin.

3.1.4 Redefiguren sorgen für Abwechslung

Wenn wir im Alltag sprechen, dann schmücken wir unsere Aussagen häufig mit Redefiguren aus, ohne dass uns dies jedes Mal bewusst wird. Redefiguren (rhetorische Figuren, Stilfiguren oder Redeschmuck) sind Worte oder Wendungen, mit denen wir unsere Ausdrucksweise beleben, die jedoch vom normalen Sprachgebrauch bewusst abweichen. Durch Redefiguren wird dem Publikum das Gesagte über gedankliche Vorstellungen und Bilder zugänglich gemacht.

Zu den Redefiguren zählen alle Formulierungen, die über die reine Informationsvermittlung hinausgehen. Nach ihrer sprachlichen Wirkung haben Redefiguren zwei Aufgaben. Sie sollen die Anschaulichkeit und Aufmerksamkeit erhöhen oder sie werden zur

Verstärkung bestimmter Aussagen eingesetzt. Redefiguren wurden bereits in der klassischen Rhetorik entwickelt, haben aber in der neueren Rhetorikliteratur an Bedeutung verloren. Die wichtigsten und bekanntesten Redefiguren werden auf den folgenden Seiten beschrieben.

Zitate und Sprichwörter: Es ist nicht erforderlich, sich zu allem eine neue, passende, großartige Formulierung einfallen zu lassen. Mancher Gedanke wurde schon von anderen auf den Punkt gebracht. Gut ausgewählte und dosierte **Zitate** können Ihren Vortrag würzen und zusätzlich manche Aussage verstärken oder stützen.

Bei Zitaten müssen zwei Spielarten unterschieden werden:

- Das wissenschaftliche Zitat ist eine Passage aus einem Fachbuch, in der ein bestimmter Sachverhalt wiedergegeben wird. Es sollte nicht zu lang ausfallen.
- Das Aussagezitat oder Kurzzitat ist eine von einer bekannten Persönlichkeit formulierte Kurzaussage, durch welche die eigene Aussage untermauert wird.

Nicht jedes Zitat muss von einer berühmten Persönlichkeit stammen. Beim wissenschaftlichen Zitat im Fachvortrag kann auch auf Äußerungen des nicht ganz so berühmten Kollegen zurückgegriffen werden. Beim Kurzzitat kann eine originelle Formulierung (z. B. aus einer Tageszeitung) ausreichen, um die gewünschte Wirkung zu erzielen. Wer zitiert sollte sich in jedem Fall darauf vorbereiten, bei Bedarf die exakte Quelle nennen zu können.

Beispiel: Ein zum Thema Satzlänge passendes Zitat von Mark Twain lautet: *„Wenn der literarisch gebildete Deutsche sich in einen Satz stürzt, geht er unter und taucht am anderen Ende des Atlantischen Ozeans mit dem Verb zwischen den Zähnen wieder auf".*

Eng mit den Zitaten verwandt sind **Sprichwörter.** Ein Sprichwort ist ein im Volksmund umlaufender bekannter Satz, der eine Lebensregel oder Lebensweisheit in prägnanter, kurzer Form ausdrückt. Manche Zitate sind zum Sprichwort geworden.

Beispiele: *„Rotwein ist für alte Knaben eine von den besten Gaben" (Wilhelm Busch). „Der Wein erfreut des Menschen Herz" (Goethe).*

Bilder, Vergleiche und Beispiele: Bildhafte Wörter werden besser verstanden und bleiben länger im Gedächtnis haften als abstrakte Wörter. Durch Vergleiche, Beispiele und **Bilder** wird die Anschaulichkeit erhöht und Ihre Ausführungen werden lebendiger und abwechslungsreicher. Durch bildhafte Formulierungen helfen Sie den Zuhörern, das Vorgetragene auf die eigene Situation zu übertragen.

Ausgezeichnete Testhörer für ein bildhaftes Sprechen sind Kinder. Wenn Sie ein Märchen im Stil einer Behörde erzählen, wird Ihr Kind bald weglaufen oder sich mit etwas anderem befassen. Dagegen werden Sie aufmerksame Zuhörer haben, wenn Sie bildhaft sprechen, in kurzen Sätzen, so dass jeder Satz bei den Kindern eine neue Vorstellung weckt.

Auf die Bedeutung eigener, selbst erlebter **Beispiele,** um die vorgetragenen Thesen zu untermauern, weist Holzheu (2000, S. 76) hin. Aktuelle Beispiele, die persönlich erlebt sind, sind nicht zu widerlegen. Sie können die stärksten Gegenargumente und die bestens begründete Theorie erschüttern, wenn Sie eigene Erlebnisse vortragen. Darüber hinaus sind Beispiele interessant, weil sie die Neugier der Zuhörer befriedigen. Die Zuhörer erfahren durch Beispiele etwas über den Vortragenden, über dessen Leben, wie er denkt und fühlt. Wenn Sie Beispiele und Erlebnisse mit Ich-Botschaften verbinden, dann drücken Sie damit gleichzeitig Ihre Gefühle aus und erreichen die Zuhörer emotional (Beziehungsebene). Besondere Sympathiepunkte können Sie erzielen, wenn Sie sich über sich selbst lustig machen, indem Sie persönliche Erlebnisse erzählen, bei denen Sie sich etwas blamiert haben (Holzheu 2000, S. 78).

Durch **Vergleiche** können Sie das Neue in Ihren Ausführungen mit bereits Bekanntem verknüpfen. Damit erscheinen neue Gedanken in einem vertrauten Gewand und die Zuhörer sind leichter dafür zu gewinnen. Besonders überzeugend sind Beispiele aus dem Problemfeld der Zuhörer. Durch Formulierung wie *„Stellen sie sich einmal Folgendes vor“* oder *„Nehmen Sie einmal an“* lenken Sie das Denken der Zuhörer in die gewünschte Richtung.

Metapher: Eine beliebte Redefigur ist die Metapher. Bei der Metapher wird ein Ausdruck aus seiner ursprünglichen Bedeutung in einen anderen Bedeutungszusammenhang übertragen. Zwischen der wörtlich bezeichneten Sache und der übertragen gemeinten Beziehung besteht eine Ähnlichkeit.

Beispiele:
- Die Nadel im Heuhaufen suchen.
- Leeres Stroh dreschen.
- Auf der Erfolgswelle reiten.

Mit der Metapher verwandt ist die Metonymie. Ein Wort wird im übertragenen Sinne anstelle des gebräuchlichen Begriffs gebraucht, wobei zwischen beiden Begriffen eine reale Beziehung besteht (z. B. ein Ort oder Sachbegriff steht für Personen oder Institutionen). Die Metonymie sorgt für sprachliche Abwechslung.

Beispiele:
- „Berlin hat auf diese Meldung noch nicht reagiert" („Berlin" statt „Regierung").
- „Die Brüsseler Bürokraten" statt die „Europäische Kommission"
- „Freund und Helfer" oder „Auge das Gesetzes" statt „Polizei"

Wiederholungen: An anderer Stellen haben wird davon gesprochen, die Zuhörer nicht durch eine Überfülle an Informationen zu überfordern. Dem Zuhörer ist mehr geholfen, wenn wichtige Aussagen durch Wiederholungen vertieft werden. Durch Wiederholungen wird verdeutlicht, worauf es wirklich ankommt; außerdem wird das Behalten gefördert.

Mit Wiederholung ist in diesem Zusammenhang nicht nur die wörtliche Wiederholung gemeint. Auch durch erläuternde Beispiele, Zusammenfassungen, zusätzliche Bezüge oder Synonyme kann ein entscheidender Gedanke nochmals betont werden.

Beispiel: *„Wir müssen alle, ich wiederhole nochmals, alle an einem Strang ziehen."*

Anapher: Sie ist eine einmalige oder mehrfache Wiederholung eines Wortes oder einer Wortgruppe am Anfang aufeinander folgender Sätze oder Satzteile.

Beispiel: *„Was wir tun müssen, ist als erstes … Was wir tun müssen, ist als nächstes …"*

Epipher: Hier werden eines oder mehrere Wörter am Ende aufeinander folgender Sätze oder Satzteile wiederholt.

Beispiel: „Doch alle Lust will Ewigkeit, will tiefe, tiefe Ewigkeit" (Nietzsche).

Euphemismus: In diesem Fall ersetzen Sie einen Begriff, mit dem die Zuhörer negative Assoziationen empfinden.

Beispiel:
- „Mitarbeiter freistellen" statt „entlassen"
- „Umsiedlung" oder „Migration" statt „Vertreibung"
- „Raumpflegerin" statt „Putzfrau"

Simulierter Dialog: Der simulierte Dialog ist ein bewährter Kunstgriff, um der monologischen Darstellung eines Vortrags entgegenzuwirken. Der Redner formuliert Fragen oder Einwendungen so, wie sie auch vom Publikum gestellt werden könnten und gibt die passende Antwort bzw. entkräftet den Einwand. Besonders wirksam ist diese Technik, wenn Sie die direkte Rede verwenden.

Beispiele:
- Nicht: *„Man könnte nun fragen, ob auch an die sozialen Folgen gedacht wurde."*
- Sondern: *„Sie werden nun fragen: Wurde auch an die sozialen Folgen gedacht?"*
- Nicht: *„Sie könnten gegen diesen Vorschlag einwenden, dass er die sozialen Folgen unberücksichtigt lässt."*
- Sondern: *„Sie werden nun einwenden: Dieser Vorschlag berücksichtigt nicht die sozialen Folgen."*

> Wählen Sie Redefiguren sorgsam aus und setzen das Stilmittel sparsam ein. Speziell bei Wiederholungen gilt es abzuwägen, ob ein Gedanke durch die Wiederholung vertieft wird oder ob sich das Publikum langweilt.

Rhetorische Fragen: Rhetorische Fragen sind eines der wirksamsten sprachlichen Mittel. Sie haben die rhetorische Frage bereits als Möglichkeit kennen gelernt, in einen Vortrag einzusteigen. Beim Einsatz der rhetorischen Frage formulieren Sie einen Gedanken als Frage, die jedoch nicht von den Zuhörern beantwortet wird. Entweder die Frage beantwortet sich von selbst oder die Antwort ergibt sich aus den weiteren Darlegungen des Redners. Der richtige Einsatz der rhetorischen Frage hat mehrere Vorteile:

- Durch rhetorische Fragen erreichen Sie, dass gedanklich abwesende Zuhörer wieder Mitdenken. Die Aufmerksamkeit wird erhöht und das Verständnis erleichtert. Verwenden Sie dabei möglichst offene Fragen (vgl. S. 22), um zu vermeiden, dass ein Witzbold mit „*Ja*“ oder „*Nein*“ antwortet.

  Beispiele: *„Was für Vorteile gibt es? Erstens...“ „Wie sollen wir uns nun entscheiden? Ich bin der Meinung...“*

- Forderungen an die Zuhörer sowie kritische oder provozierende Äußerungen können durch die rhetorische Frage entschärft werden. Widerspruch wird vermieden. Im Gegensatz zur Behauptung lässt die Frageform dem Zuhörer noch Spielraum, sich diesen Gedanken zu eigen zu machen.

  Beispiel: In einem Betrieb soll samstags wieder gearbeitet werden. Vergleichen Sie die Wirkung der beiden folgenden Formulierungen:
  - *„Um die Maschinen besser zu nutzen und die Arbeitsplätze zu erhalten, müssen wir wieder samstags arbeiten!“*
  - *„Sollten nicht auch wir wieder samstags arbeiten, um die Maschinen besser zu nutzen und damit die Arbeitsplätze zu erhalten?"*

- Die rhetorische Frage ist ein elegantes Mittel, um einen neuen Abschnitt (Gedanken, Teilaspekt) einzuleiten.

  Beispiel: *„Soweit die Problemsituation. Was für Lösungen kann ich Ihnen nun vorschlagen?"*

- Eine besonders nachhaltige Wirkung können Sie erzielen, wenn mehrere rhetorische Fragen hintereinander gestellt werden, die aufeinander aufbauen.

Noch zwei Hinweise für die Praxis:

- Wenn Sie vorhaben, einen bestimmten Sachverhalt als rhetorische Frage auszudrücken, dann schaffen Sie sich eine Erinnerungshilfe, indem Sie im Stichwortmanuskript vor das entsprechende Stichwort ein Fragezeichen setzen.
- Sehen Sie keinen Zuhörer direkt an, wenn Sie eine rhetorische

Frage stellen. Damit fühlt sich niemand angesprochen und glaubt auf die Frage antworten zu müssen.

3.1.5 Dialektanklänge müssen kein Nachteil sein

Ein Erlebnis aus der eigenen Familie: Vor einigen Jahren bin ich mit meiner Familie in den Schwarzwald gezogen. Zur schnelleren Integration in der neuen Heimat sind meine Frau und ich bald einigen Vereinen beigetreten. Dort war zwar bekannt, dass wir aus dem Rheinland zugezogen sind, aber nicht, dass wir im Schwarzwald geboren sind. Schon nach wenigen Wochen wurde meine Frau in ihrer Turngruppe von einer Kollegin gefragt, ob Sie einen Schnellkurs im alemannischen Dialekt absolviert hätte, weil sie diesen nach so kurzer Zeit bereits so gut beherrsche. Auch ich selbst habe die Erfahrung machen können, dass meine verstärkt gebrauchten Dialektanklänge den Zugang zu den Menschen in der neuen Umgebung in manchen Situationen erleichtert haben.

Diese Erfahrung haben wir allerdings im Gespräch gemacht. Wie sieht es nun beim Vortrag aus? Eine leichte mundartliche Färbung Ihres Vortrags ist für den Erfolg kein Hindernis. Wenn das Publikum erkennt, dass Sie sich um eine „verständliche Sprache" bemühen, dann wird das auch anerkannt. Entscheidend ist die Verständlichkeit. Eine breite Dialektfärbung ist tabu. Wenn Sie sich dagegen um Schriftdeutsch bemühen, aber dennoch herauszuhören ist, aus welcher Region sie stammen, dann wird das von Ihren Zuhörern akzeptiert.

Wenn Sie trotz aller Bemühungen einen stark regional oder fremdsprachig gefärbten Akzent nicht vermeiden können, dann sprechen Sie auf jeden Fall etwas langsamer als Sie es im privaten Umfeld tun. Bemühen Sie sich besonders am Anfang Ihres Vortrags, langsam und so deutlich wie möglich zu sprechen, um Ihren Zuhörern die Möglichkeit zu geben, sich auf Ihre Sprechweise einzustellen.

3.2 Sprechtechnik

Ebenso wie die Sprache ist auch die Sprechtechnik ein wichtiger Erfolgsfaktor beim Reden. Zur Sprechtechnik gehören die Artikulation, die Lautstärke, das Sprechtempo und die Sprechpausen.

Nutzen Sie die Möglichkeiten Ihrer Stimme. Wechseln Sie zwischen laut und leise, zwischen schnell und langsam, heben und senken Sie die Stimme und machen Sie im richtigen Moment Pausen.

3.2.1 Artikulation

Stören Sie sich nicht daran, dass Sie vom Klang Ihrer Stimme enttäuscht sind, wenn Sie diese zum ersten Mal über Video oder Tonband hören. Das geht fast jedem so. Dabei ist es von wenigen Ausnahmen abgesehen nur der Redner selbst, der mit der eigenen Stimme nicht zufrieden ist. Unser Umfeld ist an diese Stimme gewöhnt. Akzeptieren auch Sie Ihre Stimme, wie sie ist. Lassen Sie sich von der Familie, Freunden oder Bekannten bestätigen, dass Ihre Stimme ganz normal klingt.

Wichtiger als der Klang Ihrer Stimme ist, wie deutlich Sie sprechen. Darauf können Sie Einfluss nehmen. Kontrollieren Sie sich selbst mit Tonband oder lassen Sie sich überprüfen. Wenn Ihnen eine deutliche Aussprache bestätigt wird, dann sollten Sie keine weitere Zeit auf eine Änderung der Stimme verwenden. Diese hat sich schließlich im Laufe der Jahre so entwickelt und kann nicht kurzfristig geändert werden. Wenn Sie dagegen undeutlich sprechen, dann sollten Sie Ihre Aussprache verbessern. Undeutlich und schwer verständlich wird Ihr Sprechen, wenn Sie Silben verschlucken, in den Bart nuscheln oder quetschen. Von quetschen wird gesprochen, wenn der Redner die Zähne nicht weit genug auseinander nimmt.

Wenn Sie wissen, dass Sie dazu neigen, die Zähne nicht weit genug auseinander zu nehmen, oder undeutlich sprechen, dann sollten Sie Ihren Mund rechtzeitig vor Ihrem Redeauftritt geschmeidig machen. Das ist möglich bei der Anreise im eigenen Auto, oder, wenn es sonst keine Möglichkeit gibt, auch beim letzten Gang vor dem Vortrag zur Toilette. Folgende Übungen helfen Ihren:

- Grimassen schneiden,
- den Mund weit aufreißen,
- die Zähne weit auseinander nehmen,
- dem Unterkiefer von der einen zur anderen Seite schieben und wieder zurück,
- Laute von sich geben (gedehnte Vokale sprechen).

Auch professionelle Sänger und Sängerinnen singen sich ein, bevor sie vors Publikum treten.

Ihre Stimme klingt fad und langweilig, wenn sie eintönig sprechen, d. h. immer in der gleichen Tonhöhe. Dagegen wird Ihre Stimme farbiger, wenn Sie zwischen Passagen mit hoher und tiefer Stimmlage wechseln. Teilweise wird die Artikulation durch das Sprechtempo (vgl. unten) beeinflusst. Ein mäßiges Sprechtempo trägt zu einer deutlicheren Aussprache bei und ermöglicht, sinntragende Wörter und Silben zu betonen.

> Achten Sie schon beim Abfassen Ihres Redemanuskripts an die sprechtechnischen Möglichkeiten. Unterstreichen Sie bei einem Stichwortmanuskript die Begriffe, die Sie betonen möchten.

3.2.2 Lautstärke

Für die Lautstärke kann kein allgemein gültiger Wert angegeben werden. Die notwendige Grundlautstärke hängt vom Thema, den Zuhörern und der Umgebung ab. Wenn Sie sich nicht sicher sind, ob Ihre Lautstärke der Situation angemessen ist, dann lassen Sie sich von einem guten Freund überprüfen.

Zu lautes Sprechen ist oft spannungsbedingt; zu leises Sprechen kann ein Zeichen von Schüchternheit sein. Wenn Sie zwischen laut und leise wechseln, können Sie für Dynamik und Abwechslung sorgen und Sie wirken überzeugender.

3.2.3 Sprechtempo

An anderer Stelle lesen Sie, dass ein gewisses Maß an Enthusiasmus für einen erfolgreichen Vortrag erforderlich ist. Allerdings darf die emotionale Begeisterung nicht dazu führen, dass zu schnell und zu viel gesprochen wird. Leider gibt es sehr viele Schnellsprecher. Die Ursachen können Nervosität, Unsicherheit oder Desinteresse am Zuhörer oder Thema sein. Wenn Sie zu schnell sprechen, wird die Aufnahmefähigkeit der Zuhörer überfordert und wichtige Aussagen gehen verloren. Wenn Sie über das richtige Sprechtempo im Zweifel sind, dann sprechen Sie eher etwas langsamer als schneller.

Seltener kommt es vor, dass zu langsam gesprochen wird. Ursachen können eine schlechte Vorbereitung und mangelnde Konzentration sein. Als Folge des langsamen Sprechens langweilen sich die Zuhörer und schalten evtl. ab.

Unabhängig davon, ob Sie eher zum schnelleren oder zum langsameren Sprechen neigen gilt: Ein Vortrag wirkt auswendig gelernt und abgelesen, wenn das Tempo immer gleich bleibt. Ihre Stimme klingt lebendiger, wenn Sie zwischen langsam und schnell wechseln. Je wichtiger ein Gedanke, umso langsamer sollte er ausgesprochen werden. Nur auf diese Weise stellen Sie sicher, dass die Zuhörer Ihre Kerngedanken auch verarbeiten können. Durch Tempoverzögerungen können Sie zusätzlich Spannung erzeugen.

3.2.4 Haben Sie Mut zu Pausen

Die Pause ist ein wichtiges rhetorisches Wirkungsmittel. Viele unerfahrene Redner machen zu wenig und vor allem zu kurze Sprechpausen. Zu überflüssigen Füllwörtern („äh" und „nh") kommt es häufig nur deshalb, weil der Redner glaubt, Pausen seien unerwünscht und deshalb ständig weiterspricht. Solche Füller stören und sollten vermieden werden (vgl. S. 198). Beweisen Sie Mut, setzen Sie eine Pause, wenn ein Satz zu Ende ist.

Pausen sind neben den Veränderungen im Tonfall eine Hilfe, um die Interpunktion einer Aussage (Satzende, Kommata usw.) sprachlich auszudrücken. Auch die inhaltliche Gliederung in Abschnitte kann durch Pausen verdeutlicht werden. Nur durch eine Pause erkennen die Zuhörer, dass ein Gedanke zu Ende ist und ein neuer beginnt. Was beim geschriebenen Text durch den Absatz erreicht wird, erreichen Sie beim Sprechen durch Pausen. Durch bewusst gesetzte Sprechpausen können dramaturgische Effekte erzielt werden.

Pausen sind außerdem ein Mittel,

- um ein zu schnelles oder hektisches Sprechtempo auszugleichen,
- um die Ausführungen sinnvoll zu gliedern,
- um die Wirkung mancher Aussagen zu erhöhen,
- um Spannung zu erzeugen,
- um Höhepunkte (Kernaussagen, Thesen, Forderungen, Fazit usw.) eines Vortrags vorzubereiten,
- um die erforderliche Ruhe herzustellen, z. B. am Beginn eines Vortrag (Blick zunächst schweifen lassen) oder während des Vortrags, z. B. bei unqualifizierten Zwischenrufen.

Über diese dramaturgischen Effekte hinaus, nützt die Sprechpause sowohl dem Redner selbst als auch dem Zuhörer.

Als Redner benötigen Sie die Pause,
- um richtig zu atmen,
- um den nächsten Gedanken zu formulieren,
- um Blickkontakt zu den Zuhörern aufzunehmen,
- um zu kontrollieren, ob Sie verstanden wurden und
- um zu prüfen, ob Sie mit Ihren Ausführungen ankommen.

Die Zuhörer benötigen die Pause,
- um nachzudenken und das Gehörte gedanklich einzuordnen und zu verarbeiten,
- um die Wirkung mancher Aussagen zu verdauen (z. B. eine provozierende These, aber auch Lachen nach einem Gag),
- um evtl. kurz miteinander zu diskutieren und
- um sich von der Fülle neuer Gedanken zu erholen und zu entspannen.

> Machen Sie lange genug Pausen. Beim Reden empfinden Sie die Pause wesentlich kürzer als beim Zuhören.

Empirische Untersuchungen haben gezeigt, dass viele Redner glauben, nach zwei bis drei Sekunden sei die höchstens zumutbare Pausenlänge erreicht. Tatsächlich werden sechs bis acht Sekunden vom Publikum akzeptiert, ohne dass diese als zu lang empfunden wird. Überhaupt keine Gefahr besteht, dass die Pause vom Publikum als „Hängenbleiben“ verstanden wird.

3.2.5 Atemtechnik

Die richtige Atmung ist eine unerlässliche Voraussetzung für eine kräftige und überzeugende Stimme. Außerdem hilft die Atmung bei der Bekämpfung des Lampenfiebers.

Sprechen bedeutet langsames, klingendes Ausatmen. Nur wer über genügend Sauerstoff in seiner Lunge verfügt, kann einen Gedanken mit einer Luft aussprechen. Er muss nur dort einatmen, wo die Ausführungen eine sinnvolle Sprechpause erlauben. Wer dagegen nicht mit seiner Luft auskommt, wirkt hektisch; er bekommt einen trockenen Hals und fühlt sich unsicher.

Die meisten Menschen sind Hochatmer. Sie begnügen sich mit der Brustatmung und vernachlässigen das Zwerchfell. Damit nutzen sie nur die Hälfte der verfügbaren Atemkapazität. Überprüfen Sie Ihre Atemtechnik und versuchen Sie – falls erforderlich – auf Bauchatmung umzustellen. Nicht der Brustkorb wölbt sich nach vorne oder oben, sondern das Zwerchfell wird nach unten gedrückt und verhilft so zu der nötigen Atemstütze und verhindert Verkrampfungen im Kehlkopfbereich.

3.3 Störungen beherrschen

Trotz einer guten Vorbereitung sind Störungen während eines Vortrags nicht völlig auszuschließen. Sie können vom Redner selbst verursacht werden, wie z. B. die Angst hängen zu bleiben oder sich zu versprechen oder vom Publikum ausgehen. Es ist niemals auszuschließen, dass sich einzelne Teilnehmer durch Zwischenrufe einschalten. Auch eine plötzliche Unruhe oder sogar der Weggang einzelner Zuhörer können vorkommen. Trotz einer guten Vorbereitung können Sie sich nicht gegen alle Störungen absichern. Gleichgültig wie Sie mit Zwischenrufen und anderen Störungen umgehen, eine Grundregel gilt immer: Bleiben Sie ruhig und reagieren Sie nicht aggressiv.

Versuchen Sie zunächst die Störungen zu ignorieren. Falls Sie darauf reagieren, dann laufen Sie Gefahr, dass damit die Aufmerksamkeit des Publikums erst richtig auf die Störungen gelenkt wird. Sprechen Sie einfach weiter, ohne in die Richtung der Störung zu blicken.

3.3.1 Zeit gewinnen, wenn Sie hängen bleiben

Ob geübter oder ungeübter Redner, niemand ist gegen einen Aussetzer absolut sicher. Gestern bei der Generalprobe gab es keine Probleme; heute weiß der Redner mit dem nächsten Stichwort plötzlich nichts mehr anzufangen. Im Vortragsraum entsteht eine peinliche Stille und der Redner wird immer nervöser.

So muss es nicht sein. Bleiben Sie ruhig und versuchen Sie Zeit zu gewinnen. Es gibt zahlreiche Möglichkeiten, wie Sie diese Situation überbrücken können.

- Brechen Sie den Gedanken, den Sie gerade darlegen wollten ab und greifen Sie zurück auf etwas, was Sie schon gesagt haben. Nehmen Sie den Faden nochmals auf und überwinden Sie die Problemstelle aus dem Sprechfluss heraus. Leiten Sie den Rückgriff durch eine geschickte Formulierung ein:
  - *„Das bisher Gesagte möchte ich nochmals zusammenfassen …“*
  - *„Diesen Aspekt will ich etwas genauer formulieren“*
  - *Wie ich eben schon sagte, …“*
- Wechseln Sie vorübergehend vom Monolog in den Dialog, indem Sie eine Frage an die Zuhörer richten:
  - *„Haben Sie ähnliche Erfahrungen gemacht?“*
  - *„Bestehen noch Unklarheiten?“*
  - *„Soll ich das Gesagte nochmals vertiefen?“*
- Gehen Sie zum nächsten oder übernächsten Gedanken in Ihrem Stichwortmanuskript über. Die Zuhörer wissen doch nicht, was gerade an dieser Stelle in Ihrem Manuskript steht. Aber Vorsicht: Überspringen Sie nur ein oder zwei Stichworte und fahren Sie dann in der bei der Vorbereitung festgelegten Abfolge weiter.
- Treten Sie die Flucht nach vorn an. Geben Sie zu, dass Sie den „roten Faden“ verloren haben. Verlassen Sie sich auf die Toleranz der Zuhörer, die viel größer ist, als der Redner glaubt. Wer zu perfekt ist, stößt auf Ablehnung!
- Weitere bewährte Methoden:
  - Erläutern Sie ein zusätzliches Beispiel, das Sie für solche Situationen parat haben.
  - Erzählen Sie eine passende kleine Geschichte, die sie für diesen Zweck vorbereitet haben (*„Übrigens, da fällt mir eine kleine Geschichte ein!")*.
  - Überbrücken Sie die Spannungssituation, indem Sie auf Hilfsmittel zurückgreifen, z. B. eine Folie mit der Gliederung Ihres Vortrags.

Falls Sie Bedenken haben, ob Ihnen diese Hilfen im entscheidenden Augenblick auch einfallen, dann bereiten Sie sich auch dafür einen Stichwortzettel vor. Verwenden Sie andersfarbiges Papier, damit Sie Ihren Notstichwortzettel sofort finden. Notieren Sie sich einige der zuvor genannten Notausgänge. Allein das Wissen darum, eine solche Hilfe für Notsituationen dabei zu haben, beruhigt bereits, so dass Sie sie überhaupt nicht benötigen.

3.3.2 Ein Versprecher kann vorkommen

Versprecher sind etwas Alltägliches, das jedem passieren kann. Sie sollten sich auf keinen Fall dafür entschuldigen. Oft werden Versprecher von den Zuhörern überhaupt nicht wahrgenommen. Diese werden erst durch eine Entschuldigung wirklich aufmerksam.

Falls Sie das Gefühl haben, dass Sie trotz des Versprechers verstanden wurden, dann brauchen Sie überhaupt nichts zu tun. Sprechen Sie in gleichem Tempo und Tonfall einfach weiter. Bei einem sinnentstellenden Versprecher wiederholen Sie den letzten Satz einfach in der richtigen Formulierung. Das gilt auch, wenn ein ganzer Satz ungeschickt formuliert wurde. Bei einem ganzen Satz ist es auch möglich, die korrigierte Form mit der Bemerkung *„ich formuliere nochmals besser“* oder *„ich berichtige“* einzuleiten.

3.3.3 Was tun bei Zwischenrufen?

Es gibt einige wirkungsvolle Möglichkeiten, mit Zwischenrufen umzugehen. Allerdings muss situationsabhängig entschieden werden, welche davon eingesetzt werden.

- Falls eine Aussprache vorgesehen ist, werden Sie am Beginn Ihres Vortrags darauf hinweisen und bitten, alle Fragen dort zu stellen.
- Ein sachlicher Zwischenruf kann, wenn das in wenigen Sätzen möglich ist, sofort sachlich beantwortet werden.
- Ein sachlicher Zwischenruf, der nach einer umfangreicheren Antwort verlangt, sollte, auch wenn keine Aussprache vorgesehen ist, an den Schluss oder in ein späteres Gespräch verschoben werden. Andernfalls besteht die Gefahr, durch die längere Antwort den eigenen roten Faden zu verlieren. Außerdem würde die Einhaltung der Redezeit gefährdet. *(„Vielen Dank für diesen Hinweis, ich werde gerne nach meinem Vortrag näher darauf eingehen!“)*
- Wenn ein Zwischenruf für die Mehrheit der Zuhörer nicht interessant ist, dann kann seine Beantwortung ebenfalls auf ein späte-

res Gespräch mit dem Zwischenrufer verschoben werden. *(„Diese Frage werde ich gerne im persönlichen Gespräch mit Ihnen erörtern.“)*

- Eine Verschiebung kann auch notwendig sein, weil Sie auf diesen Aspekt bei den weiteren Ausführungen sowieso noch zu sprechen kommen. („*Das ist ein interessante Frage, ich beantworte sie im nächsten Gliederungspunkt.*“)
- Störende Zwischenrufe können Sie auch ignorieren (überhören). Manche Zwischenrufer sind schon zufrieden, wenn sie ihren Beitrag losgeworden sind. Vorsicht vor zu schlagfertigen Reaktionen; sie könnten weitere Zwischenrufe provozieren.

Die folgenden Möglichkeiten sind mehr taktischer Art. Sie eignen sich vor allem bei unsachlichen Zwischenrufen oder wenn Sie bei einem sachlichen Beitrag erst etwas Bedenkzeit benötigen, um eine passende Antwort geben zu können.

- Lassen Sie den Zwischenruf wiederholen. Beim sachlichen Zwischenrufe gewinnen Sie dadurch Zeit für die Antwort. Ein unsachlicher Zwischenruf wird selten wörtlich wiederholt.
- Zeitgewinn erzielen Sie auch durch Rückfragen *(„Ich habe Sie nicht richtig verstanden*“). Zumeist werden in diesem Fall mit der Wiederholung zusätzliche Argumente geliefert, bei denen Sie mit der Antwort einhaken können.
- Manchmal können sachliche Zwischenrufe auch an das Auditorium weitergegeben werden. *(„Hier wird Folgendes* gefragt: ... *Was meinen Sie dazu?").* Sie müssen allerdings dafür sorgen, dass nicht eine zu lange Diskussion entsteht und damit Ihr Vortrag beeinträchtigt würde.
- Bei unsachlichen oder gar dummen Zwischenrufen hat es sich bewährt, einen sachlichen Aspekt herauszugreifen und darauf einzugehen.
- Wenn der Zwischenruf sehr langatmig formuliert wird, dann ist es legal, bei einer Atempause des Fragestellers einzugreifen und einen bis dahin formulierten Aspekt anzusprechen. („*Sie sprechen mit ... einen wichtigen Aspekt an. Ich bin der Meinung ...*“).

Auf keinen Fall sollten Sie den Zwischenrufer lächerlich machen. Sie würden sich einen Feind schaffen. Das gilt auch für den böswilligen Zwischenruf. Zeigen Sie durch eine souveräne Reaktion, dass Sie über diesem Niveau stehen.

3.3.4 Unruhige oder desinteressierte Zuhörer

Beziehen Sie eine plötzliche Unruhe unter den Zuhörern nicht sofort auf sich; es kann zahlreiche Ursachen geben, die der Redner nicht bemerkt. Versuchen Sie zunächst durch einen Wechsel der Lautstärke die Aufmerksamkeit wieder auf sich zu lenken. Vielfach wenden sich die Zuhörer dem Redner wieder zu, um nichts zu verpassen. Falls dies nichts nützt, dann lassen Sie keinen Ärger erkennen. Fragen Sie einfach die Zuhörer, was der Grund für die Unruhe ist. Das Entscheidende ist, freundlich und ruhig bleiben.

Auch durch desinteressierte Zuhörer, die z. B. aus dem Fenster oder auf die Uhr sehen oder gelangweilt in ihren Unterlagen herumblättern sollten Sie nicht irritieren lassen. Wenn es sich bei einem größeren Auditorium nur um wenige Personen handelt und andere aufmerksame Zuhörer dadurch nicht gestört werden, dann müssen Sie nicht reagieren. Einige, die nicht interessiert sind, gibt es überall. Verlassen Sie sich auf Ihre gute Vorbereitung. Richten Sie den Blickkontakt zu den Zuhörern, die Aufmerksamkeit demonstrieren.

Auch wenn einzelne Zuhörer den Raum verlassen, muss das nicht an Ihrem Vortrag liegen. Ein persönliches Bedürfnis, Unwohlsein, eine Verabredung, Hunger, Müdigkeit und vieles andere können die Ursache sein. Machen Sie sich bewusst, dass es für den Weggang der Zuhörer viel mehr Gründe bei diesen selbst gibt als bei Ihnen. Auch hier gilt wieder: Ruhig bleiben und weitersprechen.

3.3.5 Szenenapplaus und Schlussbeifall

Szenenapplaus kann einen Redner aus der Fassung bringen, wenn er nicht damit rechnet. Dabei ist doch Beifall zu 90 % ein Beweis dafür, dass die Zuhörer positiv gestimmt sind. Der Redner oder seine Aussage werden akzeptiert. Lassen Sie sich nicht irritieren, wenn plötzlich Applaus aufkommt. Unterbrechen Sie Ihre Ausführungen und blicken Sie zum Publikum. Winken Sie nicht ab, sondern zeigen Sie durch Ihre Mimik, dass Sie sich über den Applaus freuen. Greifen Sie den letzten Gedanken nochmals auf und fahren Sie mit Ihren Ausführungen fort, wenn der Beifall im Abklingen ist.

Sind Sie im Umkehrfall nicht enttäuscht, wenn Sie an einer Stelle mit Lachern (oder Applaus) rechnen und diese ausbleiben. Vielleicht haben Sie den Gag schlecht vorgetragen oder Sie haben den Humor falsch eingeschätzt. Machen Sie auch hier eine kurze Pause und sprechen Sie dann einfach weiter.

Auch die Annahme des Schlussbeifalls ist noch ein Teil Ihres Vortrags. Bleiben Sie während des Beifalls noch stehen und halten Sie Blickkontakt zum Auditorium. Genießen Sie den Beifall und bedanken Sie sich mit einem leichten Nicken ehe Sie den Redeplatz mit sicheren Schritten verlassen.

Wenn Sie mit Schlussbeifall rechnen und es kommt keiner, dann können Sie sich mit einem kleinen Trick behelfen. Stellen Sie sich am Ende Ihres Vortrags oder Ihrer Präsentation in die Mitte vor das Publikum und verbeugen Sie sich kurz. In aller Regel kommt jetzt der erhoffte Beifall.

3.3.6 Die Redezeit ist zu schnell vergangen

Von Pastoren früherer Zeit wird überliefert, dass diese oft die Redezeit bei ihrer Predigt überzogen haben sollen. Um dies zu vermeiden, wurde Ihnen eine Sanduhr auf die Kanzel gestellt, mit deren Ablauf die Redezeit beendet sein sollte. Die Pastoren wussten sich zu helfen. Wenn es mit der Zeiteinteilung nicht geklappt hat, haben sie die Sanduhr umgedreht, und die Redezeit begann aufs Neue.

Diese Möglichkeit haben Sie nicht. Sie werden auch daran gemessen, wie gut Sie die vorgegebene Redezeit einhalten. Dabei spielt es für die Beurteilung keine Rolle, ob Sie selbst dafür verantwortlich sind, weil Sie z. B. Ihr Spezialgebiet zu breit dargestellt haben, oder ob der Veranstalter oder das Publikum der Verursacher sind. Ihre Zuhörer haben sich auf eine bestimmte Zeitvorgabe eingerichtet und erwarten, dass diese eingehalten wird.

Behalten Sie immer die Zeit im Blick. Legen Sie sich eine Uhr so hin, dass Sie jederzeit daraufsehen können. Wenn die verbliebene Redezeit tatsächlich einmal knapp wird, dann gibt es nur eine Lösung: Lassen Sie einige Teilaspekte völlig weg. Versuchen Sie nicht, alles, was Sie geplant hatten, in verkürzter Form vorzutragen. Das wäre doch nur eine halbe Sache.

> Halten Sie die vorgesehene Redezeit unbedingt ein. Es ist besser einige Gedanken völlig wegzulassen, als zu überziehen.

Entscheiden Sie sich spontan, welche Themenblöcke Sie weglassen und überspringen Sie diese einfach. Weisen Sie auch nicht darauf hin, dass Sie wegen der fortgeschrittenen Zeit auf diesen und jenen Aspekt verzichten müssen. Das würde beim Publikum nur ein Mangelgefühl auslösen. Außerdem würde ein bisher überzeugender Vortrag an Wirkung verlieren, wenn das Publikum erfährt, dass ihm einiges vorenthalten wurde. Ihr Publikum kennt Ihr Manuskript nicht und weiß nicht, was Sie geplant hatten. Die meisten Zuhörer werden die fehlenden Teile überhaupt nicht vermissen.

3.4 Mit Lampenfieber richtig umgehen

Im Rhetorik-Seminar war das Lampenfieber einer der am häufigsten genannten Gründe für den Seminarbesuch. Für manchen Teilnehmer war jedes Gespräch in der Öffentlichkeit mit hoher Spannung verbunden, bei der Mehrzahl war vor allem das Sprechen vor Gruppen bei einem Vortrag oder einer Präsentation der Auslöser für Lampenfieber.

Leider gibt es kein Patentrezept gegen Lampenfieber. Im Gegensatz zu vielen anderen Bereichen liefert auch der Computer kein Programm, das in wenigen Sekunden heruntergeladen werden kann. Und auch wenn Sie in vielen Rhetorikbüchern und Rhetorikseminaren erfahren, dass das Lampenfieber etwas ganz Normales sei, dass ein bisschen Spannung für einen guten Vortrag sogar notwendig wäre, nützt Ihnen das im Ernstfall wenig. Es ist zwar völlig richtig, das etwas Spannung der Qualität eines Vortrags eher förderlich ist, aber das ist kein Trost, wenn Sie plötzlich feuchte Hände bekommen oder die Stimme überschlägt oder gar ganz weg bleibt.

Dennoch kann ich Ihnen schon bevor ich das Thema weiter vertiefe eine wichtige Erkenntnis mitteilen, die Sie beruhigen sollte: Sie sind sicherer und rhetorisch viel besser, als Sie es subjektiv empfinden. Diese Erfahrung haben auch viele Teilnehmer in meinen Rhetorik-Seminaren gemacht. Die meisten haben nach dem

Abspielen der Videoaufzeichnungen festgestellt, dass das im Film Gesehene viel überzeugender wirkte, als sie es selbst während des Vortrags empfunden hatten. Die innere Unruhe während des Vortrags, kleinere Versprecher, eine ungeschickte Formulierung oder eine zu lange Pause wurden in der Zuhörerrolle teilweise überhaupt nicht mehr wahrgenommen. Machen Sie sich diese Erkenntnis zu eigen. Der Redner ist sich selbst gegenüber im Allgemeinen wesentlich kritischer als es die Zuhörer sind. Über diese allgemeine Erkenntnis hinaus gibt es eine Reihe von Möglichkeiten, um das Lampenfieber abzubauen oder zumindest deutlich zu reduzieren. Zuvor noch ein paar Worte, wie es überhaupt zu Lampenfieber kommt.

3.4.1 Was ist Lampenfieber?

Lampenfieber ist eine Stressreaktion des Körpers, gegen die selbst routinierte Schauspieler nicht gefeit sind. Der Auslöser von Lampenfieber sind die Stresshormone Adrenalin und Noradrenalin. Sie werden bei wichtigen Anlässen in großer Menge produziert und in Sekundenbruchteilen in den Blutkreislauf geschickt. Das führt dazu, dass sich der Körper auf Angriff oder Flucht einstellt. Die Reaktionsbereitschaft steigt und Energie wird freigesetzt. Damit verbunden sind äußere Anzeichen wie ein Anstieg des Blutdrucks, ein erhöhter Herzschlag, Schweißausbrüche oder ein trockener Hals. Gleichzeitig werden die Synapsen, d. h. die Verbindungsstellen zwischen den Nervenbahnen im menschlichen Gehirn blockiert. Damit können die einzelnen Gehirnzellen nicht mehr miteinander in Verbindung treten, das logische Denken ist gestört und das gespeicherte Wissen kann nicht mehr abgerufen werden.

Wie kommt es nun zu dieser Stressreaktion? Warum empfinden so viele Menschen gerade die Redesituation so bedrohlich? Lampenfieber entsteht aus Vorstellungen, Erfahrungen und Ängsten, die im Laufe unseres Lebens entstanden sind. Das beginnt bereits im Kindesalter, wenn wir angehalten werden, keine Fehler zu machen und den Erwartungen der Eltern zu entsprechen. Diese Erfahrungen setzen sich in der Schule fort, wenn Fehlverhalten durch die Lehrer bestraft oder von anderen Schülern durch Auslachen geahndet wird. Solche Erfahrungen wiederholen sich im weiteren Leben und führen dazu, dass der Redner vor einem Vortrag, einer Präsentation oder anderen vergleichbaren Anlässen bestimmte, negative Bilder vor Augen hat, mit denen er sich so lange belastet, bis der Körper mit Angst reagiert. Diese Negativ-Bilder sind individuell verschieden. Zumeist handelt es sich um eine Mischung aus Ängsten vor den anwesenden Personen und Zweifel an den eigenen rhetorischen Fähigkeiten. Exemplarisch seien hier genannt:

- die Angst vor zu hohen Erwartungen im Auditorium,
- die Angst vor bestimmten Personen (Vorgesetzter, Kollegen, Fachleute, hohes Tier usw.),
- die Angst, hängen zu bleiben oder sich zu versprechen,
- die Angst, nicht ausreichend vorbereitet zu sein,
- die Angst, sprachlich nicht mithalten zu können oder Dialekt zu sprechen,
- die Angst, Fehler zu machen oder den eigenen Erwartungen nicht gerecht zu werden.

Sogar das Lampenfieber selbst kann die Ursache für Lampenfieber sein. Weil man in einer vergleichbaren Situation (z. B. in der Schule) das Lampenfieber einmal erlebt hat, fürchtet man sich davor, woraus zusätzliche Abwehrreaktionen und erneutes Lampenfieber entstehen können. Man nennt das eine selbsterfüllende Prophezeiung.

Wenn es Ihnen gelingt, durch positive Erfahrungen die negativen Erfahrungen und Ängste zu reduzieren, dann können Sie mit dem Rest-Lampenfieber gut leben. Sie haben sich nicht verlesen: Es geht lediglich darum das Lampenfieber zu reduzieren; es darf nicht völlig verschwinden. Ein Redner ohne jegliche innere Spannung, wirkt blass und kraftlos.

3.4.2 Langfristig hilft Entspannung

Eine bewährte Hilfe, die Sie sich lange bevor der Ernstfall eintritt aneignen können, sind **Entspannungsmethoden**. Durch Lampenfieber entsteht Spannung, so dass es nahe liegend ist, durch Entspannung gegenzusteuern. Im Rhetorik-Seminar hat sich immer wieder bestätigt, dass Teilnehmer, die eine Entspannungstechnik beherrschten, deutlich weniger mit Lampenfieber zu kämpfen hatten als andere Teilnehmer.

Selbstbewusstsein aufbauen

Das Angebot an Entspannungstechniken ist groß. Neben Yoga und Meditation sind die Progressive Muskelentspannung und das Autogene Training am weitesten verbreitet. Ein Einführungskurs umfasst acht bis zehn Sitzungen und wird bei jeder Volkshochschule angeboten. Der Nutzen solcher Techniken geht weit über das hier angesprochene Lampenfieber hinaus, denn sie erleichtern Ihnen auch den Umgang mit dem alltäglichen Stress.

Das **Autogene Training** arbeitet mit Befehlen an sich selbst (Autosuggestion). Wandeln Sie die ursprünglichen Befehle der Selbstinstruktion ab, indem Sie sie auf die aktuelle Situation beziehen. Sagen Sie sich insbesondere in den letzten Minuten vor einem Vortrag *„mir geht es gut"*, *„ich beherrsche mein Thema"*, *„ich bin ganz ruhig"*, *„ich habe schon schwierigere Situationen gemeistert"* oder Ähnliches. Formulieren Sie alle Befehle positiv (Nicht: *„Ich habe kein Lampenfieber"* sondern *„Ich fühle mich wohl. Ich freue mich auf meinen Auftritt"* oder ähnlich).

Vertrauen Sie auf die Toleranz des Publikums. Die Zuhörer sind gekommen, um informiert (Informationsvortrag) oder unterhalten

(Gelegenheitsrede) zu werden. An erster Stelle interessiert der Inhalt, die Sache und nicht die Person des Redners.

3.4.3 Üben – sich rechtzeitig der Situation stellen

Als Leserin oder Leser dieses Buches werden Sie sicherlich demnächst einmal mit dem einen oder anderen Kommunikationsanlass konfrontiert. Sie werden ein wichtiges Gespräch führen, Sie nehmen an einer Besprechung teil oder Sie müssen gar einen Vortrag halten. Wenn das Lampenfieber für Sie ein Problem sein sollte, dann beginnen Sie sofort mit dem Training, auch wenn noch kein Vortrags- oder Präsentationstermin feststehen sollte.

Die beste Hilfe, das Lampenfieber zu beherrschen ist das Reden selbst. Handeln Sie nach der Devise „Habe Angst, aber tu es trotzdem“ und nutzen Sie jeden Anlass, um kleine Redeübungen zu bestreiten. Je häufiger Sie vor Gruppen sprechen, umso normaler empfinden Sie diese Situation. Scheuen Sie sich nicht, eine neue Kollegin mit einer kleinen Begrüßungsrede zu empfangen, ein Anliegen Ihrem Vorgesetzten vorzutragen oder anlässlich des runden Geburtstags eines Familienmitglieds eine kleine Ansprache zu halten. Nur die tatsächliche Redeerfahrung vermittelt die Erkenntnis, dass jede Redesituation zu meistern ist. Durch die Auftritte vor der Gruppe spürt der Redner, dass es sich bei den Zuhörern um „ganz normale Menschen“ handelt; die Angst, sich zu blamieren nimmt von Übung zu Übung ebenso ab, wie das Bemühen um übertriebenen Perfektionismus. Sie werden zunehmend sicherer und sind gerüstet für den Ernstfall. Nutzen Sie auch Besprechungen und halten Sie kleine Statements.

Machen Sie sich bei all diesen Situationen bewusst, dass es sich um kleine Reden handelt, die Sie sogar ohne Manuskript gehalten haben. Sehen Sie das Positive an diesen Auftritten: Sie haben frei vor Publikum gesprochen. Stören Sie sich nicht daran, wenn einmal eine Formulierung etwas ungeschickt ausfällt. Denken Sie daran, dass das Publikum viel toleranter ist als der Redner. Mit der Erfahrung solcher Kurzübungen empfinden Sie den wirklichen Vortrag, den Sie irgendwann einmal halten müssen, als etwas Normales. Der Vortrag ist dann vielleicht länger, aber die Situation ist Ihnen nicht mehr völlig fremd.

3.4.4 Rechtzeitig mit der Vorbereitung beginnen

Eine weitere wichtige Hilfe ist eine gute Vorbereitung. Eine gründliche Vorbereitung hilft, Redeängste abzubauen. Eine gute Vorbereitung umfasst die auf Seite 164 ff. bereits dargestellten Schritte:

- Bestimmen Sie ein eindeutiges Redeziel.
- Klären Sie, vor welchem Zuhörerkreis Sie Ihren Vortrag halten.
- Recherchieren Sie gründlich und verschaffen Sie sich die Sicherheit, dass Ihr Vortrag inhaltlich überzeugen wird.
- Erarbeiten Sie eine logische und nachvollziehbare Gliederung.
- Erarbeiten Sie ein gut lesbares Stichwortmanuskript.
- Halten Sie den Vortrag zur Probe und lassen Sie sich von den Zuhörern bestätigen, dass Ihre Ausführungen verständlich sind.

Neben die Vorbereitung eines Manuskripts tritt die psychologische Vorbereitung. Sie kann mit dem mentalen Training von Spitzensportlern verglichen werden. Nutzen Sie alle sich bietenden Gelegenheiten, um sich die Redesituation vorzustellen. Immer wenn Sie das Umweltgeschehen für einige Augenblicke ausblenden können (im Wartezimmer, in öffentlichen Verkehrsmitteln, vor dem Einschlafen) haben Sie die Möglichkeit, sich die bevorstehende Vortragssituation vorzustellen. Sprechen Sie einzelne Passagen Ihres Vortrags, die Ihnen gerade in den Sinn kommen, unhörbar oder laut, je nach Situation.

Lernen Sie den Anfang und das Ende Ihrer Rede auswendig. Damit verschaffen Sie sich eine zusätzliche Sicherheit, dass der wichtige Start gelingen wird. Falls möglich, dann besichtigen Sie den Ort, an dem Sie sprechen werden, einige Tage vorher. Machen Sie sich mit dem Umfeld vertraut, damit Ihnen dieser beim Redeauftritt nicht mehr völlig fremd erscheint.

3.4.5 Die letzte halbe Stunde vor dem Vortrag

Nutzen Sie die Zeit unmittelbar vor dem Vortrag, um sich zusätzlich Sicherheit zu verschaffen:

- Vermeiden Sie unnötigen Stress bei der Anreise. Planen Sie genügend Zeit für die Fahrt ein. Reisen Sie bei größeren Entfernungen mit öffentlichen Verkehrsmitteln statt im eigenen Auto.
- Stellen Sie sicher, dass Technik (Mikrophon, Beamer, Projektor) und Rahmenbedingungen (z. B. ausreichend Sitzplätze) stimmen.

- Verschaffen Sie sich vor Beginn Ihres Vortrags noch etwas Bewegung. Ein kleiner Spaziergang oder die Treppe zu Fuß hochsteigen entspannen (das Adrenalin wird abgebaut) und versorgen Sie mit zusätzlichem Sauerstoff. Konzentrieren Sie sich dabei auf die Atmung.
- Gehen Sie vorher nochmals zur Toilette. Auch dort können Sie noch ein paar Kniebeugen oder Streckübungen machen.
- Überprüfen Sie rechtzeitig Ihr Äußeres. Jetzt die Jacke zuknöpfen oder die Hose hochziehen, wenn Sie vor den Zuhörern stehen, sieht dies schlecht aus.
- Nehmen Sie eine Person Ihres Vertrauens mit und setzen Sie diese in eine der vorderen Reihen. Mit diesem Trick arbeitet auch mancher Redeprofi. Sie wissen dann zumindest, dass eine Person im Raum ist, der Sie vertrauen können.
- Lenken Sie sich durch Gespräche mit Bekannten unter den Zuhörern ab. Damit schließen Sie die Gefahr aus, ständig an den Vortrag zu denken.
- Wenn keine Bekannte unter den Zuhörern sein sollten, sprechen Sie mit einigen fremden Personen; sie können dann die ersten Blicke zu diesen Personen richten, mit denen bereits ein kleiner Kontakt bestand. Diese werden aufgrund des vorherigen Gesprächs freundlich reagieren, so dass die erste Reaktion positiv ausfällt.
- Wenn Ihnen sämtliche Zuhörer völlig unbekannt sind, dann suchen Sie sich für den ersten Blickkontakt einen Zuhörer aus, der Ihnen spontan sympathisch erscheint.
- Lassen Sie sich bei größeren Vorträgen ein Glas Wasser bereitstellen. Das hilft im Notfall gegen eine Kröte im Hals oder eine wegbrechende Stimme.

> Denken Sie in der letzten halben Stunde nicht mehr an den Vortrag. Ändern Sie nicht kurzfristig Ihr Manuskript aufgrund eines plötzlichen Einfalls, denn diesen können Sie nicht mehr ausreichend nach allen Gesichtspunkten überprüfen.

3.4.6 Das Verhalten während des Vortrags

Auch während des Vortrags gibt es viele Möglichkeiten, um die innere Spannung in Grenzen zuhalten.

- Vertrauen Sie auf Ihre gute Vorbereitung. Sie haben doch den Vortrag schon zur Probe gehalten; außerdem steht alles, was Sie sagen wollen, auf Ihren Manuskriptkärtchen.
- Suchen Sie einen festen und sicheren Stand und atmen Sie noch einmal tief durch bevor Sie mit dem Sprechen beginnen.
- Sprechen Sie am Anfang bewusst langsam. Machen Sie ausreichend Sprechpausen und demonstrieren Sie damit sich selbst und dem Publikum Ruhe und Ausgeglichenheit.
- Denken Sie positiv. Nicht „*Hoffentlich geht nichts schief*", sondern „*Es geht alles gut*".
- Denken Sie nicht ständig daran, dass etwas schiefgehen könnte (z. B. eine schwierige Formulierung).
- Halten Sie anfangs Blickkontakt zu einer vertrauten Person.
- Sprechen Sie so zum Auditorium, wie wenn Sie mit einer einzigen (vertrauten) Person sprechen würden. Dann hätten Sie doch auch keine Schwierigkeiten.
- Bewerten Sie Kleinigkeiten nicht zu hoch. Die Erfahrung zeigt, dass die meisten Zuhörer nicht merken, wenn Sie sich einmal versprechen oder ein Satz unvollendet bleibt.
- Wandeln Sie noch vorhandene Stress-Energie in eine kraftvolle Gestik um (vgl. S. 267).
- Behalten Sie Ihr Konzept bei und lassen Sie sich nicht durch einen Spontaneinfall oder einen Zwischenruf davon abbringen.
- Kürzen Sie ab, wenn Sie merken, dass Sie mit der vorgegebenen Zeit nicht auskommen. Es ist besser einen Gedanken wegzulassen als zu überziehen.

Eine weitere Hilfe ist eine gute Atmung. Bekämpfen Sie Ihr Lampenfieber, indem Sie es „wegatmen". Bereits mit einer einzigen Tiefatmung können Sie viel bewirken. Der Herzschlag geht zurück, das Gehirn und die Muskeln werden besser durchblutet, der Schweißaustrieb wird reduziert.

4. Aussprache danach

Bei Präsentationen ist die abschließende Aussprache ein fester Bestandteil. Bei vielen Sach- und Fachvorträgen ist nicht auszuschließen, dass eine Aussprache oder zumindest eine kleine Fragerunde stattfindet. Berücksichtigen Sie schon bei der Vorbereitung eine mögliche Diskussion und bereiten Sie sich darauf vor.

Nicht immer wird eine Diskussion in ruhiger, sachlicher Atmosphäre verlaufen. Um auch in einer „hitzigen" Aussprache bestehen zu können, sollten Sie einige Techniken beherrschen, die schon bei den Ausführungen zur Gesprächsführung dargestellt wurden (vgl. Fragetechnik, S. 20, Umgang mit Einwendungen, S. 34, Aktiv zuhören, S. 28).

4.1 Redner und Publikum profitieren von einer Aussprache

Eine Aussprache ist eine gute Gelegenheit, die vorhergehenden Ausführungen abzurunden oder zu vertiefen. Das Publikum wechselt aus der passiven Zuhörerrolle in die aktive Rolle des Fragestellers. Sowohl für den Redner als auch für das Publikum sind mit einer Aussprache Vorteile verbunden:

- Als Redner erfahren Sie, ob Sie Ihr Redeziel erreicht haben.
- Gleichzeitig erhalten Sie eine Rückmeldung, wie Ihre Ausführungen beim Publikum angekommen sind.
- Einwände gegen Teile Ihres Vortrags können ausgeräumt werden.
- Sie haben Gelegenheit, zusätzliche Akzente zu setzen.
- Wenn eine Aussprache vorgesehen ist, kann die Stoffauswahl bei der Vorbereitung begrenzt werden. Weitergehende Fragen können bei Bedarf in der Diskussion geklärt werden.
- Zwischenfragen während des Vortrags können leichter unterbunden werden, wenn Sie auf die anschließende Aussprache verweisen können.
- Das Publikum profitiert von einer anschließenden Aussprache, weil zusätzliche Informationen und Klarstellungen erfragt werden können. Verbliebene Lücken können geschlossen und Missverständnisse ausgeräumt werden.

- Neben dem reinen Sachthema können auch ergänzende Informationen wie Anschriften, Ansprechpartner oder Literaturhinweise vermittelt werden.

Bei den meisten Vorträgen und Präsentationen soll die Aussprache das Vorgetragene abrunden und vertiefen. Wo nötig werden einzelne Aussagen korrigiert oder unter einem neuen Aspekt dargestellt. Man bezeichnet diese Form der Aussprache dann als Frage- oder Diskussionsrunde. Gelegentlich kommt es bei Präsentationen vor, dass das im Vortrag Gehörte mit den Zuhörern weiter verarbeitet wird und neuen Lösungen zugeführt werden soll. Neben den Erfahrungen des Vortragenden werden auch das Wissen und die Erfahrungen der Diskussionsteilnehmer genutzt. In solchen Fällen eignet sich anstelle einer reinen Fragerunde die schon dargestellte Moderationsmethode (vgl. S. 121). Die folgenden Ausführungen beziehen sich auf die Frage- oder Diskussionsrunde.

4.2 Auch die Aussprache muss vorbereitet werden

Der Verlauf und die Qualität einer Aussprache können durch eine gute Vorbereitung beeinflusst werden. Bereiten Sie die Aussprache deshalb genauso sorgfältig vor wie die Präsentation. Überlegen Sie in einem kleinen Brainstorming, welche Fragen durch Ihren Vortrag beim Publikum ausgelöst werden könnten. Es wäre schade, wenn der während des Vortrags erzielte gute Eindruck durch eine schwache Diskussion beschädigt würde.

Entscheiden Sie rechtzeitig, wann Sie auf die Fragen Ihrer Zuhörer eingehen wollen. Soll jede Frage sofort während des Vortrags beantwortet werden oder erst im Anschluss in der Diskussion? Wenn Sie nur mit wenigen Fragen rechnen und Ihre Dramaturgie nicht gestört wird, dann können Fragen auch schon während des Vortrags gestellt werden. Besser ist eine Zusammenfassung aller Fragen in einer Aussprache. Die Diskussion ist dann weniger sprunghaft und es kommt zu weniger Wiederholungen.

In einer Aussprache kann jede Frage sofort beantwortet werden oder es werden zunächst einige Fragen gesammelt und gebündelt, ehe sie gruppenweise beantwortet werden. Diese Vorgehensweise ist zeitsparend und eignet sich für große Zuhörerkreise. Klären Sie auch, ob zunächst Verständnisfragen gestellt werden sollen, bevor es in die Sachdiskussion geht. Es ist auch möglich, dass die Zuhörer ihre Fragen zunächst auf Kärtchen schreiben und diese dann nach Themengruppen geordnet und beantwortet werden.

Klären Sie schon vor Ihrem Vortrag, wer die Diskussionsrunde leitet. Sie selbst oder ein Diskussionsleiter. Bei heißen Themen empfiehlt sich ein neutraler Diskussionsleiter, um notfalls die Wogen zu glätten und die Diskussion in geordneten Bahnen zu halten. Wenn Sie die Diskussionsleitung selbst übernehmen, können Sie den Ablauf besser beeinflussen (z. B. Sie können Vielredner bremsen oder verhindern, dass die Aussprache zum Zweiergespräch zwischen zwei besonders eifrigen Teilnehmern wird).

4.3 Diskussion einleiten

Leiten Sie am Vortragsende mit den abschließenden Sätzen zur Aussprache über. Beginnen Sie mit einer kurzen Einleitung. Informieren Sie über die für die Aussprache vorgesehene Zeit. Fordern Sie das Publikum auf, die ersten Fragen zu stellen, oder übergeben Sie die Diskussionsleitung an eine dafür vorgesehene Person.

Manchmal kommt eine Diskussion nur mühsam oder überhaupt nicht in Gang. Vielleicht haben Sie auch schon die peinliche Stille erlebt, nachdem ein Redner seine Ausführungen beendet hat und er selbst oder ein Moderator bedankt sich und fordert zur Diskussion auf. Aus Scheu oder Trägheit fühlt sich niemand dazu berufen, die erste Frage zu stellen. Bereiten Sie für diesen Fall einige Fragen vor, mit denen Sie die Diskussion selbst eröffnen können:

- *„Kürzlich wurde ich gefragt...“*
- *„Bei diesem Thema wird immer wieder die Frage gestellt...“*
- *„Vorhin wurde ich bereits gefragt...“*

Es ist auch möglich, das Publikum direkt auf seinen noch vorhandenen Informationsbedarf hinzuführen:

- *„Welche weiteren Einzelheiten interessieren Sie noch?“*
- *„Welche Informationslücken sind noch zu schließen?“*

4.4 Mit Diskussionsfragen richtig umgehen

Mancher Vortragende sammelt trotz einer guten Präsentation Minuspunkte, weil er mit den Fragen in der Aussprache nicht richtig umgeht. Das Publikum muss jederzeit erkennen, dass Sie alle Fragen und Einwendungen ernst nehmen und sich um eine korrekte Antwort bemühen. Das gilt auch, wenn eine Aussprache einmal in gespannter Atmosphäre verläuft. Die folgenden Tipps helfen Ihnen dabei:

- Hören Sie genau zu. Nur wenn Sie richtig zuhören erfahren Sie, worauf es dem Diskussionsteilnehmer ankommt. Oft erhalten Sie beim genauen Hinhören schon wichtige Anhaltspunkte für die Antwort.
- Zeigen Sie Ihre Bereitschaft zum Zuhören. Ermutigen Sie Fragesteller durch aufmunternde Gestik und Mimik.
- Signalisieren Sie Ihre Wertschätzung durch nonverbale Verhaltensweisen, wie Blickkontakt, offene Haltung oder Kopfnicken. Nehmen Sie dabei Blickkontakt zum Publikum auf und demonstrieren Sie durch Ihre Körperhaltung, dass Sie zum Antworten bereit sind.
- Vermeiden Sie auf die Uhr zu schauen, mit Gegenständen zu spielen oder in Ihren Unterlagen zu lesen, denn dadurch drücken Sie Desinteresse aus.
- Lassen Sie den Fragesteller aussprechen.
- Bitten Sie um Erläuterung, wenn sie eine Frage nicht verstanden haben *(„Würden Sie bitte näher erläutern…“?).*
- Lassen Sie sich Zeit mit der Antwort. Durch eine kleine Pause zeigen Sie, dass Sie nachdenken und nicht oberflächlich über die gestellten Fragen hinweggehen.
- Richten Sie bei Ihrer Antwort den Blick auf den Fragesteller. Blicken Sie ihn besonders während des ersten Teils der Antwort stets an. Wenden Sie sich danach wieder den übrigen Zuhörern zu, damit sich diese nicht von der Diskussion ausgeschlossen fühlen.
- Sprechen Sie bei Ihrer Antwort den Fragesteller mit seinem Namen an, falls Ihnen dieser bekannt ist.
- Falls Sie jede Frage sofort beantworten, dann achten Sie darauf,

dass Sie die Reihenfolge korrekt einhalten. Schreiben Sie sich notfalls auf, wer sich in welcher Reihenfolge gemeldet hat. Teilnehmer, die mehrfach übergangen wurden, sind frustriert.
- Achten Sie darauf, dass Sie sich bei Wortmeldungen nicht nur auf die vorderen Reihen konzentrieren.
- Unterhalten Sie sich nicht nur mit wenigen, besonders aktiven Diskussionsteilnehmern. Berücksichtigen Sie zunächst andere Fragesteller, ehe dieselbe Person zum zweiten oder dritten Mal drankommt.
- Achten Sie auf die Mimik (angehobene Augenbrauen, gerunzelte Stirn usw.) und sprechen Sie die Personen, die eine Frage zu haben scheinen, direkt an.

Wenn Sie eine Antwort gegeben haben, dann gehen Sie zum nächsten Diskussionsbeitrag über. Fragen Sie nicht nach, ob Sie verstanden wurden oder ob der Fragesteller zufrieden ist. Durch eine Nachfrage würden Sie sich selbst infrage stellen und möglicherweise weitergehende Fragen auslösen, wodurch andere Teilnehmer gelangweilt würden.

> Machen Sie sich bewusst, dass in einer Diskussion nicht jeder Satz so vorbereitet sein kann, wie im eigentlichen Vortrag. Das wird auch vom Publikum akzeptiert.

Nutzen Sie die vorhandenen Medien auch in der Aussprache. Für eine Visualisierung eignen sich
- Angaben zum Zeitrahmen,
- Fragen, die ausgeklammert wurden und zu einem späteren Zeitpunkt wieder aufgegriffen werden sollen,
- Ergebnisse der Diskussion und
- Maßnahmen, die beschlossen wurden sowie die dafür verantwortlichen Personen.

Achten Sie auf die für die Aussprache vorgesehene Zeit. Antworten Sie kurz und knapp, damit möglichst viele Fragesteller zu Wort kommen. Das ist besser als nur auf wenige Fragen zu detailliert einzugehen. Diese wären dann zwar umfassend beantwortet, aber nicht alle Zuhörer sind daran interessiert.

4.5 Schwierige Diskussionsbeiträge

Auch wenn Sie ein Thema beherrschen und sich auf die Diskussion vorbereitet haben wird es vorkommen, dass Sie von einem Einwand überrascht werden. Lassen Sie sich Ihre Überraschung nicht anmerken, sondern bleiben Sie ruhig und aufnahmebereit. Verschaffen Sie sich etwas Zeitgewinn zum Nachdenken. Folgende Möglichkeiten stehen Ihnen zur Verfügung:

- Wiederholen Sie den Einwand in Frageform: *„Habe ich Sie richtig verstanden, dass ...?"* oder *„Sie möchten wissen, ob ...?"*
- Stellen Sie eine Gegenfrage: *„Wie meinen Sie das?* oder *„Was verstehen Sie unter ...?"*
- Formulieren Sie einen Überbrückungssatz: *„Bitte lassen Sie mich einen Augenblick nachdenken, damit ich Ihnen das Richtige antworte"*.
- Analysieren Sie die Frage: *„Mit Ihrer Frage haben Sie sowohl ... als auch ... angesprochen. Ich antworte zunächst auf ..."*

Wenn Sie auf eine Frage überhaupt nicht vorbereitet sind, dann versuchen Sie nicht, den Anwesenden etwas vorzuspielen. Vielleicht ist jemand im Raum, der sich in diesem Punkt genau auskennt. Sie würden sich also lächerlich machen und unehrlich erscheinen. Sagen Sie offen, dass Sie im Augenblick keine Antwort wissen. Stellen Sie eine Antwort zu einem späteren Zeitpunkt in Aussicht. Ehrlichkeit erzeugt mehr Achtung als Angeberei. Wird eine Frage außerhalb Ihres Themas gestellt, geben Sie zu, diese nicht beantworten zu können *(„Mit dem von Ihnen angesprochenen Themengebiet habe ich mich nicht befasst")*.

Nicht jedem Diskussionsteilnehmer geht es um einen Zuwachs an Erkenntnissen. Manche sehen in einer Aussprache nur eine Gelegenheit zur persönlichen Profilierung. Manch einer schlüpft gerne in die Rolle des Querulanten. In solchen Fällen ist eine gute Vorbereitung besonders wichtig. Nur dann verfügen Sie über die notwendige Sicherheit, um mit den Fragen und Einwendungen souverän und gelassen umzugehen. Bleiben Sie auch bei unsachlichen Fragestellungen ruhig. Versuchen Sie, den sachlichen Kern zu erkennen und gehen Sie mit Ihrer Antwort nur darauf ein.

Reagieren Sie nie verärgert, abwehrend oder ausweichend. Dies vermindert Ihre Glaubwürdigkeit und untergräbt das bisher Erreichte. Bleiben Sie ruhig und sachlich. Machen Sie sich nicht über eine Frage lustig. Versuchen Sie auch nicht, mit Ihren Antworten zu erheitern. Die Diskussionsteilnehmer müssen spüren, dass sie und ihre Angelegenheit ernst genommen werden. Wenn Sie einen Fragesteller bloßstellen, schlägt sich der Rest der Zuhörer auf die Seite des „armen" Kerls, der den Mut aufbrachte, Ihnen eine Frage zu stellen.

Ist Ihr Thema umstritten, kann es auch feindselige Zuhörer geben. Sichern Sie sich gegen allzu hitzige Angriffe ab, indem Sie alle Teilnehmer vor der Diskussion auffordern, vor jeder Wortmeldung jeweils Namen, Firma oder Organisation und Wohnort anzugeben. Viele Menschen geben diese eher privaten Informationen nur ungern vor einer größeren Gruppe preis, was Ihnen als wertvoller „Dämpfer" dienen kann.

Auch wenn sachliche Fragen gestellt werden, müssen Sie nicht jede Frage beantworten. Nebenprobleme (z. B. zur Organisation) können ebenso ausgeklammert werden wie Fragen, die nur Einzelne interessieren. Letztere können mit dem Angebot verbunden werden, diese in einem persönlichen Gespräch zu beantworten.

Wenn Ihnen im Vortrag ein Fehler unterlaufen ist oder Sie Ihr Argument unzureichend präsentiert haben, erhalten Sie jetzt noch einmal eine Chance zur Berichtigung. Unterstellen Sie niemandem, er habe nicht verstanden, was Sie sagen wollten. Schließlich haben Sie den Vortrag gehalten, es lag an Ihnen sich klar ausdrücken.

Seien Sie geduldig, wenn etwas erfragt wird, das Sie in Ihrem Vortrag ausführlich dargestellt haben. Provozieren Sie keinen Zuhörer mit einem barschen: *„Das habe ich schon gesagt."* oder *„Das habe ich doch ausführlich erklärt"*. Wiederholen Sie Ihren Gedanken einfach noch einmal: *„Lassen Sie mich erklären, was ich damit gemeint habe"*.

4.6 Zusammenfassen und beenden

Wenn keine weiteren Fragen mehr gestellt werden, wird die Diskussion beendet, ohne nachzufragen, ob noch Fragen offen sind. Fassen Sie die verschiedenen Beiträge zusammen und ziehen Sie ein knappes Fazit. Greifen Sie dabei nur solche Gedanken auf, die Ihnen für Ihr Vortragsziel besonders wichtig erscheinen. Berücksichtigen Sie, dass das Publikum durch die Diskussion abgelenkt wurde und Ihren Schlussappell teilweise schon vergessen hat. Wiederholen Sie deshalb nochmals Ihren Appell. Der übliche Dank für die lebhafte Diskussion wirkt oft floskelhaft. Er ist nur erforderlich, wenn er auch wirklich berechtigt ist.

5. So halten Sie eine gute Gelegenheitsrede

Wer in öffentlichen Ämtern tätig ist oder im Unternehmen eine Führungsaufgabe wahrnimmt, der wird zwangsläufig immer wieder einmal die berühmten „passenden Worte" sprechen müssen. Dabei handelt es sich um eine Gelegenheitsrede. **Gelegenheitsreden** werden gehalten um zu feiern, zu unterhalten und Atmosphäre zu schaffen. Sie beziehen sich auf einen beruflichen, gesellschaftlichen oder privaten Anlass, der durch den Redner hervorgehoben wird. Zusätzlich soll das Publikum in den meisten Fällen auch unterhalten werden. Die Ausführungen richten sich vor allem an das Gefühl der Zuhörer.

Eine Gelegenheitsrede soll auf jeden Fall kurz sein. Drei bis fünf Minuten sind zumeist ausreichend. Die grundsätzliche Einteilung in Einleitung, Hauptteil und Schluss gilt auch für die Gelegenheitsrede. Die Einleitung und der Schluss werden situationsbezogen formuliert.

5.1 Formen der Gelegenheitsrede

Gelegenheitsreden leben mehr von der Darstellung als vom Inhalt. Sie unterscheiden sich von Informations- und Überzeugungsvorträgen durch die besondere Betonung persönlicher Aspekte (Beziehungsebene). Der Redner versucht, das aufzugreifen und auszudrücken, was die Menschen bewegt. Wegen der Fülle der Anlässe wird nochmals unterschieden in

- Rahmenreden,
- Fest- und Geselligkeitsreden,
- Trauerreden.

5.1.1 Rahmenreden

Rahmenreden stehen am Beginn und am Schluss von Veranstaltungen und verbinden deren verschiedene Beiträge miteinander. Im Mittelpunkt der Veranstaltung stehen andere Reden und Kommunikationsformen (z. B. Fachvorträge, Präsentationen, eine Podiumsdiskussion) oder künstlerische Darbietungen. Zur Rahmenrede gehören die Eröffnung einer Veranstaltung, die Begrüßung und Einführung von Gästen, Referenten und Künstlern sowie der Abschluss, die Bedankung und Verabschiedung.

Die folgenden Empfehlungen helfen Ihnen bei einer erfolgreichen Gestaltung von Rahmenreden:

- Die wichtige Person ist der Vortragende (Künstler) und nicht der Rahmenredner.
- Sprechen Sie vorher ab, was Sie sagen möchten. Dabei können auch noch persönliche Daten erfragt werden.
- Verteilen Sie keine übermäßigen Vorschusslorbeeren. Andernfalls werden die Erwartungen der Teilnehmer zu hoch geschraubt und für den Redner wird es schwierig, diese zu erfüllen.
- Wenn der einzuführende Akteur kurzfristig durch einen anderen ersetzt werden muss, dann muss diese Information positiv formuliert werden.
- Falls Sie im Auditorium mit negativen Erwartungen rechnen, dann versuchen Sie, die Stimmung zu heben oder Vorurteile abzubauen.
- Wecken Sie beim Thema Neugier, ohne dem Redner vorzugreifen.
- Klären Sie rechtzeitig, ob die Anwesenden dem Redner vorgestellt werden müssen.
- Überlegen Sie auch, welche Angaben zum Ablauf der Veranstaltung erforderlich sind (Dauer, Pausen, Spielregeln hinsichtlich Fragen und Diskussion).

Nachfolgend finden Sie einige Gliederungsvorschläge für besonders häufig vorkommende Redeanlässe.

> Verstehen Sie diese Gliederungsvorschläge als Anregung, nicht als Norm. Verwerfen oder ergänzen Sie einzelne Punkte, damit aus dem allgemein gültigen Grundgerüst Ihr persönlicher, auf den speziellen Anlass zutreffender Beitrag wird.

Begrüßungsrede

- Anrede und Begrüßung der Anwesenden
- Besondere Gäste werden besonders begrüßt
- Dank an alle für das Erscheinen
- Einstimmung auf die eigentliche Veranstaltung („*Wir feiern heute...*“)
- Aufforderung zur aktiven Beteiligung

Veranstaltungseröffnung und Einführung eines Gastredners

- Allgemeine Begrüßung aller Veranstaltungsteilnehmer
- Prominente, Presse, wichtige Kollegen werden ausdrücklich begrüßt
- Falls erforderlich letzte Regularien erledigen (z. B. nächster Termin, Rauchverbot, gemeinsames Essen)

Damit sind die allgemeinen Formalitäten abgehandelt und Sie wenden sich dem Gast zu:

- Ausdrückliche Begrüßung des Gastredners
- Angaben zur Person des Gastes (unbedingt vorher erfragen, damit Sie korrekte Informationen weitergeben können)
- Keine überschüssigen Vorschusslorbeeren verteilen
- Vortragsthema nochmals wiederholen, aber keine Inhalte vorwegnehmen
- Den Gastredner bitten, mit seinen Ausführungen zu beginnen

Überleitung vom Vortrag zur Aussprache

- Anrede
- Dank an den Vortragenden
- Kernaussage in einem Satz wiederholen (Vorsicht: kein Ko-Referat halten)
- Hinweis auf den Ablauf der Aussprache (z. B. Fragen werden zunächst gesammelt und dann nach Schwerpunkten beantwortet)
- Information, wer die Aussprache leiten wird (Redner, Moderator, Sie selbst)
- Auffordern zur Fragestellung
- Für Notfälle als „Eisbrecher“ eine eigene Startfrage vorbereiten

Schluss einer Veranstaltung mit Diskussion

- Anrede
- Knappe Zusammenfassung der Diskussion

- Dank an Redner und Diskussionsteilnehmer
- Abschluss der Veranstaltung
- Abschied *(„Ich wünsche Ihnen einen guten Heimweg“)*

5.1.2 Fest- und Geselligkeitsreden

Festreden oder **Ansprachen** werden bei festlichen Gelegenheiten wie Firmenjubiläen, Hochzeiten oder „runden“ Geburtstagen gehalten. Zu den **Geselligkeitsreden** (Unterhaltungsreden) zählen die vielen kleinen Reden, die bei betrieblichen Veranstaltungen (Betriebs- oder Abteilungsfeier, Betriebsausflug) oder im privaten Bereich (Tischrede, Damenrede, Hochzeit, Geburtstag usw.) gehalten werden. Die Abgrenzung zwischen Fest- und Geselligkeitsrede ist nicht eindeutig, da es sich teilweise um dieselben Anlässe handelt.

Fest- und Geselligkeitsreden sollen weder Wissen vermitteln noch Überzeugungsarbeit leisten. Sie haben alle nur ein Ziel, die (gute) Stimmung der Veranstaltung auszudrücken oder positiv zu beeinflussen und Sympathie zu schaffen. Da es sich größtenteils um freudige Anlässe handelt, kann auch ein bisschen Humor nicht schaden. Auf keinen Fall sollte es zu einer Ansammlung pathetischer Floskeln oder anderer unpersönlicher Rituale kommen. Versuchen Sie alle Anwesenden einzubeziehen, wenn Sie an ein gemeinsames Erlebnis erinnern.

> Denken Sie an die Körpersprache. Zeigen Sie sich dem Anlass entsprechend freundlich. Wer lächelt, gewinnt!

Bei **Jubiläen, Ernennungen oder Verabschiedungen** sollte nicht nur die Personalakte heruntergebetet werden. Viel lebendiger sind kleine Episoden aus dem privaten oder beruflichen Leben der geehrten Person. Bei Informationsmangel werden langjährige Kollegen und Freunde sicherlich helfen. Wenn sich im beruflichen Leben nichts Aufregendes findet, dann erfragen Sie Freizeitbeschäftigungen und private Interessen. Manche „graue Maus“ im Betrieb erweist sich außerhalb bei einem Hobby oder im Verein als Spezialist auf irgendeinem Gebiet. In Notfällen können auch die Geehrten selbst befragt werden. **Betriebsfeste** sind fröhliche Ereignisse und sollten es trotz der Ansprache des Chefs auch bleiben. Deshalb dürfen keine Arbeitsthemen behandelt werden.

Festrede beim Firmenjubiläum

- Begrüßung aller Anwesenden
- Begrüßung des Inhabers/Gründers und/oder andere Mitglieder der Gründerfamilie
- Auf den Anlass der Feier eingehen
- Kurzer Rückblick auf wesentliche Ereignisse in der Unternehmensgeschichte (Entwicklung der Mitarbeiterzahl; Aufnahme der neuen Produktschiene; Filialgründung; Umwandlung in eine Kapitalgesellschaft usw.)
- In den Rückblick können auch ausgefallene Vorkommnisse aufgenommen werden (z. B. Einführung des Lochkartenverfahrens im Jahr 1958; Besuch der Delegation aus China)
- Glückwünsche
- Evtl. Ausblick

Tischrede

- Anrede und Begrüßung
- Anlass
- Evtl. Ehrung/Auszeichnung
- Wünsche
- Hoffnungen
- Trinkspruch (Toast)
- Dank
- Appell

Mitarbeiterjubiläum

- Begrüßung aller Anwesenden
- Begrüßung des Jubilars
- Anlass der Rede
- Einige markante Punkte aus dem Lebenslauf des Jubilars
- Einige positive Eigenschaften hervorheben
- Evtl. ein persönliches Erlebnis, das für sein Wesen charakteristisch ist
- Rolle und Bedeutung im Unternehmen herausstellen
- Dank und gute Wünsche für die Zukunft

5.1.3 Trauerreden

In der Trauerrede drückt der Redner seine persönlichen Gefühle in würdiger, aber schlichter Form aus. Außerdem erinnert er an die verstorbene Person und weist auf ihre besonderen Leistungen oder Eigenarten hin. Die Trauer soll zwar erkennbar sein, trotzdem dürfen die Ausführungen nicht zu emotional werden. Vermeiden Sie deshalb übertriebenes Pathos und überflüssige Phrasen. Achten Sie darauf, dass Sie mit normaler Stimmlage sprechen und den „pastoralen“ Tonfall dem Geistlichen überlassen.

Die Trauerrede wird von einem Angehörigen, Freund, Kollegen oder Vorgesetzten des Verstorbenen gehalten. Die Ansprache wird an die Hinterbliebenen und nicht an den Verstorbenen gerichtet. Über den Toten wird nur Gutes gesagt. Wer das nicht kann, ist als Redner bei einer Trauerfeier ungeeignet.

Die für alle Gelegenheitsreden geltende Regel, sich kurz zu fassen, gilt für die Trauerrede in ganz besonderem Maße. Die starke seelische Belastung der Hinterbliebenen soll auch durch gut gemeintes Gedenken nicht unnötig ausgedehnt werden.

Gliederung einer Trauerrede

- Anrede der Angehörigen
- Eigene Betroffenheit bekunden
- Evtl. auf Todesursache und Begleitumstände eingehen
- Tröstende Worte an die Hinterbliebenen richten
- An den Verstorbenen erinnern (Wesenszug, Lebensziele, wichtige Lebensstationen, besondere Fähigkeiten oder ein gemeinsames Erlebnis)
- Verdienste aus dem privaten oder beruflichen Leben des Verstorbenen darstellen (bei offiziellen Anlässen: Welche Spuren hinterlässt die/der Verstorbene in unserem Betrieb oder Verein)
- Schließen mit dem Versprechen, das Andenken in Ehren zu halten oder einem Bibelspruch oder Zitat

5.2 Die Gelegenheitsrede als Stegreifrede

Besonders häufig werden Gelegenheitsreden aus dem Stegreif gehalten. Das gilt für private wie berufliche Anlässe. Die folgenden Tipps helfen Ihnen auch bei einer Stegreifrede zu bestehen:

- Flüchten Sie nicht in schwache Ausreden, wie „nicht vorbereitet" oder „indisponiert", die werden Ihnen nicht mehr abgenommen. Gehen Sie selbstbewusst an die Aufgabe heran und bringen Sie das Unvermeidliche in knapper Form hinter sich.
- Beginnen Sie nicht sofort mit dem Sprechen, sondern verschaffen Sie sich zumindest einige Minuten zur Vorbereitung *(„Bitte lassen Sie mich einen Moment nachdenken"* oder gehen vor dem Reden nochmals kurz die Hände waschen).
- Reflektieren Sie einen Augenblick über den Anlass und die Person, die es zu „bereden" gilt, und sammeln Sie dabei in einem Mini-Brainstorming einige Ideen, was Sie sagen möchten.
  – Welchen Bezug habe ich zum Redeanlass?
  – Was kann Positives zur Person gesagt werden?
  – Welches heitere Erlebnis kann aufgegriffen werden?
  – An welches aktuelle Ereignis kann angeknüpft werden?
- Schaffen Sie Ordnung in Ihren Gedanken durch eine kleine Gliederung und halten Sie die zuvor überlegten Gedanken als Stichwörter auf einem Zettelchen (im Zweifelsfall reicht eine saubere Papierserviette) fest.
- Lesen Sie das Ergebnis noch einmal konzentriert durch und stecken Sie das Manuskript dann in die Tasche. Das Wissen, im Notfall auf das Zettelchen zurückgreifen zu können, beruhigt.
- Falls möglich, dann setzen Sie sich nochmals hin und entspannen Sie noch einige Minuten. Beginnen Sie, wenn Sie an der Reihe sind, mit der passenden Anrede und arbeiten Sie dann mit normaler Sprache und Stimme Ihr Manuskript ab.

Falls Ihnen überhaupt keine Zeit zur Vorbereitung bleibt, dann orientieren Sie sich an der ABBA-Formel:

Anrede und Begrüßung: Die Geehrten werden namentlich angesprochen, alle übrigen Anwesenden pauschal.

Begründung: Warum findet das Fest statt? Was ist der Anlass?

Beschreibung: Wichtige Lebensstationen des Jubilars, Mitarbeiters, Geburtstagskindes, Braut- oder Elternpaares. (Keine komplette Vita; wenige markante Ereignisse oder überwiegend heitere Erlebnisse reichen aus).

Abschluss: Gute Wünsche für die Zukunft aussprechen, evtl. verbunden mit einem Toast.

Teil D: Visualisierung

Ein Bild sagt mehr als tausend Worte. Je bildhafter eine Information vermittelt wird, umso besser wird sie von den Zuhörern verstanden und behalten. Auf den folgenden Seiten werden die wichtigsten Visualisierungshilfen vorgestellt.

1. Was bedeutet Visualisierung?

Zu Visualisierung zählen alle optischen Hilfsmittel, die ergänzend zu den gesprochenen Ausführungen eingesetzt werden. Ausgewählte Informationen werden durch Visualisierung als geschriebene Texte oder Grafiken und Bilder dargestellt. Visualisierungen werden in unterschiedlichem Ausmaß bei allen dargestellten Kommunikationswegen eingesetzt:

- Bei Präsentationen ist die Visualisierung ein fester Bestandteil. Zumeist werden gleichzeitig mehrere Medien genutzt.
- Bei Vorträgen dominiert zwar das gesprochene Wort, wobei allerdings wesentliche Aussagen durch visuelle Darstellungen ergänzt und vertieft werden können.
- Bei der Moderationsmethode ist die Visualisierung eine feste Komponente. Der Schwerpunkt liegt bei der Pinnwandtechnik, andere Medien kommen ergänzend hinzu (vgl. S. 128).
- Bei Gesprächen und Besprechungen werden zumindest einzelne Aussagen (z. B. Thema, Tagesordnung, Gliederung, wichtige Teilergebnisse) durch visuelle Hilfen verdeutlicht und/oder gesichert.

Wie gelangen Informationen ins Gedächtnis? Der Mensch wird täglich von einer Unzahl von Sinneseindrücken überflutet. Das Gehirn wäre überfordert, wenn es sämtliche Eindrücke verarbeiten und speichern müsste. Deshalb schützt sich das Gehirn durch mehrere „Wahrnehmungsfilter“.

Jede Information, die uns erreicht, gelangt zunächst ins Ultrakurzzeitgedächtnis, wo sie für etwa 20 Sekunden verbleibt. Nur ein kleiner Teil der Informationen aus dem Ultrakurzzeitgedächtnis geht ins

Kurzzeitgedächtnis über, der Rest wird gelöscht. Im Kurzzeitgedächtnis verbleiben die Informationen für weitere 20 Minuten und gehen danach über ins Langzeitgedächtnis oder werden gelöscht. Den Weg ins Langzeitgedächtnis schafft nur ein Bruchteil der anfänglichen Informationen. Wenn einzelne Informationen das Langzeitgedächtnis einmal erreicht haben, dann verbleiben sie dort dauerhaft. Sie sind jedoch mit dem Nachteil verbunden, dass sie häufig ins Unbewusste absinken oder durch andere Informationen überdeckt werden.

Die Visualisierung nutzt verschiedene Eingangskanäle: Wenn Sie kommunizieren (z. B. einen Vortrag halten), dann müssen Sie versuchen, die verschiedenen Wahrnehmungsfilter zu überwinden, damit Ihre Gedanken ins Langzeitgedächtnis Ihrer Zuhörer gelangen. Dabei nutzen Sie die natürlichen Eingangskanäle. Das sind die bekannten fünf Sinne: Hören, Sehen, Tasten, Schmecken und Riechen.

Informationen erreichen das Gedächtnis umso eher, je mehr Sinne bei der Informationsvermittlung angesprochen werden. Dabei

Visuelle Hilfsmittel

werden die verschiedenen Eingangskanäle in unterschiedlicher Weise genutzt. Die Informationsaufnahme geschieht durchschnittlich zu

- 83 % mit den Augen
- 11 % mit den Ohren
- 6 % durch Riechen, Schmecken und Tasten.

Durch die Nutzung mehrerer Eingangskanäle im menschlichen Gehirn werden komplexe Inhalte leichter erfasst. Bei der gleichzeitigen Ansprache von Augen und Ohren wird auch die rechte, kreative Gehirnhälfte durch das „Denken in Bildern“ aktiviert. Auf diese Weise werden neue Gedanken besser aufgenommen, da sie mit vorhandenen Bildern verknüpft werden (vom Bekannten zum Neuen vorgehen), aber auch besser erinnert, da die Mehrkanalspeicherung tiefere „Rillen“ in die Spur unseres Gedächtnisses gräbt. Tiefere Eindrücke werden bei Aufnahme neuer Informationen weniger schnell überschrieben.

> Versuchen Sie, Informationen über mehrere Eingangskanäle zu vermitteln. Aktivieren Sie, wann immer möglich, den optischen Kanal.

2. Warum visualisieren?

Die Behaltensquote wird wesentlich verbessert, wenn Informationen nicht nur gehört, sondern gleichzeitig auch gesehen werden. Wie die folgende Abbildung zeigt, werden durch Hören nur 20 % und durch Sehen nur 30 % behalten. Wenn Sehen und Hören zusammenkommen erhöht sich die Quote immerhin auf etwa 50 %.

Neben der verbesserten Behaltensquote gibt es eine Reihe weiterer Vorteile der Visualisierung:

- das Verständnis wird erleichtert,
  - komplexe Inhalte werden erfassbar dargestellt,
  - der „rote Faden“ wird deutlich,
  - Zusammenhänge werden leichter erkennbar,
- die Zuhörer erhalten Orientierungshilfen, weil nur das Wesentliche visualisiert wird,
- Zahlen und Statistiken werden in eine lesbare Form gebracht,

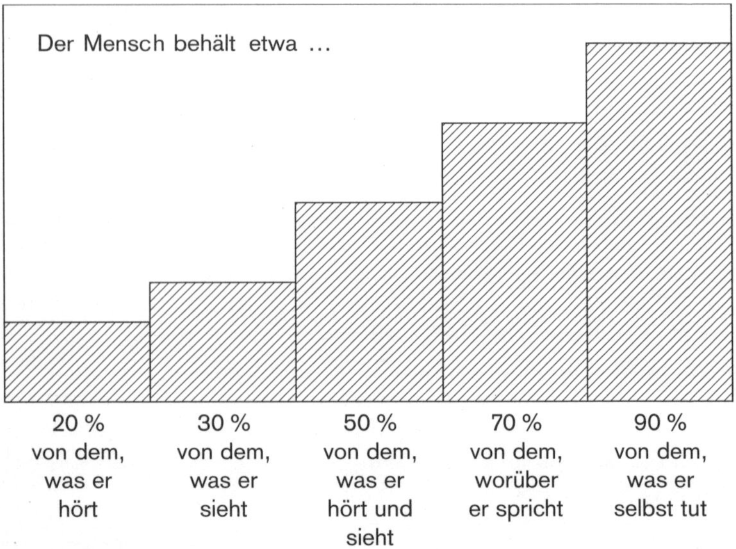

Behaltensquoten

- der Rede- oder Erklärungsaufwand wird verkürzt
  - komplizierte Zusammenhänge lassen sich visuell leichter darstellen,
  - die Visualisierung zwingt zur Auswahl zwischen Wesentlichem und Unwesentlichem,
- die Zuhörer werden stärker motiviert,
- in Gesprächen und Besprechungen wird die Diskussion versachlicht
  - Argument und Person werden voneinander getrennt,
  - Wiederholungen werden vermieden,
  - der Einstieg für Nachzügler wird erleichtert.

Bei einem Vortrag oder einer Präsentation demonstriert der Redner durch eine gute Visualisierung seine Professionalität. Die Erfahrung zeigt, dass visualisierte Aussagen eher zu einem Feedback führen als rein verbale Darstellungen. Ein möglicher Nachteil der Visualisierung bei Vorträgen kann sein, dass alles, was visualisiert wird, von den Zuhörern für wichtig angesehen und mitgeschrieben wird. Das können Sie vermeiden, wenn Sie das Wichtigste in einer Arbeitsunterlage (Handout) zusammenfassen.

3. Medienauswahl

Nachfolgend werden die wichtigsten Medien und ihre Eignung bei den verschiedenen Kommunikationswegen dargestellt:

- Tafel und Flipchart
- Pinnwand (Stellwand/Steckwand)
- Overheadprojektor
- Beamer (PC mit Projektor)
- Teilnehmerunterlagen(Tischvorlagen/Handouts)

3.1 Tafel und Flipchart

Die **Schreibtafel** dürfte das älteste Präsentationsmedium sein. Die noch aus der Schulzeit bekannte **Kreidetafel** wurde inzwischen weitgehend durch das kunststoffbeschichtete **Whiteboard** abgelöst, das mit speziellen Farbstiften (Boardmarkern) beschriftet wird. In vielen Seminar- und Konferenzräumen sind auch emaillierte Metalltafeln anzutreffen, die neben der Beschriftung auch mit Haftmagneten befestigte Blätter aufnehmen können.

Die Tafel eignet sich für Präsentationen und Vorträge vor Gruppen bis zu 20 Personen. Da der Tafelanschrieb vor den Augen der Zuhörer erfolgt, können diese die Entwicklung der Gedanken leicht nachvollziehen. Auch bei Gesprächen und Besprechungen ist die Tafel zur Aufnahme spontaner Ergebnisse gut einsetzbar.

Eine zeitgemäße Weiterentwicklung der Schreibtafel ist das **Flipchart**. Das Flipchart besteht aus einem Ständer, auf dem ein Papierblock im DIN-A0-Format (ca. 70 × 100 cm) befestigt und mit Filzstiften beschrieben wird.

Auch das Flipchart ist für Gruppen bis etwa 20 Personen geeignet. Es kann mobiler eingesetzt werden als die Tafel (z. B. in einem Nebenraum bei Gruppenarbeit). Aufzeichnungen früherer Vortrags- oder Arbeitsphasen können vorübergehend weggeklappt und bei Bedarf wieder zurückgeholt werden. Seiten mit dauerhaftem Inhalt können vom Block abgerissen und während der gesamten Veranstaltungsdauer an der Wand befestigt werden (z. B. eine Gliederung). Größere Niederschriften (z. B. eine Tabelle) können vorbereitet und zunächst verdeckt gehalten werden. Damit bleibt der Überraschungseffekt gewahrt und eine zwischenzeitliche Ablenkung wird verhindert. Aufzeichnungen können bei Bedarf aufbewahrt und bei späteren Anlässen erneut verwendet werden.

Tafel und Flipchart haben den wesentlichen Nachteil, dass Sie beim Anschreiben den Zuhörern den Rücken zuwenden müssen. Stellen Sie sich deshalb so hin, dass die Schreibfläche nicht völlig verdeckt wird. Drehen Sie sich öfters einmal um und stellen den Blickkontakt zum Publikum wieder her. Beachten Sie auch folgende Empfehlungen:

- Schreiben Sie groß genug und mit leserlicher Handschrift.
- Verwenden Sie unterschiedliche Farben.
- Beginnen Sie während Sie anschreiben auf keinen Fall schon damit, den nächsten Gedanken vorzutragen, denn die Zuhörer können sich nicht gleichzeitig auf unterschiedliche gesprochene und geschriebene Aussagen konzentrieren.
- Begrenzen Sie die Niederschrift auf wesentliche Aussagen; wenn Sie „alles“ anschreiben, können die Zuhörer nicht mehr zwischen wichtigen und weniger wichtigen Gedanken unterscheiden.
- Verwenden Sie Symbole und Abkürzungen, falls diese dem Publikum bekannt sind.
- Blättern Sie zu einer leeren Seite, wenn eine beschriebene Seite oder ein Bild kommentiert ist und nicht mehr benötigt wird.

Einige Risiken können Sie durch eine gute Vorbereitung vermeiden:

- Schätzen Sie vorher den Platzbedarf und machen Sie für die vorhersehbaren Darstellungen einen Entwurf.
- Skizzieren Sie bei schwierigen Darstellungen die Umrisse bereits vorher mit Bleistift.
- Kontrollieren Sie vorher, ob noch genügend freie Blätter auf dem Block sind.
- Prüfen Sie, ob genügend Kreide oder Filzstifte vorhanden sind und ob diese noch schreiben. Ganz sicher gehen Sie, wenn Sie in fremden Räumen Ihre eigenen Stifte mitnehmen.

- Verwenden Sie kariertes Papier, das leichter zu beschreiben ist, als Blätter ohne Struktur.

> Kommentieren Sie vorbereitete Niederschriften! Es reicht nicht aus, eine voll beschriebene Flipchartseite aufzuklappen und die Zuhörer sich selbst zu überlassen. Es ist auch zu wenig, wenn Sie die Aufzeichnungen nur vorlesen. Nur ein Kommentar jedes einzelnen Punkts stellt sicher, dass die Zuhörer die verschiedenen Gedanken richtig verstehen und sich einprägen

3.2 Pinnwand

Die **Pinnwand** ist eine Stecktafel aus Kork, Hartschaum oder einem anderen weichen Material im Format von etwa 150 cm × 120 cm. Zum Schutz vor Bemalung werden auf die Pinnwand spezielle Papierbögen gespannt, die beschrieben werden können. Außerdem können Karten in verschiedenen Formaten und Farben mit Nadeln angeheftet („angepinnt") werden.

Die Pinnwand ist das wichtigste Visualisierungsmedium der Moderationsmethode (vgl. S. 128), wird aber auch bei Vorträgen und Präsentationen eingesetzt. Pinnwände eignen sich zur Präsentation vorbereiteter Darstellungen und vor allem zur schrittweisen Abbildung und Entwicklung von Inhalten, Strukturen oder Abläufen. Die Anschaulichkeit einer Pinnwanddarstellung wird durch unterschiedliche Kartenfarben und -formate (Rechtecke, Kreise, Ellipsen) erhöht. Durch Umstecken, Hinzufügen oder Wegnehmen einzelner Karten können Pinnwand-Entwicklungen ständig verändert werden.

Für einen optimalen Pinnwandeinsatz gelten folgende Regeln:

- Verwenden Sie Groß- und Kleinbuchstaben.
- Schreiben Sie jeden neuen Gedanken auf ein eigenes Kärtchen; nur so können Sie die Kärtchen umsortieren.
- Schreiben Sie nur Stichworte auf; keine ganzen Sätze.
- Verwenden Sie Symbole und Abkürzungen.
- Verwenden Sie pro Kärtchen höchstens sieben Wörter oder drei Zeilen.
- Schreiben Sie groß genug; nutzen Sie die gesamte Kartengröße.

- Achten Sie darauf, dass Karten gleicher Farben und Formate den gleichen Sinn ausdrücken.

3.3 Overheadprojektor

Besonders verbreitet ist der Overheadprojektor (Tageslichtprojektor, Arbeitsprojektor). Dabei werden beschriftete Klarsichtfolien auf eine belichtete Glasplatte gelegt und auf eine Leinwand projiziert. Im Gegensatz zu Tafel und Flipchart kann der Overheadprojektor auch bei großen Zuhörerkreisen bis etwa 200 Personen eingesetzt werden, unter der Voraussetzung, dass eine ausreichend große Leinwand vorhanden ist und der Projektor über eine starke Lichtquelle verfügt. Wie der deutsche Name schon sagt, kann der Tageslichtprojektor verwendet werden, ohne dass der Raum verdunkelt werden muss. Die Folien haben in der Regel DIN-A4-Format; die Größe der Projektion hängt vom Format der Projektionswand und dem Abstand zu ihr ab.

Die Folien werden entweder auf dem PC erstellt und mit dem Drucker ausgedruckt oder mit speziellen Folienstiften von Hand geschrieben oder gezeichnet. Wenn die Folien mit dem Drucker oder Kopiergerät erstellt werden, dürfen dafür nur spezielle Kopierfolien verwendet werden. Über die Visualisierung hinaus können Folien kopiert und in die Teilnehmerunterlagen (vgl. S. 249) aufgenommen oder für das Protokoll verwendet werden. Bei Präsentationen können Folien das Stichwortmanuskript ersetzen.

Bei der **Foliengestaltung** sollten Sie folgende Regeln beachten:

- Behandeln Sie je Folie immer nur ein Thema.
- Sorgen Sie für Abwechslung, indem Sie Text- und Bildfolien verwenden.
- Um die Lesbarkeit sicherzustellen, sollten bei Textfolien je Folie höchsten acht Zeilen verwendet werden.
- Lassen Sie unten mindestens 8cm Rand, damit die letzten Zeilen auch von den hinteren Plätzen gesehen werden können.
- Vergewissern Sie sich vor dem Einsatz, ob die Folien auch von der letzten Zuhörerreihe aus noch lesbar sind.
- Schreiben Sie in Druckschrift und verwenden Sie Groß- und Kleinbuchstaben.

- Gliedern Sie die Folien durch Nummerierung, Spiegelstriche Leerzeilen oder unterschiedliche Schriftgrößen.
- Nehmen Sie nur Schlagworte auf und keine vollständigen Texte. Ausnahme: Zitate und Definitionen.
- Sorgen Sie für Abwechslung durch unterschiedliche Farben. Auch Überschriften können durch unterschiedliche Farben hervorgehoben werden.

Für einen optimalen **Projektoreinsatz** sollten Sie folgende Regeln beachten:

- Lassen Sie eine Folie oder ein Bild nach dem Auflegen bzw. Aufblenden einige Sekunden wirken, damit sich die Zuhörer „hineindenken“ können. Beginnen Sie erst danach mit Ihrer Interpretation.
- Halten Sie bei der Kommentierung der Folien Blickkontakt zu Ihren Zuhörern.
- Setzen Sie nicht zu viele Folien oder Bilder ein.
- Beim Overheadprojektor vorproduzierte Folien erst auflegen, dann Gerät einschalten.
- Folien und Bilder ankündigen.
- Lassen Sie die Folien lange genug aufliegen. Wenn Sie zu früh abschalten, haben die Zuhörer das Gefühl, etwas versäumt zu haben.
- Gerät nur bei Bedarf einschalten (Aufmerksamkeit wecken/Ablenkung verhindern).
- Entscheiden Sie vorher, ob Sie ein Bild ganz oder teilweise aufdecken.
- Kennzeichnen Sie wichtige Aussagen oder die Stelle, die sie gerade kommentierte durch einen aufgelegten Stift (6-Eck-Bleistift rollt nicht weg).

Denken Sie immer daran, die Folien zu kommentieren und nicht nur vorzulesen. Wenn das Publikum nur noch mitlesen darf, dann hätte es sich den Vortrag oder die Präsentation ersparen können. Ein Buch wäre ausreichend gewesen.

3.4 Computergestützte Präsentation

Die von Hand aufgelegten Folien werden seit dem Ende der achtziger Jahre von computergestützten Projektionen abgelöst. Dazu wird anstatt der Folie ein **LCD-Panel** auf die Glasplatte des Overheadprojektors gelegt, das direkt mit dem PC oder dem Laptop verbunden wird.

Ein weiterer Schritt ist der **Beamer**, mit dessen Hilfe Computerbilder direkt auf die Leinwand projiziert werden können. Der Beamer ist vielseitiger einsetzbar als der Overheadprojektor. Aktuelle Datenauswertungen können unmittelbar aus dem Computer abgerufen werden. Eine computergestützte Präsentation besteht in der Regel aus einer Folge von elektronischen Darstellungen (Screens), die per Mausklick in einer vom Redner bestimmten Folge abgerufen werden. Auf diese Weise können komplexe Visualisierungen Stück für Stück mühelos aufgebaut werden.

Die aus dem Computer abgerufenen Darstellungen werden mit einer Spezialsoftware erstellt. Dazu zählen PowerPoint, Harvard Graphics, Freelance Graphics, Mediator und Presentations.

Mit diesen Programmen können Folien direkt erstellt und präsentiert werden. Das Layout und die Formatierung werden vom Programm vorgeschlagen, können aber individuell variiert werden. Die Schriftgrößen (mindestens 24 Punkt) für Überschriften und Texte sind vorgegeben. Um der Forderung nach kleinschrittiger Vorgehensweise gerecht zu werden, sind maximal 8 Zeilen vorgesehen.

Es ist auch möglich kleine Videosequenzen, Musik und Trickfilme einzubauen. Durch einen solchen Mix aus Standbildern (wie klassische Folien), Video, Ton und sich bewegenden Bildern kann eine lebendige Darstellung erzielt werden.

Computergestützte Präsentationen haben gegenüber dem einfachen Overheadprojektor einige Vorteile:

- Visualisierungen werden sowohl bei der Herstellung als auch bei der Präsentation erheblich vereinfacht.
- Die Präsentation kann in kleinsten Schritten erfolgen, so dass die Zuhörer immer nur zu sehen bekommen, was im Augenblick für das Verständnis erforderlich ist.

- Computergestützte Präsentationen sind die ideale Möglichkeit für alle multimedialen Anwendungen.
- Wenn die Präsentationen einmal abgespeichert sind, können sie immer wieder präsentiert, aber auch jederzeit verändert oder ergänzt werden.

Beim Arbeiten mit computergestützten Präsentationen gelten folgende Regeln:

- Sprechen Sie zum Publikum und nicht zur Leinwand oder zum Bildschirm.
- Sorgen Sie im Vorfeld dafür, dass Sie die Technik perfekt beherrschen.
  - Wie schließt man den Computer an?
  - Wie schaltet man das Gerät an und aus?
  - Wie lange braucht das Gerät um warm zu laufen?
  - Wie schaltet man den PC von Bildschirmdarstellung auf den Beamer um?
  - Wie blättert man vor und zurück?
- Da der Bildwechsel im Gegensatz zum Overheadprojektor nahezu unbemerkt erfolgt, müssen die Zuhörer auf neue Darstellungen ausdrücklich hingewiesen werden. (Bilder ankündigen).
- Bereiten Sie sich auch auf Situationen vor, in denen die Technik versagt. Wer die wichtigsten Visualisierungen auf einem Satz Folien mit sich führt, kann im Notfall auf den Overheadprojektor umsteigen.
- Überprüfen Sie rechtzeitig, ob alle Zuhörer Ihre Visualisierung gut sehen können.
  - Gerät richtig platzieren.
  - Schärfe richtig einstellen.
  - Auf Lichtverhältnisse achten, gegebenenfalls verdunkeln.
  - Lichtstärke prüfen. Ist das Gerät lichtstark genug?
  - Sind Farben und Schrift gut zu erkennen?

3.5 Arbeitsunterlagen/Handouts

Bei manchen Vorträgen und Präsentationen sind schriftliche Unterlagen ein fester Bestandteil (z. B. bei Kundenpräsentationen und Seminaren). Wenn die Teilnehmer wissen, dass bestimmte Inhalte eines Vortrags gedruckt geliefert werden, dann können sie sich besser auf den Vortrag konzentrieren. Als Redner müssen Sie rechtzeitig festlegen,

- welche Informationen Sie als Handout liefern wollen,
- wie die Informationen in knapper Form verständlich zusammengefasst werden können und
- wann Sie die Unterlagen aushändigen wollen.

Die Entscheidung, wann die Arbeitsunterlage ausgehändigt werden soll, hängt davon ab wie schwierig und wichtig Ihre Ausführungen sind.

- Für eine Ausgabe nach dem Vortrag spricht, dass die Zuhörer weniger abgelenkt werden und sich besser auf die Ausführungen des Redners konzentrieren können. Ein Nachteil dieser Vorgehensweise ist, dass unnötigerweise mitgeschrieben wird, was später gedruckt geliefert wird.
- Bei einer Ausgabe vor der Präsentation können sich die Zuhörer bereits während des Vortrag ergänzende Notizen an der richtigen Stelle in der Arbeitsunterlage machen. Ein Nachteil kann sein, dass die Zuhörer in der Arbeitsunterlage blättern oder vorauslesen und nicht mehr auf Ihre Ausführungen hören.

Auf jeden Fall sollten solche Informationen ausgehändigt werden, die im Vortrag nicht weiter vertieft werden, wie z. B. weiterführende Ausführungen, Literaturlisten, knappe Zusammenfassungen und größere Tabellen (Zahlenfriedhöfe). Manche Redner weisen am Anfang ihres Vortrags darauf hin, dass alle visualisierten Aussagen am Ende in gedruckter Form geliefert werden.

Ein gutes Handout enthält:

- ein Deckblatt mit dem Vortrags- oder Präsentationstitel,
- Name des Veranstalters,
- Datum und Ort der Veranstaltung,
- Name des Vortragenden,
- Gliederung des Vortrags,
- Kerninformationen nach Gliederungspunkten geordnet.
- Je nach Art der Veranstaltung eine Teilnehmerliste.
- Die während der Präsentation eingesetzten Bilder und Charts sollten inhaltsgleich übernommen werden.

3.6 Medienauswahl an den Zuhörern orientieren

Die Eignung eines Mediums für eine bestimmte Kommunikationsform ist nicht das einzige Kriterium für seinen Einsatz. Daneben müssen auch die jeweiligen Zuhörer oder Gesprächspartner und das Umfeld beachtet werden. Berücksichtigen Sie bei der Auswahl und Gestaltung Ihrer Medien, dass der Mensch im TV-Zeitalter mit Bildern beinahe überflutet wird. Die Zuhörer sind kritisch und anspruchsvoll geworden. Sie werden Ihre Hilfsmittel nur akzeptieren, wenn diese von hoher Qualität sind.

Folgende Kriterien sollten Sie bei der Auswahl beachten:

- Was erwarten Ihre Zuhörer? Können Sie noch mit handgeschriebenen Folien auftreten oder gelten Sie als rückständig, wenn Sie nicht elektronische Medien einsetzen?
- Ist Ihr Publikum „reif" genug für bestimmte Medien? Eine ehemalige Kollegin hat mir von ihren Erfahrungen in einer deutschen Kreisstadt berichtet. Bei einem Referat über Stadtentwicklung hat sie die Gliederung und Kerngedanken mit Kärtchen auf Pinnwänden verdeutlicht. Am folgenden Tag konnte sie in der örtlichen Tageszeitung nachlesen, dass sie das Auditorium mit Spielmaterial aus der Vorschule überrascht habe.
- Bestehen in Ihrem Unternehmen bzw. beim Veranstalter bestimmte Vorgaben (Richtlinien) für den Medieneinsatz, die beachtet werden müssen?
- Welche medientechnischen Einrichtungen stehen zur Verfügung?
- Wollen Sie nur vorgefertigte Darstellungen präsentieren oder wollen Sie Ihre Zuhörer aktiv an der Erarbeitung bestimmter Themen beteiligen?
- Reicht zur Erläuterung bestimmter Gedankengänge jeweils nur ein Bild aus oder müssen mehrere Darstellungen nebeneinander gestellt werden (z. B. Vor- und Nachteile).
- Wie groß wird der Zuhörerkreis voraussichtlich sein? Bei mehr als 8–10 Meter Abstand oder 25 Teilnehmern ist ein Flipchart nicht mehr für alle Zuhörer lesbar.
- Müssen Sie Ihre Professionalität durch einen Medien-Mix beweisen?

4. So visualisieren Sie richtig

Ein Hauptgrund für die Verwendung visueller Hilfsmittel ist die größere Verständlichkeit. Im Idealfall soll das Gesagte durch die visuelle Unterstützung „auf einen Blick" verstanden werden. Leider wird dieses Ziel nicht immer erreicht. Auch das bereits zitierte Sprichwort vom Bild, das mehr sagt, als tausend Worte, ist nur richtig, wenn es sich um ein „gutes Bild" handelt. Eine ungeschickte Darstellung kann auch verwirren und macht umfassendere Erklärungen erforderlich, als wenn auf die Visualisierung verzichtet worden wäre.

Eine schnell auf Folie kopierte Buchseite, die wegen der kleinen Schrift für die meisten Teilnehmer nicht lesbar ist, wird keine Unterstützung sein. Wenn Sie dagegen einen wesentlichen Gedanken einer Seite herausgreifen, und ihn in gut leserlicher Schrift visualisieren und anschließend ausreichend kommentieren, dann bieten Sie dem Publikum eine wirksame Hilfe.

4.1 Darstellungsformen

Die folgenden Darstellungsformen stehen allein oder in Kombination miteinander zur Verfügung:

- Text
- Tabellen
- Graphische Schaubilder
- Bilder und Symbole.

4.1.1 Geschriebene Texte

Textdarstellungen sind die gebräuchlichste Visualisierungsform. Textvisualisierungen eignen sich für das Thema, für Gliederungen, Zusammenfassungen, Aufzählungen oder um besonders wichtige Aussagen hervorzuheben.

Auch bei Textdarstellungen gelten die schon an anderer Stelle besprochenen vier Verständlichmacher (vgl. S. 15).

- Einfachheit erreichen Sie durch die Verwendung kurzer Sätze und geläufiger Wörter.
- Für Gliederung und Ordnung sorgen Überschriften und Zwischenüberschriften sowie die optische Blockbildung.

- Der Forderung nach Kürze und Prägnanz werden Sie gerecht, wenn Sie die Visualisierung auf das Wesentliche beschränken. (Im Weglassen liegt die Kunst!)
- Als zusätzliche Stimulatoren können Farben eingesetzt, anschauliche Beispiele genannt und ergänzend zu geschriebenen Texten auch Bilddarstellungen verwendet werden.

Gerade bei der Textvisualisierung werden besonders viele Fehler gemacht. Sehr häufig wird zu viel Text dargestellt, die Schrift ist zu klein oder die Übersicht fehlt. Solche Fehler können Sie vermeiden, wenn Sie folgende Empfehlungen beachten:

- Wählen Sie die Schrift so groß, dass sie auch in den hintersten Reihen gut gelesen werden kann.
- Achten Sie auf die Lesbarkeit Ihrer Texte.
- Wenn Sie Ihre Texte von Hand erstellen, verwenden Sie Druckschrift und nicht Schreibschrift.
- Bei der Erstellung der Texte mit dem Computer verwenden Sie einfache Schrifttypen (z. B. Arial).
- Benutzen Sie Groß- und Kleinbuchstaben.
- Vermeiden Sie schnörkelige Schriftarten.
- Bleiben Sie bei einer Schriftart; mehrere Schriftarten wirken verwirrend.
- Visualisieren Sie nur Kernaussagen.
- Verwenden Sie einfache und verständliche Formulierungen.
- Vermeiden Sie Prosatext; arbeiten Sie mit Stichworten.
- Lassen Sie zwischen den Zeilen ausreichend Platz.
- Beschränken Sie sich auf maximal sieben Inhaltspunkte pro Textvisualisierung.
- Wenn Sätze erforderlich sind, dann nur kurze Sätze mit höchstens sieben Wörtern und nur einer Information pro Satz.
- Benutzen Sie einfache und verständliche Ausdrücke.
- Achten Sie auf die Lesegewohnheiten ihres Publikums: Schreiben Sie immer von links nach rechts. Beginnen Sie mit Ihrer Darstellung links oben.

4.1.2 Tabellen

Tabellen werden verwendet, wenn Zahlen in einer Reihenfolge dargestellt werden sollen, um dadurch Abläufe und Veränderungen aufzuzeigen. Tabellen enthalten genaue Zahlenwerte, die vom Publikum unmittelbar weiterverwendet werden können. Manchmal sind in den Tabellen auch die den Ergebnissen zugrunde liegenden Ursprungswerte aufgenommen.

- Verwenden Sie eine knappe, aber eindeutige Überschrift, damit die Betrachter sofort erkennen, worum es geht.
- Beschränken Sie die Anzahl der Spalten und Zeilen, damit die Betrachter die Tabelle mit einem Blick erfassen können.
- Durch die Verwendung unterschiedlicher Linienstärken und Linienarten wird die optische Trennung zwischen den verschiedenen Gruppen erleichtert (z. B. Kopfzeilen und Inhalt) und die Lesbarkeit verbessert.
- Kopfzeilen und -spalten sollen wegen der besseren Lesbarkeit soweit wie möglich waagrecht beschriftet werden.
- Durch Nummerierung der Zeilen und Spalten wird das Auffinden bestimmter Positionen erleichtert.
- Zahlen werden durch Dreiergruppierungen übersichtlicher und leichter lesbar (z. B. 11 000 000 € statt 11000000 €).
- Bei der Präsentation einer Tabelle hat es sich bewährt, wenn Sie zunächst einen Überblick über die gesamte Tabelle geben, ehe Sie einzelne Positionen kommentieren.

4.1.3 Graphische Darstellungen

Graphische Darstellungen sind anschaulicher als Tabellen, denn sie erlauben einen schnelleren Überblick (z. B. über Entwicklungen oder Strukturen). Sie eignen sich besonders, um große Datenmengen anschaulich darzustellen. Die wichtigsten graphischen Darstellungsformen sind Säulen-, Kreis- und Kurvendiagramme.

Säulendarstellungen (Balkendiagramm, Stabdiagramm) eignen sich vor allem für die vergleichende Darstellung von Bestandsmassen. Die wiederzugebenden Zahlenwerte werden durch die Höhe der Säulen verdeutlicht. Innerhalb der Säulen kann die Gesamtmasse in Teilmassen untergliedert werden.

- Die Teilmassen werden durch eine unterschiedliche Schraffur oder Farbei voneinander abgehoben.
- Anstelle absoluter Werte können auch Prozentanteile benutzt werden.

- Der Abstand zwischen den Balken kann geringer sein als die Balkenbreite.
- Die Bezeichnung der Balken wird nicht in diese hineingeschrieben.
- Zahlenwerte stehen über oder neben den Balken oder ergeben sich aus den Koordinaten.

Ein Beispiel für eine einfache Säulendarstellung sind die auf Seite 242 genannten Behaltensquoten.

Wenn eine Gesamtmasse aus vielen, aber unterschiedlich großen Teilmassen besteht, ist es zumeist anschaulicher, anstelle des Säulendiagramms ein **Kreisdiagramm** (Tortendiagramm) zu verwenden. Dabei müssen absolute Werte in Prozentwerte umgerechnet werden. Auch hier werden die einzelnen Segmente durch eine unterschiedliche Schraffierung oder Farbe gekennzeichnet.

- Verwenden Sie in einem Diagramm maximal fünf bis sieben Segmente, damit das Bild übersichtlich bleibt.
- Die Beschriftung der einzelnen Segmente kann außerhalb des Kreises angebracht werden.
- Die für Ihre Darstellung besonders wichtigen Segmente können aus dem Kreis herausgezogen werden.

Ein jedermann bekanntes Beispiel ist die vom Fernsehen gelieferte Darstellung der Wahlergebnisse bei Bundes- oder Landtagswahlen. Schon kurz nach Schließung der Wahllokale werden Hochrechnungen über die voraussichtliche Zusammensetzung des neu gewählten Parlaments präsentiert. Dabei ist mit einem Blick zu erkennen, ob mögliche Koalitionen über die erforderliche Mehrheit verfügen.

Beim **Kurvendiagramm** (Liniendiagramm) werden Zahlenwerte in einem Koordinatensystem dargestellt und miteinander verbunden. Kurvendiagramme werden vor allem für die Abbildung von Zeitreihen (Entwicklungen innerhalb eines Zeitablaufs) benutzt. Durch die Kombination mehrerer Zeitreihen in einer Abbildung können bestehende Abhängigkeiten besonders gut aufgezeigt werden (z. B. die Entwicklung der Zahl der Arbeitslosen und der Fluktuationsrate). Auch hier sei an ein bekanntes Beispiel aus der Politik erinnert. Die Entwicklung des prozentualen Anteils der im Bundestag vertretenen Parteien wird regelmäßig als Zeitreihe dargestellt.

Für alle graphischen Darstellungen gilt:

- Verwenden Sie für verschiedene Zeitreihen unterschiedliche Farben oder Linienarten.
- Verwenden Sie in einem Diagramm maximal drei bis fünf Zeitreihen, um Verwirrungen zu vermeiden.
- Achten Sie darauf, dass sich die Koordinaten deutlich von den dargestellten Kurven abheben.

Zur Darstellung von Strukturen und Abläufen eignen sich **Organigramme**. Ein typisches Beispiel ist die Darstellung von Aufbau- und Ablaufstrukturen von Unternehmen oder Abteilungen.

4.1.4 Bilder und Symbole

Bilder und Symbole werden dem Verständlichmacher „Zusätzliche Stimulanz“ zugerechnet. Durch Bilder und Symbole können einzelne Informationen verdeutlicht und hervorgehoben werden. Komplexe Sachverhalte können einfach und anschaulich ausge-

Ein Bild sagt mehr als 1000 Worte

drückt werden und werden dadurch mit einem Blick verständlich. Trockene Themen werden aufgelockert.

4.2 Gestaltungsregeln

Bei der Gestaltung einer präsentationsreifen Visualisierungsvorlage sind einige Grundregeln zu beachten (Hartmann/Funk/Nietmann 2003, S. 99). Diese gelten unabhängig davon, ob Sie Ihre Visualisierung per Hand erstellen (Tafel, Flipchart) oder mithilfe eines Grafikprogramms aus dem Computer abrufen.

Jede Visualisierung braucht eine **Überschrift**, durch die sie sich deutlich von der restlichen Darstellung abhebt (z. B. andere Schriftgröße). Mit der Visualisierung sollte dann auch nur das abgebildet werden, was durch die Überschrift angekündigt wird. Die Überschrift kann je nach Absicht eher sachlich oder eher provozierend gehalten werden.

Farben und Formen sind Bedeutungsträger. Die inhaltlichen Aussagen ihrer Visualisierung werden durch Farben unterstützt; Wichtiges wird hervorgehoben. Wegen ihrer starken Signal- und Gestaltungswirkung sind Farben allerdings gezielt und sparsam zu verwenden. Zu viele Farben können verwirren, deshalb sollten Sie pro Visualisierung maximal drei bis vier Farben verwenden. Dunkle Farben (rot, grün, blau, schwarz) sind leichter zu erkennen als helle Farben. Gleiche Farben suggerieren ähnliche Inhalte. Sie werden vom Auge unbewusst zu einer Gruppe zusammengefasst. Benutzen Sie deshalb Ihre Farben einheitlich (z. B. alle Überschriften in derselben Farbe). Heben Sie Wichtiges hervor, zum Beispiel durch Verwendung der Farbe Rot oder durch Umrandung, Unterstreichung oder Schraffur.

Abschließend noch einige allgemeine Empfehlungen zur Gestaltung von Visualisierungen (Seifert 2002, S. 46)

- Für alle graphischen Darstellungen gilt: Überfrachten Sie Ihre Darstellung nicht.
- Bilden Sie Blöcke. Fassen Sie Sinneinheiten dadurch zusammen, dass Sie diese räumlich nah beieinander abbilden.
- Verwenden Sie auch Freiflächen als Gestaltungselementselement; lassen Sie ausreichend Raum frei.

- Vermeiden Sie zu perfekte Darstellungen; zu glatte Darstellungen wirken kühl und die schaffen Distanz.
- Bei einer Präsentation sollte das einmal gewählte Layout (z. B. Gestaltung von Überschriften und Hervorhebungen, Platzierung des Firmenlogos) für alle Darstellungen beibehalten werden.
- Testen Sie Ihre Visualisierung vor Freunden und Bekannten vor dem Ernstfall.
- Denken Sie daran: Eine gute Visualisierung bildet nicht alle Informationen ab, sondern nur das Wesentliche. Eine gute Visualisierung überzeugt nicht durch ihre Fülle, sondern durch ihre Aussagekraft und Qualität.

Klären Sie auch, in welchem Umfang Sie einzelne Visualisierungen vorbereiten. Man unterscheidet:

- Vollständig fertige Darstellungen, die als „Fertigprodukt" mitgebracht werden und an denen sich während der Darbietung nichts mehr ändert (Filme, Dias, Fertigfolien, Plakate). Fertige Darstellungen wirken professionell und können mehrmals verwendet werden. Sie bergen allerdings die Gefahr, dass sie zu schnell dargeboten werden und die Kommunikationspartner überfordern. Außerdem stimulieren sie optisch weniger als Bilder, die Schritt für Schritt entwickelt werden.
- Teilweise fertige Medien werden während der Darbietung, in Zusammenarbeit mit den Kommunikationspartnern, ergänzt und fertig gestellt. Das kann durch Linien und Pfeile, aber auch durch Worte und Zahlen geschehen.
- Live-Medien werden im Beisein des Publikums entwickelt. Sie sind für die Zuschauer besonders einprägsam. Die Live-Entwicklung kommt nur für kurze Darstellungen infrage, denn ihre Erstellung ist sehr zeitaufwändig.

Teil E: Der Körper spricht immer mit

Jede Kommunikationssituation wird von nonverbalen (körpersprachlichen) Äußerungen begleitet, auch wenn uns das nicht immer bewusst ist. Die Körpersprache ist ein Kommunikationsweg, der sich beim Menschen lange vor den sprachlichen Fähigkeiten entwickelt hat. Sie ist im Ausdrucksrepertoire des Senders ebenso fest verwurzelt wie im Wahrnehmungssystem des Empfängers. Bevor jemand bei einem Vortrag oder im Gespräch das erste Wort spricht oder ein Zuhörer die ersten Ausführungen vernimmt, haben bereits beide körpersprachlich miteinander kommuniziert. Zum Beispiel durch Blickkontakt, durch ein Lächeln, durch eine Geste.

Die gesprochenen Worte machen nur einen Teil dessen aus, was die Zuhörer im Kommunikationsprozess wahrnehmen. Daneben spricht immer auch der Körper mit. Der Psychologe Albert Mehrabian hat in empirischen Studien festgestellt, dass mit Worten nur 7 % der Informationen eines Gesprächs vermittelt werden. Dagegen sind die Stimme mit 38 % und körpersprachliche Äußerungen mit 55 % an der Informationsvermittlung beteiligt.

> Bei einem Vortrag, einem Gespräch oder auch nur einem kleinen Smalltalk werden Sie nicht nur gehört, sondern auch gesehen. Jede Äußerung enthält zusätzlich zu der gesprochenen Botschaft auch körpersprachliche (nonverbale) Signale, die vom Partner wahrgenommen werden.

Wenn Sie z. B. in einem Vortrag etwas behaupten, hinter dem Sie nicht wirklich stehen, dann kann das über Ihre Körpersprache erkannt werden. Ein geschulter Zuhörer wird merken, wenn die verbale Aussage und die Körpersprache voneinander abweichen, ein weniger gut geschulter wird zumindest gefühlsmäßig die fehlende Übereinstimmung empfinden. Manche körpersprachlichen Äußerungen sind so deutlich, dass sie sich in gängigen verbalen Formulierungen niedergeschlagen haben:

- Er hat dies zur Kenntnis genommen, ohne eine Miene zu verziehen.

- Sie sagte das, ohne mit der Wimper zu zucken.
- Seinem Pokergesicht war nichts anzusehen.
- Er stand da, wie ein Häufchen Elend.

Leider hat uns die Körpersprache niemand richtig beigebracht. Von unseren Eltern haben wir allenfalls noch erfahren, dass man aufrecht sitzen, ruhig stehen und im Gespräch andere ansehen soll. Damit endet für die meisten die „Ausbildung“ in Körpersprache. Über die Bedeutung anderer körpersprachlicher Aussagen hat uns niemand informiert. Nur wenige haben sich von sich aus damit auseinandergesetzt.

1. Die Körpersprache ist eine ehrliche Sprache

Der größere Teil der Informationen bei zwischenmenschlichen Begegnungen wird durch die Körpersprache übermittelt. Selbst wenn jemand „sprachlos“ ist oder wenn es ihm „die Sprache verschlagen“ hat, dann gibt er damit dennoch eine Äußerung von sich. Das Gesetz von Watzlawick, dass es unmöglich ist, nicht zu kommunizieren, wurde bereits an anderer Stelle dargestellt. Positiv formuliert könnte dieses Gesetz lauten: Alles, was wir tun, ist Kommunikation. Also auch ein intensiver oder fehlender Blick, eine bestimmte Geste oder hängende Schultern werden von unseren Partnern wahrgenommen.

Die Körpersprache wird stärker als das gesprochene Wort vom Unbewussten gesteuert. Die wirklichen Gefühle (Stimmungen, Zwischentöne, Enttäuschungen) werden durch die Körpersprache zuverlässiger verdeutlicht als durch Worte. Die Wiedergabe von Gefühlen durch die Körpersprache kann nicht überdeckt oder überspielt werden. Damit ist die Körpersprache ehrlicher als die verbale Sprache. Allerdings ist sie auch mehrdeutig und wesentlich schwieriger zu interpretieren. Das hängt damit zusammen, dass viele körpersprachliche Äußerungen gleichzeitig kulturbedingt und instinktiv sind.

Die wichtigsten Ausdrucksmittel der Körpersprache sind

- Haltung und Gang,
- Gestik,

- Mimik,
- Blick.

Im weiteren Sinne werden auch das Äußere und die Kleidung sowie das Einhalten der sog. Distanzzonen (vgl. S. 279) dazu gezählt.

Das für den Kommunikationsprozess gültige Sender-Empfänger-Modell (vgl. S. 5) kann auch bei der Körpersprache nachvollzogen werden. Der Sender (Redner, Sprecher) verrät dem Empfänger (Publikum, Gesprächspartner) über seine nonverbalen Äußerungen mehr als er in Worten sagt. Manche verbalen Äußerungen werden durch die nonverbalen Signale verstärkt, andere – bewusst oder unbewusst – in Frage gestellt. Der Empfänger zeigt durch sein Verhalten, ob die Nachricht überhaupt angekommen ist, und ob sie auf Zustimmung, Ablehnung oder Desinteresse stößt.

Körpersprache und gesprochene Sprache müssen zusammen gesehen werden: Körpersprachliche Beobachtungen dürfen nicht isoliert beurteilt werden. Eine einzige körpersprachliche Verhaltensweise sagt wenig aus. Viele körpersprachliche Verhaltensweisen können mehrere, teilweise sehr unterschiedliche Bedeutungen haben. Eine Interpretation muss immer in Bezug zur jeweiligen Situation und der gleichzeitig stattfindenden verbalen Kommunikation stehen.

Beispiel: Der Seminarteilnehmer Meyer sitzt am Ende eines langen Seminartages mit verschränkten Armen dar. Verschränkte Arme werden im Allgemeinen als Abwehrhaltung interpretiert. Das kann bei einer provozierenden Äußerung des Seminarleiters zutreffen. Es ist aber auch möglich, dass Herr Meyer einfach müde ist und sich entspannt zurücklehnt und die Arme verschränkt.

Neben dem Situationsbezug und der verbalen Aussage spielen auch folgende Merkmale eine Rolle:

- das Alter,
- das Geschlecht,
- der soziale Status,
- die Zugehörigkeit zu einem bestimmten Kulturkreis.

Schließlich sollten Sie sicher sein, dass es sich nicht um eine persönliche Angewohnheit (Marotte) oder um ein körperliches Gebrechen handelt.

Vorsicht vor Fehlurteilen: Eine körpersprachliche Beobachtung allein rechtfertigt noch kein zuverlässiges Urteil. Leider wird dies oft missachtet und eine einzige beobachtete körpersprachliche Reaktion wird als eindeutige Aussage verstanden. Wegen der Gefahr von Fehlinterpretationen sollten immer mehrere, gleichgerichtete körpersprachliche Äußerungen zusammenkommen.

Beispiel: Wenn der im vorigen Beispiel beschriebene Seminarteilnehmer Meyer sich auf seinem Stuhl weit zurücklehnt, die Beine ausstreckt, die Arme verschränkt und die Augenlider fallen lässt, dann sind das vier etwa gleichgerichtete Beobachtungen. Mit einiger Sicherheit kann angenommen werden, dass Herr Meyer im Augenblick am Seminargeschehen nicht mehr interessiert ist.

Eine absolute Sicherheit besteht allerdings auch bei diesem Beispiel nicht. Hat der Teilnehmer Meyer nun abgeschaltet, weil er mit dem Seminarinhalt nicht einverstanden ist oder weil er müde ist?

> Verlassen Sie sich bei Abweichungen zwischen verbaler Aussage und körpersprachlicher Beobachtung nicht ausschließlich auf die Körpersprache. Verstehen Sie die körpersprachliche Aussage lediglich als Signal für eine weitere Überprüfung.

2. Eine aufrechte Haltung demonstriert Sicherheit

Nur wer fest auftritt, demonstriert Sicherheit. Der feste Stand auf beiden Füßen ist die Grundlage für eine aufrechte, überzeugende Haltung. Das hat schon Martin Luther in seiner bekannten Formulierung. „Tritt fest auf, mach's Maul auf, hör' bald auf" ausgesprochen.

Als Ideal wird in der Literatur empfohlen, die Füße leicht gewinkelt in einem Abstand von etwa 15 cm aufzusetzen. Im Ernstfall, wenn Sie vor Publikum stehen, reicht es aus, wenn Sie daran denken, die Füße in leichtem Abstand nebeneinander zu stellen. Der Stand soll weder militärisch steif (stramm), noch zu breitbeinig sein. Zu breites Stehen würde als überheblich empfunden.

Ein weiterer leicht nachvollziehbarer Hinweis auf Ihre Sicherheit ergibt sich aus der Haltung des Oberkörpers. Wer zu viel hin und her schwankt, wirkt unsicher. Lediglich ein leicht vorgebeugter Oberkörper wird bei entsprechenden Aussagen als Zeichen von Interesse gedeutet. Das gilt sowohl beim Stehen als auch beim Sitzen. Eine zu lässige Haltung kann als arrogant empfunden werden.

Übereinstimmung von Haltung und Aussage: Körperhaltung und Aussage müssen zueinander passen. Aus der Haltung eines Redners kann seine Einstellung zum Inhalt seiner Ausführungen oder zu den Zuhörern entnommen werden. Wer eine neue Idee vorträgt, wer die Zuhörer zum Handeln bringen will, wer eine positive Botschaft vermittelt, der wird dies nicht mit hängenden Schultern tun. Eine nachlässige Haltung deutet auf fehlendes Selbstvertrauen und mangelnde Disziplin.

Auch der „Dauerläufer" wird von den Zuhörern nicht geschätzt. Dass bedeutet jedoch nicht, dass Sie wie ein Denkmal an derselben Stelle kleben müssen. Bewegung in vernünftigem Ausmaß, z. B. ein Schritt in Richtung der Zuhörer, trägt zur Lockerheit bei.

Bei einem Vortrag werden Ihre Haltung und Ihr Gang schon mit dem Betreten des Vortragsraums vom Publikum wahrgenommen. Gehen Sie mit festen Schritten und aufgerichtetem Oberkörper zum Redeplatz. Nehmen Sie am Beginn Ihrer Ausführungen die richtige Grundhaltung ein: Leicht gespreizte Beine und ein ruhiger, aufrechter Oberkörper mit entspannten Schultern. Kehren Sie im Verlauf Ihrer Ausführungen in diese Haltung immer wieder zurück.

Bemühen Sie sich auch im Gespräch beim Sitzen um eine aufrechte Haltung. Wer wie ein „Häufchen Elend" im Sessel sitzt, wird mit seinen Vorschlägen nicht überzeugen. Lassen Sie sich von einem guten Freund bestätigen, dass Ihre Schultern nicht gebeugt wirken.

Nachfolgend sind auf S. 264 einige Deutungsbeispiele zur Haltung zusammengefasst (vgl. Schulz u. a. 1999, S. 5/15). Dabei zeigen die rechts abgedruckten Interpretationsmöglichkeiten, dass die meisten körpersprachlichen Äußerungen mehrdeutig sind.

Kopfhaltung	**Mögliche Bedeutung**
Kopf frei erhoben (mit offenem Blick)	Aufrichtigkeit, Selbstsicherheit, Tatkraft und Entschlossenheit; in übersteigerter Form Überheblichkeit und unnahbarer Stolz
Erhobener Kopf mit vorgeschobenem Kinn	Verachtung für andere, Aggressivität, Durchsetzungswillen
Erhobener, leicht nach hinten gelegter Kopf	Geistesabwesenheit, Sorglosigkeit, Verträumtheit
Ruckartig nach hinten geworfener Kopf	Herausforderung, Protest; bei mehrfacher Wiederholung Aufforderung
Leicht gesenkter Kopf	bei sozial Höherstehenden Gewogenheit, formale Freundlichkeit; Wohlwollen; sonst Nachdenklichkeit, zustimmende Aufmerksamkeit
Stärker gesenkter Kopf	Schüchternheit, Scham, Befangenheit, Schuldgefühle, Unterordnung, Demut
Gesenkter vorgestreckter Kopf	gespanntes Interesse, Neugierde
Nach vorne geduckter Kopf mit hochgezogenen Schultern	Aggressivität, bevorstehender Angriff, Trotz, Halsstarrigkeit
Schlaff vorhängender Kopf	Enttäuschung, Niedergeschlagenheit, Bedrückung, Sorgen, je nach Situation auch Ermüdung oder Langeweile
Nach rechts geneigter Kopf	abwartende, unentschlossene Haltung; Skepsis, aber auch Bereitschaft, sich beeinflussen und führen zu lassen
Nach links geneigter Kopf	kritisch, prüfend
Spontan aus seitlicher Neigung aufgerichteter Kopf	Nach anfänglicher Unentschlossenheit oder Skepsis ist eine Entscheidung gefallen
Energisch zur Seite angewendeter Kopf	betonte Abneigung bis Abscheu und Ekel
Seitlich abgewendeter und zurückgeworfener Kopf	ungläubiges Erstaunen; man hat den anderen bei Übertreibungen oder

	Lügen erwischt und wendet sich symbolisch von ihm ab
Pendeln des Kopfes von einer Seite zur anderen	Unentschlossenheit, ggf. auch Ermüdung oder Desinteresse
Rumpfhaltung	**Mögliche Bedeutung**
Gebeugte Haltung mit krummem Rücken	oft bei mangelndem Selbstwertgefühl, Energielosigkeit, Sorgen, Kummer
Lässig-schlaffe Haltung mit schlaffrunder Wirbelsäule, locker nach vorn hängenden Schultern und vortretendem Bauch	Gutmütigkeit, Geringschätzung und Überheblichkeit; Jugendliche bringen so oft ihren Protest gegen die Welt der Erwachsenen zum Ausdruck und verbergen ihre Unsicherheit
In-die-Brust-Werfen mit aufrechtem Oberkörper und vorgewölbtem Brustkorb	von sich selbst eingenommen, selbstbewusst, entschlossen, mutig und selbstsicher; oft wird diese Haltung aber nur vorgetäuscht, um anderen zu imponieren.
Aufrecht und mit gleichmäßig auf beide Beine verteiltem Gewicht stehend, Knie nicht durchgedrückt	Beharrlichkeit, Standfestigkeit, im Volksmund „mit beiden Beinen auf dem Boden der Tatsachen stehend"
Auf dem Standbein stehen, das Spielbein leicht angewinkelt	Offenheit, Aufmerksamkeit, kritische Kontrolle
Zuwendung des Oberkörpers	Interesse, Aufgeschlossenheit
Abwendung des Oberkörpers	Desinteresse, man möchte am liebsten gehen
Oberkörper im Sitzen vorgebeugt oder straff gerade gehalten, Sitzfläche oft nur teilweise belegt	Angespanntheit, Drang zur Aktivität oder zum Weggehen, fehlendes Vertrauen, Gefühl der Bedrohung
Auf der ganzen Sitzfläche sitzend, Beine ausgestreckt:	
• im Gespräch mit Freunden	Sicherheit, Wohlbefinden
• bei offiziellen Gespräche	Lässigkeit
auf dem vorderen Stuhlrand sitzend, Füße unter dem Stuhl	Bescheidenheit, Unsicherheit, Fluchttendenz
Beine beim Sitzen ausgestreckt	Bereitschaft zu bleiben und zuzuhören

Beine beim Sitzen angewinkelt	Unsicherheit, Aktionsbereitschaft („auf dem Sprung sein“)
Beine beim Sitzen gespreizt	Lässigkeit, Unbekümmertheit, Vertrauen, auch mangelnde Umgangsformen oder Rücksichtslosigkeit
Beine beim Sitzen relativ gestreckt und in den Knöcheln überkreuzt	Entspannung, Höflichkeit
Beine beim Sitzen angewinkelt und in den Knöcheln überkreuzt	Zurückhaltung, symbolische Selbstbehinderung
Beine übereinandergeschlagen	
• Knie zum Partner gewendet	Bequemlichkeit, Höflichkeit
• Knie vom Partner wegweisend	Anwendung vom anderen

Schulter-Arm-Haltung	**Mögliche Bedeutung**
Hängende Schultern	Energiemangel, Antriebsschwäche, Erschöpfung, Enttäuschung, Lustlosigkeit, Mutlosigkeit
Hochgezogene Schultern	sie schützen symbolisch den Kopf, wenn man andere angreifen oder sich gegen etwas wehren will
Schulterzucken	Verständnislosigkeit, Desinteresse, Überheblichkeit, Versuch, etwas lässig abzuschütteln
Armen entspannt gekreuzt	Beschaulichkeit, Wohlbefinden, Entspannung
Arme angespannt gekreuzt	Versuch, etwas zurückzuhalten, zu unterdrücken
Arme im Stehen vor der Brust oder im Sitzen unter dem Tisch gekreuzt	Inaktivität, Rückzug, schützende Barriere für sich oder gegen die Umwelt
Beide Arme und Hände im Sitzen unter dem Tisch	Nervosität, Unsicherheit, etwas verbergen wollen
Ein Arm auf dem Tisch, einer darunter	Kontaktsuche, Scheu, Schüchternheit
Unterarm auf dem Tisch zwischen den Tischnachbarn	schützende Barriere, Abschirmung gegen den/die anderen
Ellbogen auf dem Tisch, Kopf in die Hände gestützt	abwartende Ruhehaltung, vielleicht auch Abwehr

Arme locker seitlich vorm Körper hängend, eine oder beide Hände in der Tasche	Lässigkeit, wenn unangebracht, Zeichen für Überheblichkeit, Arroganz oder schlechte Umgangsformen

> Beachten Sie bei Ihren Beobachtungen immer die Gefahr der Mehrdeutigkeit und Fehlinterpretation. Bewerten Sie nur im Gesamtzusammenhang mit den gleichzeitig zu beobachtenden verbalen Aussagen.

3. Verbale Aussagen werden durch Gestik verstärkt

Gestik gehört als natürlicher Bestandteil zu einer lebendigen Kommunikation. Zur Gestik zählen die Bewegungen der Arme, Hände und Finger. Durch passende Gesten werden die verbalen Aussagen untermauert und verstärkt. Wer auf Gestik völlig verzichtet, wirkt dagegen steif und verkrampft. Allerdings darf die Gestik nicht übertrieben werden; ein hektisches Herumfuchteln ist nicht gefragt. Nach ihrer Ursache werden zwei Arten von Gesten unterschieden. Emotionale Gesten, durch welche die Empfindungen auf der Beziehungsebene ausgedrückt werden und beschreibende Gesten, durch die bestimmte Gegenstände oder Vorgänge erklärt werden.

Verschiedene Gestikbereiche: Interpretationsmöglichkeiten der bekanntesten Hand- und Fingergesten sind ab Seite 268 zusammengefasst (vgl. Schulz u. a. 1999, S. 5/13). Hier werden nur einige besonders auffallende Beispiele herausgegriffen.

Positive Aussagen werden durch positive Gesten unterstrichen. Zuwendung wird signalisiert, wenn sich die Arme mit nach oben gerichteten Handflächen von innen nach außen bewegen. Durch weite Armbewegungen öffnen Sie sich gegenüber den Zuhörern und vermitteln Sicherheit. Die nach unten gerichtete Handfläche ist mit einer negativen Aussage verbunden. Die geballte Faust wirkt drohend. Der erhobene Zeigefinger ist den meisten als Lehrerfinger bekannt. Diese Bezeichnung ist treffend, denn ein Redner oder Diskussionseilnehmer, der ständig den Zeigefinger hebt, wirkt „oberlehrerhaft" und bevormundend.

Vermeiden Sie gegenüber Ihren Zuhörern oder Gesprächspartnern Barrieren aufzubauen. Als Barriere (Verschlossenheit) werden verschränkte Arme empfunden. Die Hände sollen auch nicht zu lange unterhalb der Hüftlinie gehalten werden; dieser Bereich wird als negativ empfunden. Vor dem Bauch gefaltete Hände vermitteln den Eindruck von Trägheit oder Müdigkeit. Beim Sitzen an einem Tisch sollten sich die Hände auf dem Tisch befinden. Beim Sprechen im Stehen sollten sich die Hände bei leicht gebeugten Armen zwischen Hüftlinie und Brustbereich befinden.

Wie sieht es mit der Hand in der Tasche aus? Beide Hände tief in den Jacken- oder Hosentaschen versenkt sollte überhaupt nicht vorkommen. Dagegen ist es bei einem Gespräch oder Vortrag im Freundeskreis unproblematisch, wenn eine lockere Atmosphäre besteht, vorübergehen auch einmal eine Hand lässig in die Tasche zu stecken.

Handgesten	**Mögliche Bedeutung**
Starkes Gestikulieren und „reden mit den Händen“	starkes Engagement, Euphorie, vielleicht auch Aggressivität
Fehlende oder schwache Gestik	Hemmungen, Zurückhaltung, Unsicherheit, Desinteresse
Handfläche nach oben	Offenheit, Bitte, sich selbst darbieten
Handflächen bilden eine Schale, Arme ausgestreckt	Aufforderung, Bitte
Handfläche mit gespreizten Fingern nach oben	fordernde Bitte
Handfläche mit geschlossenen Fingern nach oben	Zurückhaltende Bitte
Handfläche senkrecht gehalten	symbolisches Durchschlagen des „gordischen Knotens“ wirrer Gedanken und ungelöster Konflikte
Beide Handflächen senkrecht gehalten	Anzeige, Begrenzung, Verstärkung
Handfläche senkrecht mit gespreizten Fingern	Engagement
Handfläche senkrecht mit geschlossenen Fingern	Abgrenzung, Genauigkeit, Konsequenz

Handfläche nach unten	Abwehr, Unterdrückung
Handfläche mit gespreizten Fingern nach unten	verstärkte Abwehr oder Unterdrückung
Zur Faust geballte Hand, Schlagbewegung	Anspannung, Aggression, Verteidigung, Demonstration von Kraft
Krampfhaft geöffnete und geballte Hand	Nervosität, Anspannung, Unruhe, vielleicht auch Angst
Öffnen der Hand	Entspannung
Schlagartiges Öffnen der Hand, Handfläche zum Körper	Abwehr, etwas verscheuchen wollen
Halboffene Hand mit lockeren Fingern	Unfähigkeit, etwas festzuhalten, alles entgleitet
Hände auf dem Rücken	Inaktivität, Zurückhaltung, Gelassenheit
Hände in den Taschen	Lässigkeit, Inaktivität, etwas verbergen wollen, schlechte Umgangsformen
Händedruck	
• weich, leicht, flüchtig	Zurückhaltung, Gleichgültigkeit, Reserviertheit, Distanz
• Fest und sicher	Herzlichkeit, Selbstsicherheit
• stark und energisch	zupackend, Demonstration von Sicherheit und Stärke
• mit der hohlen Hand	Misstrauen, Vorbehalte
Händereiben	Genugtuung, Schadenfreude, auch Unruhe, Unsicherheit
Reiben mit der Hand im Nacken	symbolisch den Nacken stärken bei Unsicherheit, Hemmungen, Angst

Fingergesten	**Mögliche Bedeutung**
Daumen nach oben	Zustimmung, Aufforderung, vielleicht auch Auflehnung oder Dominanzanspruch
Daumen nach unten	Unterdrückung, Ablehnung
Daumen auf den anderen weisend (anstelle des Zeigefingers)	Abwertung, Erniedrigung, Geringschätzung, immer eine verletzende Geste

Daumen und Zeigefingerspitzen berühren sich	Präzisionszeichen, Bedürfnis nach feinsinnigem Ausdruck
Zeigefinger erhoben	Ermahnung („Lehrerfinger"), Aufmerksamkeit wecken,
Zeigefinger ausgestreckt	Hinweis, Anklage, Befehl, symbolischer Angriff, Vernichtung des Gegenübers
Zeigefinger gekrümmt auf den Tisch pochend	auf dem anderen „herumhacken", eine aggressive Geste
Zeigefinger berührt die Nase	vorsichtige Überlegung, Mutlosigkeit, Unentschlossenheit
Zeigefinger lockert symbolisch den Kragen, Kleinfinger abgespreizt	Nervosität, Eitelkeit, Überheblichkeit, Stolz, Selbstüberschätzung, Wunsch nach Beziehung, Extravaganz
Finger angespannt schwach gebeugt, Handfläche nach oben	Greifhand als Zeichen für Geiz, Raffgier, aber auch Versuch, Worte zu finden, Gedanken festzuhalten, eine Situation zu meistern

4. Die Mimik lässt Emotionen erkennen

Sympathie wird größtenteils über die Körpersprache, vorwiegend über den Gesichtsausdruck vermittelt. Das gilt auch für den Umkehrfall: Negative Botschaften (Drohungen, Missachtung) werden viel deutlicher durch Mimik und Stimme als durch Worte ausgedrückt.

Wer seinem Gesprächspartner eine positive Botschaft vermitteln möchte, der muss das auch durch eine entsprechende Mimik zeigen. Das versteinerte Gesicht, das keinerlei Emotionen erkennen lässt, ist nicht gefragt. Auch der Fachvortrag schließt nicht aus, den Zuhörern Freundlichkeit und Sympathie zu signalisieren.

Die Mimik muss der Aussage entsprechen. Wenn Sie über etwas Positives sprechen, dann zeigen Sie dies Ihren Gesprächspartnern, indem Sie entspannen und lächeln (nicht grinsen). Lassen Sie aber auch Trauer oder Zorn erkennen, wenn Ihr Vortrag oder die Gesprächssituation das verlangt.

Bleiben Sie, wer Sie sind: Besonders wichtig ist der Gesichtsausdruck zu Beginn eines Gesprächs oder Vortrags, denn die Mimik des Sprechers wird vom Gesprächspartner bzw. Publikum „gespiegelt". Wem die Unlust und der Missmut schon ins Gesicht geschrieben sind, der darf sich nicht wundern, wenn seine Partner entsprechend reagieren. Machen Sie ein positives Angebot und die Chance für ein positives Echo ist groß.

Spielen Sie allerdings keine Rolle. Vielleicht sind Sie von Ihrem Lieblingspolitiker, einem Fernsehmoderator, Schauspieler oder einer anderen Person des öffentlichen Lebens besonders beeindruckt. Bleiben Sie dennoch, wer Sie sind. Versuchen Sie nicht, die Mimik, Gestik oder Sprechweise anderer zu kopieren. Es wäre immer nur eine Kopie und würde zumeist als solche erkannt.

Stirnpartie	**Mögliche Bedeutung**
Senkrechte, von der Nasenwurzel ausgehende Falte	Konzentration, Unbehagen, Enttäuschung, Verbitterung, vielleicht auch nur die Folge von Sehstörungen
Waagrechte Stirnfalten	Aufmerksamkeit, Überraschung, Erstaunen, Betroffenheit, Anteilnahme, Schreck, Bestürzung, vielleicht auch Überforderung
Senkrechte und waagrechte Stirnfalten gemeinsam	„Notfalten" bei andauernden Sorgen, Problemen, Konflikten oder Krankheiten, zum Teil Angst, Unsicherheit
Faltenlose Stirn bei älteren Menschen	Stabilität, Ausgeglichenheit, Gelassenheit
Verschwinden der Stirnfalten in einer aktuellen Situation	Entspannung der Lage, Aufregung und Schreck lassen nach

Nase, Mund und Lippen	**Mögliche Bedeutung**
Blähung der Nasenflügel mit beschleunigter Atmung	symbolisch für erhöhte Reizaufnahme, Erregung, Zorn
Naserümpfen	Unlust, Widerwillen Verlegenheit
Zucken und Zittern des Mundes	Nervosität, schlechtes Gewissen, Erregung

Mundwinkel ohne Spannung gesenkt	Verbitterung, Enttäuschung, Trauer
Mundwinkel angespannt gesenkt	Skepsis, Ironie, Geringschätzung, Abscheu, Hohn
Mundwinkel angehoben	Lächeln, Freude, positive Stimmung
Mund geöffnet	Staunen, Erschrecken, Aufnahmebereitschaft, Suche nach weiteren Informationen
Mund mit angespannten Lippen verschlossen	Entschlossenheit, Handlungsbereitschaft, Willensanstrengung
Lippen zusammengepresst	Verkrampfung, Versuch, sich zurückzuziehen
Lippen stark zusammengepresst, Zähne beißen aufeinander	Anspannung, Angst Wut, sich etwas „verkneifen“
Befeuchten der Lippen mit der kurz vorgestreckten Zunge	Unsicherheit, Anspannung, Nervosität, Zweckbewegung bei Stress (trockene Lippen)
Befeuchten der Lippen	Genuss, Konzentration auf schwierige Aufgaben

5. Der Blickkontakt ist die wichtigste Kontaktbrücke

Der Blickkontakt ist die wichtigste Brücke für eine erfolgreiche zwischenmenschliche Kommunikation. Schon die einfache Begrüßung eines anderen wird nur dann als freundlich und offen empfunden, wenn sie mit Blickkontakt verbunden ist. Die Beziehung zwischen zwei Gesprächspartnern kann häufig schon an der Länge und Intensität des Blickkontakts erkannt werden. Wohl jeder hat schon erlebt, wie Menschen krampfhaft aneinander „vorbeisehen“, wenn sie durch die herrschende Situation gezwungen werden, besonders eng zusammenzustehen (z. B. in öffentlichen Verkehrsmittel, im Fahrstuhl, bei Gedränge).

Besonders wichtig ist der Blickkontakt im westlichen Kulturkreis (Cole 2001, S. 178). Durch einen angemessenen Blickkontakt demonstriert der Zuhörer im Gespräch ebenso wie im Vortrag seine Aufmerksamkeit und seine Interesse. Zu wenig Blickkontakt kann als Desinteresse oder Verlegenheit gedeutet werden. Dagegen fühlen sich Personen aus dem asiatischen Raum mit geringerem Blickkontakt eher wohl. Geschlossene Augen beim Zuhören deuten Konzentration an und gelten als Kompliment. Manche Kulturen erleben Blickkontakt als unhöflich und deuten ihn als Einbruch in die Intimsphäre.

5.1 Blickkontakt bei einem Vortrag

Ohne Blickkontakt sind auch die überzeugendsten Ausführungen nur halb so wirkungsvoll. Wer bei einem Vortrag ständig zur Decke, zum Fenster hinaus oder einfach ins Leere schaut, der spricht auch über die Köpfe hinweg. Ein Trainerkollege bezeichnet den Blickkontakt als die Nabelschnur, die Redner und Zuhörer miteinander verbindet. Der unerfahrene Redner vermeidet den Blickkontakt zumeist wegen mangelnder Redeerfahrung und der damit verbundenen Unsicherheit; beim erfahrenen Redner können überhöhte Konzentration oder Arroganz gegenüber dem Publikum die Ursachen für fehlenden Blickkontakt sein.

Was bringt der Blickkontakt? Folgende Vorteile sind mit gutem Blickkontakt verbunden:

- Der Blickkontakt ist die Kontaktbrücke zu den Zuhörern.
- Durch den Blickkontakt fühlen sich die Zuhörer unmittelbar angesprochen.
- Durch Blickkontakt demonstrieren Sie Sicherheit.
- Die Aufmerksamkeit der Zuhörer wird verbessert.
- Das gesprochene Wort wird durch den Blickkontakt verstärkt.
- Der Redner erfährt durch die Reaktionen der Zuhörer, ob seine Ausführungen verstanden werden und ankommen.
- Der Redner erhält Hinweise, ob er schneller, langsamer, lauter oder leiser sprechen muss.

Allerdings werden diese Wirkungen nur erzielt, wenn der Blickkontakt auch wirklich zustande kommt. Bei einem größeren Zuhörerkreis reicht es bei Vorträgen und Präsentationen aus, wenn das Publikum das Gefühl hat, von Zeit zu Zeit in den Blick des Redners einbezogen zu werden. Kein Zuhörer erwartet, vom Redner ständig angesehen zu werden. Im Gegenteil, achten Sie darauf, dass nicht

Blickkontakt

einzelne Zuhörer mit Sonderstatus (das „hohe Tier“, der gute Freund, der Veranstalter) beim Blickkontakt einseitig bevorzugt werden. In Seminaren nimmt der Trainer diese besondere Rolle ein. Bei meinen Rhetorikseminaren musste ich manche Teilnehmer immer wieder daran erinnern, auch die übrigen Anwesenden in den Blick einzubeziehen.

Was ist zu beachten?

- Stellen Sie bereits beim Gang zum Redeplatz den ersten Blickkontakt her. Blicken Sie entweder zum Publikum oder zum Ort Ihres späteren Auftritts (Tisch oder Pult, eine begrüßende Person). Achten Sie darauf, dass Sie nicht auf den Boden sehen.
- Eröffnen Sie Vorträge und Präsentationen immer mit „einer Runde Blickkontakt“. Nehmen Sie den Redeplatz ein und lassen Sie zunächst den Blick einmal über alle Zuhörer schweifen. Warten Sie bis alle Zuhörer ruhig sind und sich Ihnen zugewandt haben. Beginnen Sie erst danach mit dem Sprechen.
- Je größer die Zuhörerzahl ist, umso größer sollte der Abstand zu

den Zuhörern in der ersten Reihe sein. Bei kleinen Zuhörergruppen sollte der Abstand mindestens zwei bis drei Meter betragen.

- Erfassen Sie mit einem Blick jeweils eine Gruppe von drei bis fünf Zuhörern. Verharren Sie mit dem Blick einige Augenblicke auf dieser Gruppe und verändern Sie die Richtung und blicken zur nächsten Gruppe.
- Ein kurzes Hinsehen (etwa drei bis fünf Sekunden) zu den einzelnen Gruppen reicht. Vermeiden Sie, einzelne Personen zu lange anzusehen. Die einzige Ausnahme sind Meinungsführer. Diese können etwas nachhaltiger erfasst werden.
- Achten Sie darauf, dass Sie bei einem Auditorium mit sehr breiten Sitzreihen die am Rand sitzenden Personen nicht vergessen.
- Denken Sie beim Reden nach einem Stichwortmanuskript daran, dass der Blick zum Publikum wichtiger ist als der Blick auf die Stichwortkärtchen. Der Blick aufs Manuskript ist notwenig, um das nächste Stichwort zu erfassen. Aber ausgesprochen wird es mit Blick zum Publikum. Bei einem voll ausgearbeiteten Manuskript hilft Ihnen die Empfehlung, in eine Zeile immer nur das aufzunehmen, was sinnvoll als Einheit ausgesprochen werden kann (vgl. S. 188).

5.2 Blickkontakt im Gespräch

Im Gespräch wird der Blickkontakt wegen der großen Nähe der Partner zueinander zu einem wichtigen körpersprachlichen Signal. Durch einen guten Blickkontakt zeigen Sie Ihrem Partner, dass Sie sich für ihn bzw. seine Ausführungen interessieren. Gleichzeitig vermitteln Sie Einfühlungsvermögen.

Die nachfolgenden Beispiele (S. 276) zeigen, dass mit einiger Übung leicht erkennbar ist, ob eher Offenheit und Interesse an den Ausführungen des Partners oder eher Ablehnung oder Unsicherheit vorliegt. Versuchen Sie deshalb, einen freundlichen, offenen Blickkontakt mit dem Partner zu halten, der allerdings nicht zu einem permanenten Hinstarren oder gar „Verschlingen" der anderen Seite ausarten darf. Ein guter Blickkontakt bedeutet, dass Sie etwa für drei bis vier Sekunden zu Ihrem Partner hinsehen, dann kurz wegblicken und anschließend wieder Blickkontakt aufnehmen.

Blickkontakte	Mögliche Bedeutung
Fehlender Blickkontakt	Unsicherheit, Angst, Ablehnung, Scham, Schuldgefühle, Arroganz, fehlende Identifikation mit der Aussage
Ausweichender Blick	Unterlegenheit, Minderwertigkeitsgefühle, Fluchttendenz, vielleicht auch die Absicht, heimlich zu beobachten
Kurzer, immer wieder gesuchter Blickkontakt	Interesse, aber häufig mit gleichzeitiger Schüchternheit oder Unsicherheit verbunden
Von Zeit zu Zeit längerer Blickkontakt (in die Augen sehen)	Zuwendung, Interesse, Selbstsicherheit, Verstärkung des gesprochenen Worts, Beobachtung des Partners
Sehr langer Blickkontakt (tief in die Augen sehen)	Offenheit, Vertrauen, gutes Gewissen, Verliebtheit
Gerader Blick auf gleicher Höhe	Interesse, Sympathie, Gleichrangigkeit
Blick von oben herab	Überlegenheit, Stolz, Arroganz
Schräger Blick von oben herab	Geringschätzung, Missachtung, Abwertung des Partners
Blick von unten ohne Spannung	Unterwerfung
Blick von unten mit angespanntem Gesicht	Drohung, Aggression, Angriff
Schräger Blick von unten	Kriecherei, Liebesdienerei
Blickkontakt mit teilweise durch das Lid abgedecktem Auge	Versuch, fremde Absichten zu erraten, ohne etwas von den eigenen preiszugeben
Wandernder Blick	Interesse am Ganzen, Desinteresse, Unruhe, Unsicherheit, etwas nicht verraten wollen
Fixierender Blick	Willensstärke, Kraft, Kritik, Selbstsicherheit, wird oft als aufdringlich und frech empfunden

Blickrichtungen	**Mögliche Bedeutung**
Gerader, offener Blick	Aufrichtigkeit, Selbstsicherheit, innere Stabilität
Gerade und starr, oft mit nervösen Zuckungen um die Augenpartie	Aufrichtigkeit, Selbstsicherheit und innere Stabilität werden wahrscheinlich vorgetäuscht
Gerader Blick, der den Kontakt zum anderen erzwingt	Taktlosigkeit, Frechheit im Sinne von „Du durchschaust mich ja doch nicht“
Gerader Blick mit vorgeschobenem Kinn	Überheblichkeit, Stolz, Hochmut, vielleicht Aggressivität
Ausweichender Blick nach unten	Befangenheit, Scham, Angst, vielleicht auch Besänftigung, durch Unterwürfigkeit nachgeben
Blick von unten herauf	Unterordnung, Unterwürfigkeit
Blick von unten herauf mit vorgeschobenem Kinn und hochgezogenen Schultern	trotzige Ablehnung, Feindseligkeit, Halsstarrigkeit
Blick nach oben	Ergebenheit, Verehrung auch Heuchelei, Intoleranz
Schräge Blickrichtung	Unsicherheit, Schüchternheit, Hinterhältigkeit, Feigheit

6. Kleidung

Am Zeitablauf orientiert, müsste dieses Kapitelchen noch vor den verschiedenen Bereichen der Körpersprache behandelt werden. Denn der erste Eindruck beruht zu einem großen Teil auf dem Aussehen und der Kleidung. Sie haben keine zweite Chance, einen guten ersten Eindruck zu machen. Schon vor der Begrüßung, ehe die ersten Worte gesprochen sind, macht sich der andere ein Bild, das nur schwer wieder zu korrigieren ist, wenn es negativ ausfällt.

Besonders wichtig ist die Kleidung. Sie ist im Gegensatz zu einigen körperlichen Merkmalen beeinflussbar. Ihre Gesprächspartner oder Ihr Publikum haben eine bestimmte Erwartung, die sich aus dem Anlass bzw. der Situation ergibt. Wenn diese Erwartung nicht erfüllt wird, können im Unbewussten bereits Zweifel entstehen, ob eine solche Person zum schwierigen Sachthema etwas zu sagen hat, wo sie doch schon bei der „Nebensächlichkeit“ Kleidung daneben liegt.

Orientieren Sie sich bei der Kleiderwahl an der Situation oder an anderen Menschen, die ebenfalls anwesend sein werden. Überlegen Sie schon im Vorfeld, was die anderen Gesprächsteilnehmer voraussichtlich tragen werden oder wie das Publikum gekleidet sein wird. Es geht nicht darum, durch besonders ausgefallene Kleidung Selbstbewusstsein zu demonstrieren, sondern es geht darum, zu vermeiden, dass durch eine falsche Kleiderwahl schon vor dem folgenden Gespräch oder Vortrag eine bewusste oder unbewusste Ablehnung entsteht.

Achten Sie bei Vorträgen und Präsentationen auch darauf, was Sie alles in ihren Taschen mit sich führen. Nehmen Sie einen dicken Schlüsselbund oder einzelne Geldstücke heraus.

Schon bei den einführenden Bemerkungen zur Kommunikation (vgl. S. 11) haben wir darauf hingewiesen, dass es nicht entscheidend ist, was der Sender sagt und meint, sondern darauf, was der Empfänger versteht. Diese Erkenntnis gilt auch für die Kleidung. Es ist bei der Kleiderwahl nicht entscheidend, ob Sie selbst ein bestimmtes „Outfit“ besonders mögen, sondern wie diese Kleidung von Ihren Kommunikationspartnern empfunden wird. Der frisch examinierte junge Betriebwirt mag noch so selbstbewusst mit Jeans und T-Shirt ins Bewerbungsgespräch marschieren; er muss damit rechnen, dass allein diese Äußerlichkeit seine Chancen bei vielen Unternehmen verringern wird.

Fehlgriffe bei der Kleiderwahl können nach beiden Richtungen vorkommen. Gleichgültig ob Sie – neudeutsch ausgedrückt – „underdressed“ oder „overdressed“ sind, in beiden Fällen können Probleme entstehen. Entweder ein solcher Fauxpas wird ausdrücklich angesprochen oder Sie merken plötzlich selbst, dass Sie sich durch einen solchen Fehlgriff in eine Außenseiterrolle manövriert haben. Die Integration in die Gruppe und der Kontakt zum Publikum werden schwieriger.

7. Distanzzonen

Jeder Mensch behauptet oder verteidigt sein „Revier“ (z. B. den Lieblingsplatz am Tisch, den Sessel im Zimmer, den Stammplatz am Konferenztisch bei der regelmäßigen Abteilungsbesprechung). Mit diesem Revierverhalten, besonders mit den Reaktionen, wenn andere in das „eigene Revier“ eindringen, hat sich der Amerikaner Edward Hall intensiv auseinandergesetzt. Er bezeichnet den Wissenschaftszweig von der Beziehung des Menschen zum umgebenden Raum als „Proxemik“. Nach Hall werden vier typische Distanzzonen unterschieden.

Die **Intimdistanz** reicht von 0 bis etwa 40 cm. In die Intimdistanz lassen wir nur Menschen, die uns sehr vertraut sind. Das können Lebenspartner, Kinder und sehr enge Freunde sein. Fremde, die unbeabsichtigt in diese Zone eindringen, werden sich ausdrücklich oder durch eine entsprechende Haltung (z. B. im Lift) entschuldigen.

Die persönliche Distanz reicht von 40 cm bis etwa 1,00 m. Hierhin gehört etwa der Bereich, den wir mit Armen und Händen noch erfassen können (Handschlagabstand). Hinsichtlich des Grades der Vertrautheit ist diese Zone unverfänglich und unzweideutig. Diese Distanz wird bei Partys oder im Freundeskreis eingenommen oder bei vielen Zweiergeprächen (z. B. mit engen Mitarbeitern).

Die gesellschaftliche Distanz reicht von 1 m bis etwa 3 m. In diesem Bereich werden zumeist unpersönliche Angelegenheiten abgewickelt, wie z. B. Geschäftskontakte mit neuen Kunden oder offizielle gesellschaftliche Ereignisse. Auch Menschen, die sich gemeinsam in einem schwach besetzen Raum aufhalten müssen, aber keine Unterhaltung/Kontakte wünschen, wählen diese Distanz.

Die öffentliche Distanz reicht von 3 m bis etwa 8 m und darüber hinaus. Diese Distanz wird für formlose Zusammenkünfte gewählt, z. B. die Ansprache des Politikers. Wir benötigen diese Distanz in der Öffentlichkeit für unser psychisches Wohlbefinden, obwohl gerade hier oft dagegen verstoßen wird, z. B. in öffentlichen Verkehrsmitteln oder in Kaufhäusern.

Die genannten Werte sind Näherungswerte; sie können variieren je nach Menschentyp, Geschlecht, sozialer Schicht, Alter, Status,

Rasse und psychischer Verfassung. So konnten wir z. B. im Urlaub in Südeuropa oder in arabischen Ländern erkennen, dass diese Menschen engere Distanzen bevorzugen als wir Mitteleuropäer.

Unabhängig von solchen Unterschieden gehorcht allerdings das Verhalten des Menschen im Raum bestimmten Gesetzmäßigkeiten: Mit zunehmender Vertrautheit verringert sich die beanspruchte Distanz, z. B. durch Aufeinanderzugehen, Zuwenden oder Vorbeugen des Körpers sowie Entfernen von Hindernissen (z. B. nicht frontal am Schreibtisch sondern über Eck). So sitzen sich Personalleiter und Bewerber, die sich beim Vorstellungsgespräch zum ersten Mal sehen, frontal gegenüber. Wenn aus dem Bewerber ein langjähriger Mitarbeiter geworden ist, dann sitzt er mit seinem Vorgesetzten viel eher über Eck zusammen. Umgekehrt ist eine Vergrößerung der Distanz durch Zurückweichen, Zurücklehnen oder Abwenden des Körpers sowie durch den Aufbau von Hindernissen erkennbar.

Literatur- und Quellenverzeichnis

Altmann, Hans Christian: Die hohe Kunst der Überzeugung, Landsberg 1999

May, Sibylle: Effiziente Kommunikation für Sekretariat und Assistenz, München 2003

Besprechungstechnik. Sechs Schritte zu erfolgreichen Besprechungen, Offenbach 2005

Birkenbihl, Vera: Rhetorik Redetraining für jeden Anlass, München 2002

Bischof, A./Bischof, K.: Besprechungen, 3. Aufl., Planegg 2005

Blom, Herman: Sitzungen erfolgreich managen, Weinheim und Basel 1999

Bonneau, Elisabeth: Erfolgsfaktor Smalltalk, München 2002

Bredemeir, Karsten: Provokative Rhetorik? Schlagfertigkeit!, München 2000

Breger, W./Grob, H. L.: Präsentieren und Visualisieren, München 2003

Cole, Kris: Kommunikation klipp und klar, 3. Aufl., Weinheim und Basel 2001

Crisand/Crisand/Adler: Das Sachgespräch als Führungsinstrument, Heidelberg, 1997

Edmüller, A./Wilhelm, T.: Moderation, 3. Aufl., Planegg 2005

Etrillard, Stéphane: Gesprächsrhetorik. Souverän agieren – überzeugend argumentieren, Göttingen 2005

Etrillard, Stéphane: Spitzengespräche. Faire Kommunikation durch gekonnte Gesprächsführung, Paderborn 2003

Fisher, R./Ury, William: Das Harvard-Konzept. Sachgerecht verhandeln – erfolgreich verhandeln, Frankfurt/New York, 22. Aufl., Frankfurt 2003

Franck, Norbert: Rhetorik für Wissenschaftler. Selbstbewusst auftreten, selbstsicher reden, München 2001

Gehm, Theo: Kommunikation im Beruf, 3. Aufl., Weinheim und Basel 1999

Gesprächstechniken. Fünf Schritte zu einer guten Gesprächsführung, Offenbach 2003

Gressmann, M./Imdahl, R./Jehn, S.: Präsentation mit elektronischen Medien, Künzell 1999

Grünberg, Marion: Kommunikationstrainer für Beruf und Karriere, München 2000
Hartmann, M./Rieger, M./Auert, A.: Zielgerichtet moderieren, 4. Aufl., Weinheim/Basel/Berlin 2003
Hartmann, M./Funk, R./Nietmann, H.: Präsentieren. Präsentationen: zielgerichtet und adressatenorientiert, 7. Aufl., Weinheim/Basel/Berlin 2003
Hermann, H.-D./Schmid, R.: Reden wie die Profis. Die perfekte Rede im Beruf, Planegg 2003
Herzlieb, Heinz-Jürgen: Erfolgreich verhandeln und argumentieren, Berlin 2000
Hoffmann, Volker: Überzeugend Vorträge halten, Berlin 2002
Holzheu, Harry: Natürliche Rhetorik, München 2000
Hovermann, Claudia: Erfolgsrhetorik für Frauen, Offenbach 2004
Janka, Franz: Wirkungsvoll präsentieren, Niedernhausen 2001
von Kanitz, Anja: Gesprächstechniken, Planegg 2004
Kommunikationspraxis. Die fünf Schritte zu einer erfolgreichen Kommunikation, Offenbach 2005
Krieger/Hantschel: Handbuch Rhetorik, Niedernhausen 1998/1999
Lermer, Stephan: Small Talk. Nie wieder sprachlos, Planegg 2006
Märtin, Doris: Smalltalk, 3. Aufl., München 2000
Mehrmann, Elisabeth: Schneller zum Ziel durch klare Kommunikation, Nürnberg 2002
Mentzel, Wolfgang: Rhetorik. Frei und überzeugend sprechen, 5. Aufl., Planegg 2006
Mentzel, Wolfgang: Rhetorik. Sicher und erfolgreich sprechen, München 2000
Mentzel, W./Grotzfeld, S./Haub, C.: Mitarbeitergespräche. Mitarbeiter motivieren, richtig beurteilen und effektiv einsetzen, 6. Aufl., Planegg 2006
Naumann, Frank: Die Kunst des Smalltalk, 3. Aufl., Reinbek 2001
Nöllke, Matthias: Schlagfertigkeit, Planegg 2006
Präsentationstechnik. Sechs Schritte zu einer erfolgreichen Präsentation, Offenbach 2004
Prescott, Edith: Das große Lehrbuch erfolgreicher Kommunikation und Redetechnik, 2. Aufl., Zürich 2002
Rettner, Klaus: Reden halten – gewusst wie, Würzburg 2001
Rückle, Horst: Körpersprache für Manager, München 1998
Ruhleder, Rolf H.: Rhetorik und Dialektik. Redegewandtheit, Körpersprache, Überzeugungskunst, Bonn 2001

Scheler, Uwe: Gekonnt präsentieren, Offenbach 2000
Schlüter, Barbara: Rhetorik für Frauen, Heidelberg 2004
Schneider, Andrea: Frisch, fromm, fröhlich, frei. Theorie und Praxis von Veranstaltungsmoderation, Kassel 2001
Schulz/Gavranovic/Wollenberg/Schulz (Schulz u. a.): Kommunikation aktiv, Neuwied 1999
Schulz von Thun, Friedemann: Miteinander reden, 3. Bände, Hamburg 2006
Seifert, Josef W.: Visualisieren Präsentieren Moderieren, 18. Aufl. Offenbach 2002
Simon, Walter: Grundlagen der Kommunikation, Offenbach 2004
Stelzer-Rothe, Thomas: Vortragen und Präsentieren im Wirtschaftsstudium, Berlin 2000
Tierney, Elizabeth: 30 Minuten für erfolgreiche Kommunikation, 5. Aufl., Offenbach 2005
Topf, Cornelia: Small Talk, Planegg 2002
v. Trotha, Thilo: Reden professionell vorbereiten, 3. Aufl., Berlin 2002
Weidenmann, Bernd: Gesprächs- und Vortragstechnik, Für alle Trainer, Lehrer, Kursleiter und Dozenten, Weinheim und Basel 2002
Weidenmann, Bernd: 100 Tipps & Tricks für Pinnwand und Flipchart, 2. Aufl., Weinheim und Basel 2000
Weisbach, Christian-Rainer: Professionelle Gesprächsführung, 6. Aufl., München 2003
Wieke, Thomas: Rhetorik. Mit Musterreden für jeden Anlass, Köln 2002

Sachverzeichnis